本系列丛书由马克思主义理论与中国实践湖北省协同创新中心、

武汉大学马克思主义学院资助出版

新时代中国马克思主义创新发展研究

袁银传◎著

人民出版社

出 版 说 明

　　新时代 10 年，中国共产党团结带领中国人民，全面贯彻习近平新时代中国特色社会主义思想，全面贯彻党的基本路线和治国方略，采取系列战略举措，以伟大自我革命引领伟大社会革命，党和国家事业取得全方位的开创性成就、发生深层次的根本性变革。新时代 10 年中国经济社会高质量发展、国家治理体系和治理能力现代化的伟大实践，是中国共产党百年奋斗历程格外璀璨绚丽的篇章，在党史、新中国史、改革开放史、社会主义发展史、中华民族发展史上具有里程碑意义。系统总结新时代 10 年中国共产党治党治国理论创新、实践创新、制度创新的重大成就和新鲜经验，有利于全党全社会深刻领悟"两个确立"的决定性意义，不断增强"四个意识"，持续坚定"四个自信"，切实做到"两个维护"，汇聚起推进中国特色社会主义伟大事业的磅礴力量。

　　马克思主义理论与中国实践湖北省协同创新中心、武汉大学马克思主义学院组织出版"新时代马克思主义与中国实践研究"系列丛书，主要目的就在于深入研究新时代马克思主义中国化时代化的理论创新成果，尤其是经济建设、政治建设、文化建设、社会建设、生态文明建设、党的建设等领域的原创性思想和变革性实践，努力深化对"新时代坚持和发展什么样的中国特色社会主义、怎样坚持和发展中国特色社会主义，建设什么样的社会主义现代化强国、怎样建设社会主义现代化强国，建设什么样的长期执政的马克思主义政党、怎样建设长期执政的马克思主义政党"等重大时代课题的理论认识，积极探索"中国奇迹"背后的道理学理哲理，助力于马克思主义的中国化时代化。

目　录

导　论

不断开辟马克思主义中国化时代化新境界

中国共产党是以马克思主义为指导思想的现代无产阶级政党，掌握科学理论武器，始终占据人类真理和道义的制高点，是中国共产党百年奋斗取得辉煌成就的基本经验之一，也是中国共产党人不断进步的不竭源泉和内在动力。习近平总书记在党的二十大报告中指出："马克思主义是我们立党立国、兴党兴国的根本指导思想。实践告诉我们，中国共产党为什么能，中国特色社会主义为什么好，归根到底是马克思主义行，是中国化时代化的马克思主义行。拥有马克思主义科学理论指导是我们党坚定信仰信念、把握历史主动的根本所在。"① 当代中国共产党人的庄严使命和神圣责任就是在以中国式现代化推进中华民族伟大复兴的历史新征程上，坚持马克思主义基本原理与中国具体实际相结合、与中华优秀传统文化相结合，不断推进马克思主义理论创新和理论创造，形成马克思主义理论的创新成果，在新时代新征程的伟大实践进程中，开辟马克思主义中国化时代化新境界，谱写马克思主义发展新篇章。

自 1840 年鸦片战争之后，由于西方帝国主义列强的入侵和中国封建统治阶级的腐败，中国逐步沦为半殖民地半封建社会。为了救亡图存，先进的中国人奋起抗争，向西方寻找救国救民的真理。巴黎和会"当头棒

---

① 习近平：《高举中国特色社会主义伟大旗帜　为全面建设社会主义现代化国家而团结奋斗——在中国共产党第二十次全国代表大会上的报告》，人民出版社 2022 年版，第16 页。

喝"，使中国人从"西天取经"的迷梦中惊醒，五四新文化运动彻底破除了对于儒学和西学的迷信，封建主义儒学和资本主义西学根本不能挽救中国。十月革命一声炮响，给我们送来了马克思列宁主义这一先进的科学理论，从此中国人的精神才由被动转向主动。伟大的中国共产党在马克思列宁主义和中国工人运动的结合交融中应运而生，中华民族和中国人民从此有了自己的主心骨和定盘星。中国共产党的成立是开天辟地的大事变，中国共产党人把马克思主义基本原理与中国具体实际和中华优秀传统文化相结合，使马克思主义中国化时代化，发挥历史主动精神，走历史必由之路，团结带领人民艰苦奋斗，近代以来久经磨难的中华民族从此迎来了从站起来、富起来到强起来的伟大历史飞跃。中国共产党人百年来之所以能团结带领中华民族和中国人民完成其他各种政治力量不可能完成的艰巨任务，根本原因在于中国共产党人始终坚持培元固本与守正创新的有机统一，创造性地运用马克思主义基本原理解决中国革命、建设、改革实践中的具体问题，不断实现马克思主义理论与中国实践的良性互动和双重创新。

以习近平同志为主要代表的新时代中国共产党人，始终坚持和创造性运用马克思主义基本原理，坚定历史自信，增强历史主动，团结带领全国各族人民不懈奋斗，实现了中华民族从站起来、富起来到强起来的伟大历史飞跃，中华民族伟大复兴进入了不可逆转的历史进程。历史主动精神不是凭空产生的，而是在遵循马克思主义科学揭示的无产阶级政党执政规律、无产阶级革命建设改革规律和人类社会发展规律的基础上形成的，在矢志不渝坚定不移地走历史必由之路的实践过程中发展的。马克思主义深刻揭示了自然界、人类社会和人类思维发展的客观规律，深入研究了资本主义产生、发展和灭亡的特殊规律，科学揭示了无产阶级革命、无产阶级专政和共产主义胜利的必然规律，指明了无产阶级和全人类解放的正确道路。推进马克思主义中国化时代化是一个追求真理、揭示真理、笃行真理的过程，"只有把马克思主义基本原理同中国具体实际相结合、同中华优秀传统文化相结合，坚持运用辩证唯物主义和历史唯物主义，才能正确回答时代和实践提出的重大问题，才能始终保持马克思主义的蓬勃生机和旺盛活力"①。

　　坚持理论创新是中国共产党百年奋斗取得重大成就的历史经验之一。马克思主义中国化时代化的核心要义是"既不忘老祖宗、又讲出新话"②。也就是要坚持和运用马克思主义基本原理，不断推进马克思主义理论创新和实践创新，实现科学理论与现实实践的双向互动。中国共产党人创立了毛泽东思想，为夺取新民主主义革命胜利指明了正确方向；创立了邓小平理论，形成了"三个代表"重要思想和科学发展观，科学探索并回答了建设中国特色社会主义的一系列基本问题，形成中国特色社会主义理论体系，指引中国大踏步赶上时代；创立了习近平新时代中国特色社会主义思想，为新时代中国特色社会主义发展指明了前进方向，推动社会主义现代化国家建设迈向新征程，以中国式现代化推动中华民族伟大复兴进入了不可逆转的历史进程。习近平总书记在党的二十大报告中强调指出："我们必须坚持解放思想、实事求是、与时俱进、求真务实，一切从实际出发，着眼解决新时代改革开放和社会主义现代化建设的实际问题，不断回答中国之问、世界之问、人民之问、时代之问，作出符合中国实际和时代要求的正确回答，得出符合客观规律的科学认识，形成与时俱进的理论成果，更好指导中国实践。"③

① 习近平：《高举中国特色社会主义伟大旗帜　为全面建设社会主义现代化国家而团结奋斗——在中国共产党第二十次全国代表大会上的报告》，人民出版社 2022 年版，第 17 页。
② 《习近平新时代中国特色社会主义思想三十讲》，学习出版社 2018 年版，第 13 页。
③ 习近平：《高举中国特色社会主义伟大旗帜　为全面建设社会主义现代化国家而团结奋斗——在中国共产党第二十次全国代表大会上的报告》，人民出版社 2022 年版，第 17—18 页。

新时代继续推进中国马克思主义创新发展,"首先要把握好新时代中国特色社会主义思想的世界观和方法论,坚持好、运用好贯穿其中的立场观点方法"①。党的二十大报告强调,必须坚持人民至上、必须坚持自信自立、必须坚持守正创新、必须坚持问题导向、必须坚持系统观念、必须坚持胸怀天下②,指明了当代中国马克思主义创新发展的价值立场、精神气质、发展逻辑、实践品格、思维方法和世界历史视野。这"六个必须坚持"是对习近平新时代中国特色社会主义思想世界观和方法论的高度凝练、科学概括、集中表达。我们要把握好"六个必须坚持"这一相互联系、内在统一的有机整体,深入学习、全面贯彻习近平新时代中国特色社会主义思想,继续推进马克思主义基本原理同中国具体实际相结合、同中华优秀传统文化相结合,不断开辟马克思主义中国化时代化新境界③,谱写新时代中国马克思主义创新发展的新篇章。

---

① 习近平:《高举中国特色社会主义伟大旗帜 为全面建设社会主义现代化国家而团结奋斗——在中国共产党第二十次全国代表大会上的报告》,人民出版社 2022 年版,第18—19 页。

② 习近平:《高举中国特色社会主义伟大旗帜 为全面建设社会主义现代化国家而团结奋斗——在中国共产党第二十次全国代表大会上的报告》,人民出版社 2022 年版,第19—21 页。

③ 参见袁银传、饶壮:《不断开辟马克思主义中国化时代化新境界》,《人民日报》2022 年 11 月 10 日。

第 一 章

新时代中国马克思主义创新发展的时代背景

马克思、恩格斯强调指出:"一切划时代的体系的真正的内容都是由于产生这些体系的那个时期的需要而形成起来的。所有这些体系都是以本国过去的整个发展为基础的。"①新时代中国马克思主义生成于世界百年未有之大变局加速演进与中国特色社会主义发展迈入新的历史时期的时空语境,是以习近平同志为核心的党中央坚持科学社会主义理论逻辑和中国社会主义发展历史逻辑的有机统一,将中国特色社会主义建设之实践经验进行科学总结和提升的理论成果,是指导中国共产党团结带领人民顺利完成第一个百年奋斗目标,在中华大地上全面建成小康社会,历史性解决绝对贫困问题,进而迈向全面建设社会主义现代化国家,以中国式现代化推动中华民族伟大复兴的指导思想和行动指南。就其实践基础而言,新时代中国马克思主义深刻反映了当代人类实践发展、当代科学技术发展以及当代人类文化发展的历史潮流和发展趋势,是对中国特色社会主义建设、社会主义现代化强国建设、马克思主义执政党建设历史经验和基本规律的科学总结,集中体现了新时代党带领人民群众团结奋斗的实践经验和集体智慧。当今世界百年未有之大变局加速演进,中国特色社会主义进入新时代,构成了新时代中国马克思主义创新发展的时代背景。

---

① 《马克思恩格斯全集》第3卷,人民出版社1960年版,第544页。

一、当今世界百年未有之大变局加速演进

习近平总书记是具有中国情怀和世界眼光的当代伟大的马克思主义政治家、思想家、战略家，他善于运用马克思主义这个共产党人的看家本领和历史规律的望远镜、显微镜，科学观察时代、把握时代、引领时代，在把握时代大势、揭示时代规律、回答时代之问过程中不断坚持和创新发展马克思主义。

2017 年 12 月 28 日，习近平总书记在接见 2017 年度驻外使节工作会议与会使节时，发表《做好新时代外交工作》的重要讲话指出：中国特色社会主义进入新时代，"放眼世界，我们面对的是百年未有之大变局"① 之后，习近平总书记多次提出和强调"当今世界正面临百年未有之大变局"②、"当今世界正经历百年未有之大变局"③、"当今世界正在经历百年未有之大变局"④、"当前，世界百年未有之大变局加速演进"等重大命题。正确理解和把握"当今世界百年未有之大变局"，科学应对"世界百年未有之大变局加速演进"，推动当代中国马克思主义创新发展和中国特色社会主义实践发展，是新时代坚持和发展马克思主义必须回答的重大理论和现实问题。

"当今世界百年未有之大变局"有三个基本层面的基本含义：首先，一百多年前，美国取代英国，经济总量位居世界第一。根据统计，美国经济总量稳居世界第一是 1914 年，当年美国经济总量超过英、法、德、日经济总量的总和。1914 年之后，美国经济总量一直位居世界第一，其间美国先后搞垮了两个经济总量的"老二"：一个是苏联，另外一个是日本。

① 《习近平谈治国理政》第 3 卷，外文出版社 2020 年版，第 421 页。
② 《习近平谈治国理政》第 3 卷，外文出版社 2020 年版，第 444 页。
③ 《习近平谈治国理政》第 4 卷，外文出版社 2022 年版，第 114 页。
④ 《习近平谈治国理政》第 4 卷，外文出版社 2022 年版，第 483 页。

美国通过"冷战"搞垮了苏联，使得苏联解体；美国通过"贸易战"搞垮了日本，使得日本经济发展长期低迷。2010 年中国经济总量首次超过日本，位居世界第二位。美国为了遏制中国的发展，企图通过"冷战"和"贸易战"双管齐下搞垮中国，继续维护美国"世界老大"的霸主地位。

其次，从地理大发现开始，资本主义开始引领全球化发展潮流。一百年前，1917 年俄国十月革命爆发，开辟了人类历史的新纪元，打破了资本主义一统天下的局面，揭开了社会主义引领全球化的序幕。但是，由于 20 世纪 80 年代末 90 年代初，苏联解体、东欧剧变，社会主义处于低潮。而人类社会进入 21 世纪的今天，以美国为代表的西方资本主义国家爆发金融危机、经济危机、疫情危机以及全面的社会危机，资本主义生产方式和社会制度广受质疑，新自由主义宣告破产，西方极端个人主义价值观广受批判。而随着以中国为代表的社会主义国家的重新崛起，世界社会主义在 21 世纪出现了复兴，社会主义中国日益走近世界舞台中央，中国特色社会主义开辟了现代化发展新道路，创造了人类文明新形态，引领世界全球化潮流和人类文明发展方向。而当今世界，英国脱欧、美国"退群"，西方民粹主义、逆全球化思潮抬头，单边主义、保护主义上升，作为当前最大西方资本主义国家，美国是以联合国为核心、以国际法为基础、以《联合国宪章》为宗旨的国际体系、国际秩序、国际关系的最大破坏者，而社会主义中国则积极参与全球治理改革和建设，弘扬和平、发展、公平、正义、民主、自由的全人类共同价值，践行共商共建共享的全球治理观，推动构建人类命运共同体，"坚定维护以联合国为核心的国际体系、以国际法为基础的国际秩序、以联合国宪章宗旨和原则为基础的国际关系基本准则"①。

---

① 习近平：《高举中国特色社会主义伟大旗帜　为全面建设社会主义现代化国家而团结奋斗——在中国共产党第二十次全国代表大会上的报告》，人民出版社 2022 年版，第 62 页。

再次，自从第一次工业革命开始，世界科技发展一直是工业化发展潮流，而当今世界科学技术发展则是信息化、智能化的潮流，信息化引领工业化发展潮流、方向和道路。中国要走新型工业化发展道路，全面建设社会主义现代化国家，实现第二个百年奋斗目标，必须走新型工业化发展道路，以信息化推动和引领工业化，通过以信息化为核心的科技创新实现经济的高质量发展、美好生活创造和社会的全面进步。对此，习近平总书记强调指出："没有网络安全就没有国家安全，没有信息化就没有现代化。"①

当今世界百年未有之大变局的集中表现，是当今西方逆全球化思潮的滥觞与张扬。当今世界百年未有之大变局加速演进，国际金融危机影响深远，世界经济逐步陷入增长乏力困局，局部战争不断升级，国际力量呈现出"东升西降"的趋势性变迁，世界进入新的动荡变革期的复杂局面。在此背景下，西方逆全球化思潮抬头，表现为经济保护主义、政治孤立主义、文化民族主义、社会民粹主义、军事干涉主义和生态帝国主义等"多维一体"的思潮格局。当今世界西方逆全球化思潮是资本贪婪本性和运演逻辑溢出效应的一种回应，是当代西方发达资本主义国家国际利益趋弱的一种反应，也是当代西方非理性主义思潮的一种折射。在资本逻辑的宰治下，全球化发展与逆全球化思潮交织博弈。同时，经济全球化进程中各种生产要素的自由流动和配置，不断创造和积累新的生产方式，为人类更高级社会形态发展储备物质条件。为推动世界走出西方逆全球化思潮的阴霾，中国立足国家富强、民族复兴、人民幸福、世界大同、人类进步的发展目标，尊重世界文明的多样性，倡导"以文明交流超越文明隔阂、文明互鉴超越文明冲突、文明共存超越文明优越"②，提出"推动构建人类命运共同体"

---

① 《习近平谈治国理政》第 1 卷，外文出版社 2018 年版，第 198 页。

② 习近平：《高举中国特色社会主义伟大旗帜　为全面建设社会主义现代化国家而团结奋斗——在中国共产党第二十次全国代表大会上的报告》，人民出版社 2022 年版，第 63 页。

的价值理念和应对方案，以此塑造更加平衡、更加开放、更可持续的新型全球化，在理论维度和实践维度实现了对西方逆全球化思潮的双重超越。

在 2020 年基层代表座谈会上，习近平总书记指出："当今世界正经历百年未有之大变局，新冠肺炎疫情加剧了大变局的演变，国际环境日趋复杂，经济全球化遭遇逆流，一些国家单边主义、保护主义盛行，我们必须在一个更加不稳定不确定的世界中谋求我国发展。"①在全球疫情大规模暴发与世界格局重大调整同频共振、中华民族伟大复兴战略全局与世界百年不遇的大变局同步交织的时代语境下，逆全球化思潮对国际秩序以及全球治理体系产生了剧烈的影响，对我国经济社会发展和国家安全也提出了严峻的挑战。要想在危机中把握先机、于变局中开拓新局，需从整体维度透过逆全球化思潮的表象，抓住西方逆全球化思潮实质，从历史、理论和现实角度对其发展方向进行科学研判，并有针对性地提出应对方案，这是推动构建人类命运共同体、科学把握国际局势、积极防范化解"黑天鹅"和"灰犀牛"事件的重要前提，同时，对坚持与发展中国特色社会主义，推进当代中国马克思主义创新发展，有着极其重要的现实意义。

（一）逆全球化思潮的时代表征

逆全球化思潮是与全球化浪潮相违背的，由于全球化给人类社会及其国家利益带来了消极影响，某些国家为了维护其自身利益，在国家与地方层面重新赋权的一种新型意识形态，并在不同历史条件下所表现出的特征和现象是不一样的。由于 2008 年的国际金融危机的爆发，以美国为首的西方国家开始掀起逆全球化思潮，在经历 2016 年的系列"黑天鹅"事件之后逐步凸显，并于 2020 年新冠肺炎全球疫情中获得快速发展。作为在

---

① 习近平：《在基层代表座谈会上的讲话》，人民出版社 2020 年版，第 5 页。

经济、政治、文化多维领域中映射的意识形态，逆全球化思潮不仅以经济和政治为抓手，辐射至文化、社会和生态多重领域，而且建构起五个领域彼此关联、互为作用的多维网状形态。具体而言，经济上的保护主义、政治上的孤立主义、文化上的民族主义、社会上的民粹主义和生态上的帝国主义是当今世界逆全球化思潮的典型表现。

1. 经济保护主义

经济保护主义是指某些西方国家为保护本国产业和市场，在国际贸易中任意设置贸易壁垒，实行差别对待。在通常情况下，经济保护主义是西方社会内部矛盾与经济危机双重作用的结果，随即延伸到全球范围的国际经济危机之中，体现资本逻辑宰治下，资本主义生产社会化和私有制之间矛盾的激化和升级，同时反映了资本贪婪本性的外溢。不断追求价值增殖的贪婪本性促使资本向全球范围扩张，加上金融资本极速膨胀，二者相互交叠成为 2008 年国际金融危机爆发的导火线，一方面使全球经济陷入长期低迷，另一方面西方各个联合的经济体逐步走向分化，在世界范围内出现了经济增长中心"自西向东"转移态势。因此，为逆转经济颓势，受"零和博弈"意识控制的发达资本主义国家企图通过单方面对其他国家使用经济反制手段来保护本国产业，公然将本国国内法凌驾于国际法之上，任意制造贸易摩擦，以损害贸易逆差来源国经济利益的方式维护自身在国际经济中的优势地位。并且，为了给本国企业搭建"保护伞"，西方国家在高新技术领域到处设置技术壁垒和实行技术封锁，形成科技霸权主义。这些措施在很大程度上损害了全球的产业链、价值链、供应链"三链"秩序，削弱了国际贸易推动全球经济增长的作用力，妨碍了全球经济复苏与发展。此外，由于资本的全球流动和产业分工体系的双重失衡，致使资本主义国家内部出现贫富严重分化、安全与就业问题等多维悖论，为了维护垄断资产阶级自身统治，缓和国内阶层和阶级矛盾，美国政府在国内掀起了再工业化的浪潮。而欧洲各国则通过强行实施金融服务收缩战略，停止对发展中国家的资金投入，以国家立法的方式促使资本回流。经济保护主义的种种手段不仅导致西方资本主义国家生产成本大幅提高，从而其竞争力相对下降，还对高负债国家的经济承受能力产生消极影响，资本的大量流失使得这些国家在面对如经济危机和社会动荡这种给经济带来重创的危机时，缺乏抵御和解决能力，最终只能任由西方资本以远低于市场的价格收购本国资产。

2. 政治孤立主义

发轫于英美等西方国家的对外政策，孤立主义是极力推崇本国利益高于一切，淡化与其他国家之间的联系，在国际事务中强调本国优先和独立处理，并竭力回避国际责任的一种意识形态。回溯孤立主义兴起的历史，国际局势的变动和资本主义国家社会矛盾的激化通常在其中发挥重要作用。当前，由于国际金融危机频发，以及世纪疫情影响深远，国际经济发展长期低迷，全球政治逐步走向保守性和封闭性，为了突破资本的内外限度和强化对全球的控制，西方资本主义国家在重新思考自身国际地位的基础上，将崛起的发展中国家视作其控制力减弱的主要威胁，由此引发了当代政治孤立主义的产生，其中，以美国为典型代表。美国的政治孤立主义不仅体现于特朗普政府多次撕毁多边协议，任意退出代表全球共同利益的国际组织，还反映在美国政府将崛起的中国视为"假想敌"，以自身为标尺肆意裁定民主和非民主阵营，在国际范围内煽动组建种种具有排他性和歧视性的政治联盟，同时以各种手段胁迫其他国家加入反华阵营。为遏制中国进一步发展，进而维持旧的"中心—边缘"国际格局，处心积虑在中国周边建立多链条包围圈，为制衡"一带一路"的发展提出诸如"B3W"基建计划的倡议，致力于与中国实现"硬脱钩"以维护其在国际事务中的领导权和话语权。

3.文化民族主义

出于对本民族文化纯粹性和优越性的维护，文化民族主义是指在民族交往过程中拒斥异族文化，宣扬本族文明优越论的民族主义意识形态。文化民族主义的形成与资本主义国家个人主义文化传统和"上帝选民"宗教意识具有内在一致性，受资本逻辑支配的资本主义国家竭力鼓吹"西方中心论"，以西方标准裁定各民族国家的文化价值及文明意义，对其他一切非西方文化采取鄙夷和轻视态度，从而滋生文化民族主义。在西方中心论的笼罩下，民族身份认同问题和合法性问题日益凸显，在巨大的社会现实与理性认知的落差面前，在西方世界民众中产生了大量诸如"禁穆""反犹""反中"的排外意识和行为。特朗普在就职美国总统后，立即签署了针对伊拉克、叙利亚和利比亚等七个伊斯兰国家公民进入美国边境的"禁穆令"，尽管拜登上任之后将其废除，但民调显示，它是拜登所有行政命令中最不受欢迎之一。与此同时，欧洲极端右翼势力"把穆斯林罩袍、古兰经和尖顶的清真寺等视为对欧洲文化和民族认同的挑战，或直接把伊斯兰移民与恐怖分子、犯罪联系起来，甚至极端地要求禁止一切形式的穆斯林移民"①。与右翼民族主义在西方兴起相伴的是反犹太主义的卷土重来。2018 年法国出现 541 起反犹太人袭击事件，同比激增 74%。同年在德国有 1646 项登记在案，同比增长了 100 余件。2020 年美国反诽谤联盟统计在册的反犹太人袭击事件为 2024 件，成为有据可查的第三高纪录。与此同时，由于不敢正视自身的衰落，恐惧中国经济的飞速发展对自身国际地位和对全球控制力带来的消极影响，西方国家提出"锐实力"理念，极力污名化中国推出的一系列国家文化交流项目，鼓吹这些是具有操控性与威胁性的政治工具，借此鼓动国际舆论，进一步输出西方的意识形态与价值观，以维持西方的"文明优越"。

---

① 张莉：《当前欧洲右翼民粹主义复兴运动的新趋向》，《欧洲研究》2011 年第 3 期。

4.社会民粹主义

所谓社会民粹主义，即将平民的价值和理想神圣化，主张一切政治权利和政治变革的合法性根源在于平民化和大众化，把普通民众作为社会发展的唯一决定力量，因而又称为平民主义。社会民粹主义者实现自身目标的要旨就是扩大"我们"和"他者"的差异与对立。在当下，西方极端右翼政党利用因全球化的发展带来的贫富分化、民族冲突等负面问题，鼓吹自己是人民利益的代表，而将移民与难民抹黑为只是来抢夺本国民众仅有的工作机会和生存资源的"外部人"，煽动民众的排外心理，甚至将无能的政府也列入"外部人"行列，来争取民众的政治支持。民粹主义在美国的典型表现是民粹主义"教主"特朗普在2016年被中下层民众投票当选为美国第45任总统，并在其下台后仍以"反建制"的身份在民主党中大受支持。社会民粹主义在欧洲体现在随着大量难民的涌入，民众对于自身就业机会被抢占、本国利益和本民族之独特性受欧盟成员国身份影响的担忧日益加深，这种担忧反映在英国，表现为在独立党和脱欧党的鼓动下英国举行了全民公投，并获得胜利宣布正式脱离欧盟，不再受欧盟限制。在荷兰表现为右翼保守党派自由党和法国国民阵线在选举中获得历史上最佳成绩。在德国，宣扬德国退出欧元区的选择党发展为德国联邦议会最大的反对党，并在大选中广受支持。在意大利，民粹主义政党五星运动党和极右翼政党北方联盟党组成联合政府，并成为执政力量。总之，世界政治格局受西方世界广泛兴起的疑欧主义、民粹主义思想影响日趋复杂化，全球治理难题愈加凸显，既有的国际政治体系面临巨大压力。

5.生态帝国主义

生态帝国主义是指在本国优先意识的指导下，西方资本主义国家不仅利用其优势地位吞剥欠发达国家或地区丰富的自然资源，随即向其转嫁工业污染，还凭借其对全球的绝对掌控力和绝对话语权，在全球生态议题磋商中控制欠发达国家和地区。在资本利益的驱使下，他们在全球生态问题上实行双重标准，主要体现在两个方面：一则，在国际贸易方面，西方发达国家故意设置高标准的"绿色贸易壁垒"，要求欠发达国家出口产品符合该标准，通过不断提高进出口贸易产品标准降低欠发达国家产品的国际竞争力，并占有其丰富的自然资源；二则，在最大程度地享受全球生态资源之后，西方国家竭力逃避理应承担的生态历史责任，做出与其所享受的资源和所处的地位相悖的推卸和转嫁责任的种种行为。生态帝国主义的典型表现就是 1997 年签署的《京都协定书》的失败，并且这一现象在多年后历史再现，即特朗普政府任性退出《巴黎协定》，成为国际环境合作的最大破坏者和威胁者，尽管后来拜登政府在世界和本国人民指责下宣布重返《巴黎协定》，但美国和西方国家频开倒车的种种事实不仅导致全球合作解决生态问题困难重重，加剧全球生态保护及环境治理的负担，并且剥夺了欠发达国家和地区平等发展自己的机会。

（二）逆全球化思潮的基本走向

作为资本主义社会的本质其表现就是资本逻辑主导。资本逻辑的界限拥有内在与外在的区分，受到两种界限的影响，将会出现全球化与逆全球化长期共存的状态，并在相当长的时间内处于相互交织的博弈之中。一方面由于资本主义社会所存在的基本矛盾不能在资本主义生产力全部发挥出来以前得到解决，在资本的全球扩张过程中可能引发更多的诸如孤立主义、单边主义的行为。从另一方面看，各种生产要素和资源会通过全球化进程在全世界范围内充分自由流动，同时这所催生的生产方式能为更高的社会形态积累深厚的物质财富。随着生产社会化的深入，全世界将真正实现马克思构想的"真正意义上的共同体"，最终导致逆全球化也不复存在。

1. 经济：全球化趋势不会完全逆转，以区域化和数字化为特征的再全球化将会产生

纵观世界发展大趋势，由于全球化的推进所带来的生产社会化的巨大发展与资本主义本身存在的私有制之间的内在矛盾将继续在全球化进程中产生影响。从整体趋势来看，经济全球化的持续发展表明全球化的整体趋势不会因为某些局部现象发生逆转。资本增殖的天性将会使其为了利润而不断扩张。马克思指出："发展社会劳动的生产力，是资本的历史任务和存在理由。资本正是以此不自觉地创造着一种更高级的生产形式的物质条件。"① 因而，生产、贸易和金融的全球化与资本本身的历史任务和资本的存在理由有紧密联系，随着发达国家人力成本与生态成本的提高，资本逻辑逐渐达到其内在张力的限度，资本也将肆无忌惮地突破本民族而走向世界。从另一方面看，无序扩张的资本带来的风险主要表现在由于金融资本的过度积累导致的民族矛盾以及阶级对立。在民众就业和民众的生活水平得到有效保障和彻底解决之前，我们可以预见逆全球化将会持续一段时间。由于全球经济格局正经历大的变革和调整，国际经济政治旧秩序已不适应新的发展需要，全球化也随之进入一个动态调整期，再全球化将强势兴起，其典型表现为区域化和数字化。一方面是区域化。受逆全球化思潮影响，区域或者跨区域竞合格局正在形成。主要体现在欧洲、东亚以及北美地区在 20 世纪中后期逐渐形成了三大经济圈，也形成了更加密切的包括产业、价值和供应在内的利益链条。因国际金融危机的爆发带来全球贸易环境的持续恶化，以中国提出积极构建人类命运共同体并努力促进"一带一路"建设为代表，全球各个经济体逐步以自身地理因素及其发展程度为依据，因地制宜地展开区域合作，促进了区域全球化的发展。另一方面是数字化，快速发展的互联网、人工智能所催生的产业数字化正更新着全

---

① 《马克思恩格斯选集》第 2 卷，人民出版社 2012 年版，第 511 页。

球化的新形态。现代信息技术发展与受疫情影响，以电子商务等为表现的数字经济新模式和以在线娱乐为表现的新业态崭露头角。

2. 政治：世界进入"去中心化"进程，新权力、新主体的出现引发新的动荡

新世纪伊始，"去中心化"成为全球新进程，强势的政治孤立主义虽存在，但是发展受到限制。一方面，全球体系由"中心—边缘"结构转变为网络状结构。西方资本主义由于内部矛盾导致竞争优势持续下降，然而新兴国家和发展中国家却在此之下成为最大赢家，其国家话语权和国家事务中的代表权也持续增大。另一方面，主权国家作为主体的传统型国家秩序转变，新主体与新权力源源不断。包括国家组织在内的新兴权力主体，改变了单个国家支配国际秩序的模式，使世界紧紧结合在一起。当然，新主体由于其封闭性的科层管理，导致权力无法约束，因而国家与社会"公共性"将不可避免受影响，最终导致双重不平衡现象产生：一是国际层面的不平衡。公正合理的新秩序会由于多元主体并存导致难以建立，因此引发全球动荡。然而缺乏"全球公民"的制约，寡头化特征逐渐在全球治理模式中凸显出来。列宁指出："一部分是为数众多的被压迫民族，另一部分是少数几个拥有巨量财富和强大军事实力的压迫民族。"①也就是说，居于世界中心地位的少数国家会出现相互勾结的局面，对广大发展中国家进行残酷的剥削和深重的压迫。因此在这样少数大国处于统治地位为特征的全球体系下，边缘化人群会大面积产生，他们对于国家的文化认同也将大受影响。第二，国内层面的不平衡。国际分工与先进的科学技术进一步发展，原本所形成的法权秩序下的公民平等地位会遭到破坏，中等收入群体的大部分收益将被资本侵蚀，为资本拥有者最终攫取，整个社会结构也将

---

① 《列宁选集》第4卷，人民出版社2012年版，第275页。

失衡并形成社会对立。当前，国家格局正历经变革，国家体系正面临调整，国际国内双向失衡叠加，政治权力与资本权力互相博弈、同流合污，将使世界陷入失序旋涡。

3. 文化：文明交流互鉴不断扩大，多元文化主义与反多元文化主义成冲突焦点

全球化的发展打破了业已形成以区域性为特征的文化壁垒，民族、国家之间的文化交流日益拓展，文化多样化特征也更加突出。正如马克思、恩格斯在《共产党宣言》所指出的："物质的生产是如此，精神的生产也是如此。各民族的精神产品成了公共的财产。民族的片面性和局限性日益成为不可能，于是由许多种民族的和地方的文学形成了一种世界的文学。"[①]数字化的世界导致网络信息技术的不断更新与发展传播，也加快相关文化产品和观念的开拓与播发，世界各种文明交流交融也日趋紧密，多元文化主义亦随着文化交往的拓展逐步兴起。在充分尊重差异性和多样性原则指引下，多元文化主义强调保护弱势群体，要求重新分配社会资源以保障少数族群享有应有的权利。多元文化主义认为难民流入欧洲后不应被差别对待，应享有同欧洲人民同样待遇，因此需要在财政税收或者公共服务上进行调整，利益冲突由此产生。各利益集团之间的矛盾和冲突可以通过对话和协调机制进行控制，但一旦将"平等共存""保护弱势"等人文诉求提升到神圣的"政治正确"的高度，并以此裹挟各利益集团，不仅不利于各利益主体围绕资源分配问题进行有效协商，而且激化了不同群体间的文化对立，从而促使右翼民粹主义见缝插针鼓吹排外、对抗意识形态并在民众中广受追捧。与多元文化主义刚好相反，反多元文化主义高度赞扬西方中心论和文明优劣论，在充分肯定欧美文化传统基础上鼓励"禁

---

① 《马克思恩格斯选集》第 1 卷，人民出版社 2012 年版，第 404 页。

穆""反中""反犹"等排外主义意识，致使在全球范围内频繁出现恐怖主义和排外主义事件，国际关系持续恶化和国际局势动荡不安。总之，不论是多元文化主义还是反多元文化主义都是西方中心主义在文化领域的回响，是对保守主义和民粹主义的回应，世界范围的民族矛盾将长期存在并影响国际关系和全球局势的进一步发展。

4. 社会：加强国家治理备受关注，民族主义与民粹主义合流态势依旧

从结构性层面考察资本主义经济运动过程，卡尔·波兰尼认为全球化是一种钟摆运动，表现为在释放市场力量与维护社会之间两极摇摆。如果全球性危机爆发，以开放型经济体系为主要特征的西方国家需要政府将注意力从不断释放市场力量迅速转向维护社会稳定，而政府如未能快速调整政策，对民众的恐慌采取积极有效的针对性措施进行缓解，政府的政策制定仍是以刺激市场为主，必然导致民粹主义泛滥，逆全球化思潮抬头。从2008 年国际金融危机爆发导致世界经济增长疲软以来，各西方资本主义国家国内紧张局势和社会内部矛盾日趋激烈，政治精英们由此将逐步把注意力转移到保护社会上来，不断强化和改善国家治理，以缓解国内政治矛盾，振兴国民经济。而当政府因没有及时转换政策方向引发民众不满时，一些右翼政党便乘虚而入，为了实现自身政治目的，以"自己人"的面貌自居，谎称他们代表整个民族的利益，以鼓吹和煽动民众民族主义情绪的方式赢取本国民众好感，获取本土选民的支持，由此促使具有民粹主义色彩的民族主义泛滥。通过引发民族矛盾，以争取国内底层民众的青睐，这一行为在表面上维护了底层民众的权益，其根本仍然是为捍卫资产阶级本身的剥削统治服务。马克思指出："资产阶级的沙文主义只不过是最大的虚荣，它给资产阶级的种种横蛮要求罩上一件民族的外衣。"[1]在资本主义

---

① 《马克思恩格斯选集》第 3 卷，人民出版社 2012 年版，第 155 页。

为共产主义完全取代之前，资本主义内在的帝国主义本性无法根除，资产阶级仍继续以实现全民族利益为名，谋取个人私利，被民粹主义裹挟的民族主义将显示出越来越大的影响力。

5. 生态：全球治理体系持续完善，资本逻辑仍不断阻碍多边协议的达成

随着人的存在形态从自然个体存在发展至民族国家存在乃至世界性存在，孤立的民族区域发展史便逐步向世界历史过渡，这是马克思主义世界历史理论的重要内容。社会化大生产发展到世界历史阶段必然导致人的世界性存在产生，而任何忽视人的世界性存在、以个体存在或国家存在为中心的短视行为，都与历史发展整体趋势相悖。因而，在全球问题上，任何国家的单方面不合作行为都将损害人类整体利益。如今，全球生态问题层出叠见，促使西方资本主义国家为自保不得不关注国际生态合作，将自身发展安全与世界发展相统筹，尤其是与欠发达国家和地区发展相挂钩，推动了各个国家积极寻求高效持久的全球合作，不断完善全球治理体系的行动。但是，资本不断追求价值增殖的本性要求各资本主义国家以最大限度开采自然资源，在资本逻辑支配下对资源索取无度并转嫁污染的行为不会停止，因而携手解决全球生态问题，达成多边协议的努力频频受阻。正如西方生态马克思主义代表人物戴维·佩珀所指："社会正义或它在全球范围内的日益缺乏是所有环境问题中最为紧迫的。地球高峰会议清楚地表明，实现更多的社会公正是与臭氧层耗尽、全球变暖以及其他全球难题作斗争的前提条件。"[①] 从而若不对资本进行"祛魅"，抑制其无度张扬，就不能真正践行马克思主义视域下的"真正的平等"，国际生态合作便不能

---

① ［英］戴维·佩珀：《生态社会主义：从深生态学到社会正义》，刘颖译，山东大学出版社 2005 年版，"前言"第 2 页。

真正实现。

综上所述，由于资本主义生产方式无法根本解决生产社会化和生产资料资本主义私人占有这一基本矛盾，最终必然会导致资本主义生产方式被否定和超越。正如马克思所指："资本不可遏止地追求的普遍性，在资本本身的性质上遇到了限制，这些限制在资本发展到一定阶段时，会使人们认识到资本本身就是这种趋势的最大限制，因而驱使人们利用资本本身来消灭资本。"① 伴随着资本的消灭，"人对人的剥削一消灭，民族对民族的剥削就会随之消灭。民族内部的阶级对立一消失，民族之间的敌对关系就会随之消失"②。从而在阶级对立与"三大差别"彻底消失的共产主义社会，逆全球化思潮亦不复存在。

（三）新时代中国马克思主义应对西方逆全球化思潮的方案

在资本逻辑与霸权思维控制之下，以美国为代表的发达国家将继续塑造以自身利益为中心的全球化形态。因此，对于中国而言，有效应对逆全球化思潮并不仅仅是一场"意识形态之争"或者"经济战略之争"，更是事关全球治理主导权的"治理变革之争"。这意味着仅在道义上对逆全球化思潮进行揭露与声讨是远远不够的，还要积极推动构建人类命运共同体，主动引领全球治理体系变革，寻求解决逆全球化思潮问题的科学方法与正确战略。作为一个负责任的大国，中国始终秉持为人民谋幸福、为民族谋复兴、为人类谋进步、为世界谋大同的价值宗旨和责任担当，以"推动构建人类命运共同体"的中国智慧和中国方案推动构造一个公正合理的

---

① 《马克思恩格斯选集》第 2 卷，人民出版社 2012 年版，第 716 页。
② 《马克思恩格斯选集》第 1 卷，人民出版社 2012 年版，第 419 页。

新型全球化体系。

1.经济：秉持共商共建共享的共同利益观，主动提供和培育公共产品

习近平总书记指出："世界命运应该由各国共同掌握，国际规则应该由各国共同书写，全球事务应该由各国共同治理，发展成果应该由各国共同分享。"① 在经济保护主义有所回升的情况下，新时代马克思主义强调树立共商共建共享的共同利益观，以"共"的原则促进全球经济治理体系革旧维新。与坚持对立、封闭、零和博弈的传统国际经济格局不同，全球经济一体化要求世界各国在发展中建立合作关系、秉承开放和互利共赢的理念。树立共商共建共享之共同利益观，积极促进投资与贸易自由化便利化，建立多边贸易体制，是汇聚世界共识，以全球之力共同构建人类命运和利益共同体的根本途径。当下，乌克兰危机波及全球，世界经济增长乏力，面对持续衰退的经济形势和日益增多的不稳定不确定因素，世界各国必须主动提供和培育公共产品，积极发挥正向外溢效应，自觉搭建国际合作和对话协商新平台，努力挖掘促进全球共同发展新引擎。在此过程中，资本逻辑宰治下的本国优先、西方中心主义和霸权思维的资本主义意识形态是其主要阻碍因素，发达资本主义国家应该予以正视并自觉摒弃，主动提供匹配自身国际地位的公共服务与产品，弥补因长期自身责任缺位造成的国际公共服务与产品供应不足问题。作为一个负责任的大国，中国毫不动摇地推进"一带一路"、亚洲基础设施投资银行、上海合作组织等国际经济贸易与合作平台的建立，稳定发挥带动区域崛起及全球经济增长的"第一引擎"作用，以自身发展助力全球共同进步。

---

① 《习近平谈治国理政》第 2 卷，外文出版社 2017 年版，第 540 页。

2.政治：构建以合作共赢为核心的新型国际关系，从中华民族"多元一体"格局出发探寻新型国际规则的制定

逆全球化思潮之所以在世界范围快速兴起，根源于现存不公正、不平等和不合理的国际秩序。这一国际经济政治旧秩序是基于西方中心主义的双重标准构建起来的，很难反映世界多极化发展需要与时代诉求，限制了新兴国家的发展以及国际问题的解决。因此，习近平总书记强调："我们要继承和弘扬联合国宪章的宗旨和原则，构建以合作共赢为核心的新型国际关系，打造人类命运共同体。"①合作共赢是建设新型国际关系的主旨要义和基本原则。构建以合作共赢为核心的新型国际关系，要求把实现全人类共同利益作为处理国际关系的首要前提，用主体间性思维代替"中心—边缘"思维、主客二分思维，以"我们"的思维方式对待国际事务，积极促进各国间的协调与合作。建设新型国际关系有赖于新型国际规则的制定和落实，而中华民族"多元一体"的格局则给新规则的制定带来了新思路。习近平总书记指出："一体包含多元，多元组成一体，一体离不开多元，多元也离不开一体，一体是主线和方向，多元是要素和动力，两者辩证统一。"②在维护国家统一和民族团结、促进民族发展方面，中华民族"多元一体"民族结构发挥了重要作用，因此，也能为新型国际规则的制定提供中国智慧与中国方案。具体来说，"多元一体"：其一是强调整体性，把世界上所有国家和地区都视为紧密相连、命运与共的利益共同体，只有通过对话协商与合作才有可能解决人类面临的共同危机与挑战。其二是尊重差异性，以尊重国际法和联合国宪章为前提，充分尊重各国或地区发展权利，尽力满足各国或地区发展需要，积极挖掘各国或地区发展潜力。第三，注重平等性，制定新型国际规则时不以意识形态或社会制度故意分

---

① 《习近平谈治国理政》第2卷，外文出版社2017年版，第522页。
② 《习近平关于社会主义政治建设论述摘编》，中央文献出版社2017年版，第150页。

割，也不因国家强弱大小区别对待，在积极践行马克思主义平等观的基础上对弱势民族和国家一视同仁，并对其提供针对性的帮助和政策扶持。

3. 文化：倡导平等互鉴对话包容的新文明观，将中华文明的深厚底蕴与全人类的共同价值有机结合推动全球化转型发展

　　文明冲突论和西方中心主义作为西方世界主流意识形态，不仅阻碍当下不同社会制度和文明之间进行平等交流对话，也是民族隔阂和民众对立形成的重要原因。因此，对西方中心主义予以理性批判，突破文明冲突的思想偏见，"以文明交流超越文明隔阂、文明互鉴超越文明冲突、文明共存超越文明优越"[①]，以世界眼光构建共同体意识，履践以平等、互鉴、对话、合作、包容为内容的新文明观，促进不同文明交流交融交汇，是全人类的必然选择。除此之外，千年中华文明的古老智慧中蕴含丰富的"以和为贵""世界大同"之思想，为人类应对因文明冲突带来的动荡局势提供了丰足的思想材料，因此，将中华文明深厚底蕴与全人类共同价值有机融合，充分借鉴中华文明的古老智慧，是推动世界从同质共同体发展至有机共同体的有效方案。作为世界各国人民共同的精神资产，中华文明倡导在进行国际交往时以"以和为贵"的宽阔情怀和"兼容并包"的谦逊态度对待其他文明，在处理与周边国家的关系时"以礼相待"，遵循"和而不同"原则构建"协和万邦"，建设"和谐共生"的"世界大同"，其种种理念与习近平总书记提出的和平、发展、公平、正义、民主、自由的全人类共同价值具有高度契合性和内在一致性。在世界已然发展成一个各国命运休戚与共的"地球村"的今天，人类迫切需要一个"村规民约"，而作为凝聚全球文明的价值共识，全人类共同价值以充分尊重不同文明的差异性为前

---

① 习近平：《高举中国特色社会主义伟大旗帜　为全面建设社会主义现代化国家而团结奋斗——在中国共产党第二十次全国代表大会上的报告》，人民出版社2022年版，第63页。

提，体现了民族特色价值和人类普遍价值的有机统一，以促进全世界实现涂尔干式的"有机团结"。因此，通过将中华文明古老智慧底蕴与全人类共同价值相与为一，促进多元文明交流对话，能够有效应对"西方中心论"的文化霸权主义，推动人类文明升级跃迁与全球化转型发展。

4. 社会：推进国家治理与全球治理的互促共进，重塑全球化与全球治理的合理匹配

推进国家治理与全球治理相辅而行，实现全球治理效能有效提升是遏制逆全球化思潮"周期性回摆"的重要途径。主要方法体现在：

首先，对传统治理理念和治理体系的变革刻不容缓。随着全球化发生时代性变革，旧有治理理念和治理体系已经成为阻碍其发展的重要因素，世界各国尤其是西方国家要抛弃传统以我为主、唯我独尊的霸权主义意识，积极探索匹配全球化新阶段的治理路径，建立健全具有包容性和可持续性的治理体系。

其次，以各国互学、互鉴、互促推动全球治理新模式和新形态的建立健全。不同的社会历史条件催生了各国独具特色的治理模式，通过不同模式和文明间的互学互鉴互促，不仅能够推动全球治理模式在实践中实现创新性发展，而且有利于促进各国在全球治理合作过程中积极协作，发挥协同效应，以国际合作方式共同构建全球治理新形态。

再次，推动全球治理与区域治理良性互动。国家治理是全球治理体系下区域治理的具体体现，要构建全球治理和区域治理双向互动的开放格局，积极推动全球治理、区域治理和国家治理协调发展。作为国际合作的新范式，"一带一路"建设是推进国家治理、区域治理和全球治理良性互动的生动案例，不仅在提供公共产品、搭建合作平台方面发挥重要作用，而且能够促进体制机制和治理理念有效融合、互促互进，是中国智慧和中国方案在推动新型全球化良性发展方面的典型体现。与此同时，必须通过

践行多边主义，促进全球治理体系变革以应对逆全球化思潮所带来的全球治理机制失灵和赤字现象。习近平总书记强调："我们要推进国际关系民主化，不能搞'一国独霸'或'几方共治'。世界命运应该由各国共同掌握，国际规则应该由各国共同书写，全球事务应该由各国共同治理，发展成果应该由各国共同分享。"①通过在多边主义框架下平等协商、交流互鉴，携手共治，重塑全球化与全球治理的合理匹配，从而促进全球化的良性发展。

5. 生态：坚持共同但有区别的责任原则，充分发挥国际组织桥梁引领作用

面对持续性的全球生态危机的巨大威胁，发达资本主义国家在最大程度享用资源的同时不断推卸自身生态责任，导致发达国家与发展中国家之间的责任分担问题难以解决，因此，明确各国职责与义务至关重要。在《里约环境与发展宣言》中，联合国世界环境与发展委员会提出了"共同但有区别的责任"原则，为在世界范围内有效解决责任分担问题提供了"灵丹妙药"。从内涵上看，"共同但有区别"体现了各国在全球生态治理责任方面的统一性和差异性。从统一性角度看，全球生态环境和气候问题事关所有国家共同利益，各个国家都有保护和改善生态环境的义务，应主动承担；从差异性角度看，由于不同国家所处发展阶段不同，技术水平参差不一，在分摊治理责任与义务时应该按本国国情予以区分。在巴黎气候变化大会开幕式上，习近平总书记指出："巴黎协议应该有利于照顾各国国情，讲求务实有效。应该尊重各国特别是发展中国家在国内政策、能力建设、经济结构方面的差异，不搞一刀切。应对气候变化不应该妨碍发展中国家消除贫困、提高人民生活水平的合理需求。要照顾发展中国家的特殊困

---

① 《习近平谈治国理政》第2卷，外文出版社2017年版，第540页。

难。"①与此同时，国际组织对于合作解决全球生态问题至关重要，其为广泛的国际合作提供了共建共商的平台。因此，各国际组织要积极发挥桥梁纽带作用，充分汇聚和调动各方力量，建立健全生态环境保护长效机制，特别是联合国，要不断推进职能创新，通过设置职能完备的生态治理机构统筹对资源和责任的协调与分配，引领全人类共同守护地球家园。

二、中国特色社会主义进入新时代

马克思指出："任何真正的哲学都是自己时代的精神上的精华"②。作为时代精神在理论上的回应，理论创新肇端于时代提出的新问题。每个历史时代都具有独特的时代主题、时代潮流和时代精神。所谓时代主题，指在特定的历史时期内，由历史时代的主要矛盾决定的，集中体现历史时代的主要特征和影响历史时代的未来走向的重大问题。时代潮流是时代主题在实践层面的展开，是由一定历史时期的主要矛盾决定并驱动的历史发展的大趋势。而时代精神是时代主题与时代潮流在精神层面的映射和体现，是引领历史时代发展前进方向的精神力量。

党的十九大报告指出："中国特色社会主义进入新时代，我国社会主要矛盾已经转化为人民日益增长的美好生活需要和不平衡不充分的发展之间的矛盾。"③这一科学判断是当代中国共产党人基于中国特色社会主义实践发展，对于在新时代我国社会主要矛盾发展新变化深入研究和科学总结的结果。党的二十大报告进一步指出："明确我国社会主要矛盾是人民日

---

① 《习近平谈治国理政》第2卷，外文出版社2017年版，第528—529页。
② 《马克思恩格斯全集》第1卷，人民出版社1995年版，第220页。
③ 习近平：《决胜全面建成小康社会　夺取新时代中国特色社会主义伟大胜利——在中国共产党第十九次全国代表大会上的报告》，人民出版社2017年版，第11页。

益增长的美好生活需要和不平衡不充分的发展之间的矛盾"①，与此同时，强调要"紧紧围绕这个社会主要矛盾推进各项工作，不断丰富和发展人类文明新形态"②。中国共产党人对新时代我国社会主要矛盾的重大研判因时因势而变，始终坚持解放思想、实事求是、与时俱进、求真务实，立足于中国经济社会发展变化的客观实际，是新时代中国马克思主义的重大理论创新。全面认识并深刻把握我国社会主要矛盾在新时代发生新变化的客观根据、基本特征与发展趋势，探讨解决新时代中国社会主要矛盾的根本路径，对于推进新时代中国马克思主义的创新发展，促进社会主义现代化国家的全面建设和第二个百年奋斗目标的顺利实现，具有重大且深远的理论和现实意义。

（一）我国社会主要矛盾新变化的主要根据

对社会主要矛盾的发展变化进行科学研究和准确把握是无产阶级政党路线和方针确立的前提，是战略政策制定的基础和依据。1956 年我国顺利完成了对农业、手工业和资本主义工商业的社会主义改造，社会主义制度在我国基本确立，国内外形势发生了新的变化，以毛泽东同志为主要代表的中国共产党人，在科学分析和把握我国社会主要矛盾变化的基础上，在党的八大上提出："我们国内的主要矛盾，已经是人民对于建立先进的工业国的要求同落后的农业国的现实之间的矛盾，已经是人民对于经济文化迅速发展的需要同当前经济文化不能满足人民需要的状况之间的矛

---

① 习近平：《高举中国特色社会主义伟大旗帜　为全面建设社会主义现代化国家而团结奋斗——在中国共产党第二十次全国代表大会上的报告》，人民出版社 2022 年版，第 7 页。

② 习近平：《高举中国特色社会主义伟大旗帜　为全面建设社会主义现代化国家而团结奋斗——在中国共产党第二十次全国代表大会上的报告》，人民出版社 2022 年版，第 7 页。

盾。"①但由于在当时的历史条件下我国社会主义建设的历史经验不足，再加上国内外环境的错综复杂，中国共产党人对党的八大提出的社会主义主要矛盾的认识不深，导致科学的认识和路线没有得到持续贯彻。在"文化大革命"期间，错将无产阶级与资产阶级之间阶级斗争视为社会主要矛盾，片面强调"以阶级斗争为纲"，产生了错误的"左"的思想和政治路线。党的十一届三中全会以后，伴随着拨乱反正的开展和社会主义现代化建设的推进，以邓小平同志为主要代表的中国共产党人在科学总结社会主义建设正反两方面历史经验的基础上，重新确立了党的八大提出的正确路线，并对新时期我国社会主要矛盾做出了科学判断。1981年党的十一届六中全会上通过的《中国共产党中央委员会关于建国以来党的若干历史问题的决议》，明确指出："在社会主义改造基本完成以后，我国所要解决的主要矛盾，是人民日益增长的物质文化需要同落后的社会生产之间的矛盾。"②这一科学判断在中国社会主义建设历史进程中一直沿用到党的十九大。

"时代是思想之母，实践是理论之源。"③伴随着改革开放的进一步发展和中国特色社会主义的不断推进，中国共产党人以"十八大以来我国取得的全方位、开创性的成就和深层次、根本性的变革"④为抓手，在党的十九大上，对新时代以来中国社会主要矛盾作出了全新的科学判断，指出："中国特色社会主义进入新时代，我国社会主要矛盾已经转化为人民日益增长的美好生活需要和不平衡不充分的发展之间的矛盾。"⑤科学认识

---

① 《建国以来重要文献选编》第9册，中央文献出版社1994年版，第341页。
② 《三中全会以来重要文献选编》（下），中央文献出版社2011年版，第168页。
③ 习近平：《决胜全面建成小康社会 夺取新时代中国特色社会主义伟大胜利——在中国共产党第十九次全国代表大会上的报告》，人民出版社2017年版，第26页。
④ 王永贵、陈雷：《新时代：中国特色社会主义的新航标》，《思想理论教育》2018年第3期。
⑤ 习近平：《决胜全面建成小康社会 夺取新时代中国特色社会主义伟大胜利——在中国共产党第十九次全国代表大会上的报告》，人民出版社2017年版，第11页。

"新时代"这一新的历史方位是对当前我国社会主要矛盾作出正确判断的先决条件，中国特色社会主义进入新时代，是党关于社会主要矛盾作出新的伟大论断的主要依据。

首先，"新时代"，并不是从"社会形态"的角度揭示的大的历史时代。从历史大时代来看，今天的人类社会仍然是在马克思、恩格斯所揭示的社会主义取代资本主义、最终走向共产主义时代。在 2017 年 9 月 29 日主持中共十八届中央政治局第四十三次集体学习时，习近平总书记指出："尽管我们所处的时代同马克思所处的时代相比发生了巨大而深刻的变化，但从世界社会主义 500 年的大视野来看，我们依然处在马克思主义所指明的历史时代。"① 马克思主义并未过时，在纪念马克思诞辰 200 周年大会上，习近平总书记发表了重要讲话指出："马克思的思想理论源于那个时代又超越了那个时代，既是那个时代精神的精华又是整个人类精神的精华。"② 其次，这个"新时代"不是指"和平和发展"，"和平和发展"不是时代而是时代的问题或者主题。1985 年 3 月 4 日，邓小平同志在会见日本商工会议所访华团时指出："现在世界上真正大的问题，带全球性的战略问题，一个是和平问题，一个是经济问题或者说发展问题。和平问题是东西问题，发展问题是南北问题。概括起来，就是东西南北四个字。"③ 党的十九大报告强调："世界正处于大发展大变革大调整时期，和平与发展仍然是时代主题。"④ 党的二十大报告指出："和平、发展、合作、共赢的历史潮流不可阻挡"⑤。再次，这个"新时代"不是指当代资本主义。当代资本主

① 《习近平谈治国理政》第 2 卷，外文出版社 2017 年版，第 66 页。
② 《十九大以来重要文献选编》（上），中央文献出版社 2019 年版，第 423 页。
③ 《邓小平文选》第 3 卷，人民出版社 1993 年版，第 105 页。
④ 《十九大以来重要文献选编》（上），中央文献出版社 2019 年版，第 41 页。
⑤ 习近平：《高举中国特色社会主义伟大旗帜　为全面建设社会主义现代化国家而团结奋斗——在中国共产党第二十次全国代表大会上的报告》，人民出版社 2022 年版，第 60 页。

义不仅没有进入新时代，而是进入了从金融危机、经济危机、疫情危机、再到全面社会危机的时代，当今世界是"东升西降"的时代。最后，这个"新时代"也不是泛指全球社会主义。就全球社会主义而言，社会主义从20世纪80年代末90年代初由于苏联解体、东欧剧变而在世界陷入低潮。进入21世纪，社会主义出现了复兴。社会主义复兴的标志，一方面是随着资本主义经济危机、疫情危机、社会危机的展开，资本主义社会制度广受质疑，新自由主义宣告破产，资本主义的核心价值观——个人主义价值观广受批判；另一方面是中国特色社会主义取得了举世瞩目的重大成就，彰显了社会主义制度的巨大优越性和强大生命力。

既然这个"新时代"指的不是"大的历史时代"，不是指"和平和发展"，不是指"当代资本主义"，也不是指"全球社会主义"，那么指的是什么呢？它是特指"中国特色的社会主义"。正如习近平总书记指出："党的十九大作出中国特色社会主义进入新时代这个重大政治论断，我们必须认识到，这个新时代是中国特色社会主义新时代，而不是别的什么新时代。"[1] 中国特色社会主义进入新时代的标志就是改革开放40多年来，我们取得了举世瞩目的成就，我们迎来了从站起来到富起来再到强起来的伟大历史飞跃，我国社会主要矛盾也发生了新变化，转化为人民日益增长的美好生活需要和不平衡不充分的发展之间的矛盾。同时，当今世界百年未有之大变局加速演进，当今中国社会矛盾交织叠加，前现代、现代、后现代，农业社会、工业社会、信息社会的矛盾交织叠加。因此一方面我们要实现工业化，同时要警惕西方工业化陷阱。一方面我们要实现城市化，同时要避免出现西方城市病。一方面我们要"促进各类资本良性发展、共同发展，发挥其发展生产力、创造社会财富、增进人民福祉的作用"[2]；同时又要遏制

---

① 《习近平谈治国理政》第3卷，外文出版社2020年版，第70页。
② 《习近平谈治国理政》第4卷，外文出版社2022年版，第219页。

资本的任性和无度扩张，规范和引导各类资本健康发展，正如习近平总书记指出的："在社会主义市场经济体制下，资本是带动各类生产要素集聚配置的重要纽带，是促进社会生产力发展的重要力量，要发挥资本促进社会生产力发展的积极作用。同时，必须认识到，资本具有逐利本性，如不加以规范和约束，就会给经济社会发展带来不可估量的危害。"①一方面我们要发挥市场在配置资源中的作用，另一方面又要发挥好政府的作用。

1.经济发展状况实现了由短缺经济到剩余经济的转变

在《短缺经济学》一书中，匈牙利经济学家亚诺什·科尔纳提出了"短缺经济"的概念，即在相当长时期内社会总供给严重不足的经济现象。"剩余经济"则与此相反，是社会总供给长期超过社会总需求的经济形态。新中国建立伊始，在帝国主义封锁和包围下，我国生产百废待兴，一切从零开始，生产力水平相对落后，对于当时中国经济生产现状，毛泽东同志曾慨叹："能造茶碗茶壶，能种粮食，还能磨成面粉，还能造纸，但是，一辆汽车、一架飞机、一辆坦克、一辆拖拉机都不能造。"②在《论十大关系》中，毛泽东同志清醒认识"我们一为'穷'，二为'白'。'穷'，就是没有多少工业，农业也不发达。'白'，就是一张白纸，文化水平、科学水平都不高"③。邓小平同志在改革开放之初也曾指出："我们干革命几十年，搞社会主义三十多年，截至一九七八年，工人的月平均工资只有四五十元，农村的大多数地区仍处于贫困状态。"④从新中国成立到改革开放初期，供给不足甚至没有供给是我国生产发展最基本的问题，社会亟待解决的主要问题是温饱问题，解决人民缺衣少食、填饱肚子的需要，是"短缺经济"

---

① 《习近平谈治国理政》第 4 卷，外文出版社 2022 年版，第 219 页。
② 《毛泽东文集》第 6 卷，人民出版社 1999 年版，第 329 页。
③ 《毛泽东文集》第 7 卷，人民出版社 1999 年版，第 43—44 页。
④ 《邓小平文选》第 3 卷，人民出版社 1993 年版，第 10—11 页。

的典型形式。自改革开放 40 多年以来，随着经济的快速发展，短缺经济逐步被改善，特别是在十八大以来，党和政府以世界眼光紧紧抓住世界多极化、经济全球化、社会信息化和文化多元化纵深发展的历史机遇期，积极解决并应对各类风险和挑战，在经济建设、政治建设、文化建设、社会建设、生态建设等各方面取得了巨大的成就。随着改革开放的持续推进，我国经济获得飞速发展，在 2010 年国内生产总值首次超过日本跃居世界第二并长期保持，从党的十八大到十二大期间，我国 GDP 总量从 2012 年的 54 万亿元增长到 2022 年的 121 万亿元。与此同时，民众的生活水平也在不断提高，物质文明和精神文明供给不断丰富。城乡居民收入增长与经济增长速度基本同步，脱贫攻坚取得决定性成就，将近一亿农村贫困人口实现全部脱贫，贫困县全部摘帽，我国历史性地解决了绝对贫困问题，全面小康基本建成，创造了世所罕见的经济快速发展和社会长期稳定的奇迹。但随着物质财富的快速增长，供给水平和数量不断提高，我国彻底改变了短缺经济状况，但同时也进入剩余经济阶段。以高投入和高消耗为代价的增长方式和产业结构失衡状况没有得到根本转变。我国低端产品和服务的供给过多，在水泥、平板玻璃、钢材等产能和行业出现大量剩余，而随着生活水平的提高，人民群众需要的中高端产品和服务仍需大量进口，国内供给严重不足或低端供给不能满足人民日益增长的中高端需求。经济发展的主要矛盾已由总量性矛盾转变为结构性矛盾。党的十八大以来，面对经济形势的转换，党和政府积极推进供给侧结构性改革，实施"三去一降一补"政策，以"一带一路""亚投行""金砖国家新开发银行"等为纽带，不断开拓国际市场，在现有开放基础上实施全面对外开放，以产业转移和迭代更新推动经济向更高层次发展。简言之，历经 40 余年以经济建设为中心的发展，缺衣少食的短缺经济形态在中国已经不复存在，经济发展状态发生了根本性转变，结构性矛盾成为日后我们要着重解决的矛盾的主要方面，因此，如何通过扩大内需、调整结构以提高供给质量，使优质产品和服务的供给能够满足人民不断增长的美好生活需求，是党和国家当前和今后相当长时期内的重要任务。

2. 小康社会建设格局实现了由全面建设到全面建成的转变

"小康"是中华民族自古以来的社会理想，邓小平同志在改革开放初期第一次提出了小康社会的概念，并将小康社会与中国式的现代化相联系。1997 年，在党的十五大报告中，江泽民同志首次提出"建设小康社会"的历史新任务，强调进入新世纪，我国进入全面建设小康社会，加快推进社会主义现代化的新的发展阶段。随后在党的十六大报告中提出 2020 年全面建设小康社会的奋斗目标，并从经济、政治、文化和可持续发展方面对其作出具体的战略部署，认为全面建设小康社会是我国实现现代化建设战略目标的必经过程，是承上启下的历史阶段，在这一阶段中必然要经历社会主义市场经济体制的不断完善和发展与对外开放的不断扩大。在党的十七大上，胡锦涛同志突出强调全党全国全军要为夺取全面建设小康社会新胜利而不断奋斗，并在奋斗目标上增添了许多新内容，拓展了全面建设小康社会的内涵和外延。2012 年党的十八大第一次提出"全面建成小康社会"的奋斗目标，将全面建设小康社会的外延进一步扩大，强调要在建党一百周年之际实现全面建成小康社会，将全面建成小康社会和实现中华民族的伟大复兴统一于中国特色社会主义伟大事业。党的十九大综合考虑国内外各发展因素，站在新的历史起点，习近平总书记提出了"决胜全面建成小康社会，夺取新时代中国特色社会主义伟大胜利"[1]的伟大号召。全面小康社会建设在党的历次代表大会上接连出现并被上升为大会主题或奋斗目标的高度，不仅是我们经济发展基本面发生重大转变的反映，而且

---

[1]　习近平：《决胜全面建成小康社会　夺取新时代中国特色社会主义伟大胜利——在中国共产党第十九次全国代表大会上的报告》，人民出版社 2017 年版，第 1 页。

凸显了小康社会在我国战略发展中的重要意义，是中国共产党人对人本原则、大同理想的时代回应。从党的十五大初次提出的"建设"到十八大重点强调的"建成"，一字之变下体现了中国共产党人对社会主义建设规律的深刻把握，二者有机统一于中国特色社会主义伟大事业，"建设"侧重于过程的长期性和艰巨性，而"建成"强调的是结果的承接性与接近性。党的十八大以来，我们党牢牢抓住战略机遇期，以开拓进取、敢为人先的巨大勇气和毅力推动中国特色社会主义建设事业取得辉煌成就，为世人所瞩目。在建党百年之际，我国按时完成全面建成小康社会的历史任务，顺利实现第一个百年奋斗目标，以雄厚的物质基础和稳定的社会条件为前提开启了全面建设社会主义现代化国家、以中国式现代化推动实现中华民族伟大复兴的崭新阶段。目前我国的 GDP 总量已稳居全球第二，是世界上最大的工业国、外汇储备国和货物贸易国，是实至名归的世界经济增长"第一引擎"，今天我们与历史上任何一个时代相比，都更有底气和信心实现中华民族的伟大复兴。

3. 国际地位实现了由跟跑、并跑到领跑的转变

新中国建立伊始，以美国为代表的帝国主义国家为遏制新生的社会主义政权，对中国在经济、政治、外交等方面展开了长时间的封锁和围堵，甚至以剥夺中国在联合国合法席位等手段胁迫新中国屈服。时至今日，美国和其他发达资本主义国家通过禁止将"芯片"之类的高科技产品输出中国，妄想以此对中国进行"卡脖子"，牵制和遏制中国的崛起。因此，多年来我国的经济发展都是在追赶西方。在中国共产党以时不待我、只争朝夕的精神的引领下，历经数十年的拼搏与奋斗，中国经济发展实现了翻天覆地的变化，在国际定位上我国经历了由跟跑阶段到并跑阶段再到领跑阶段的飞跃。目前，我国国民经济体系已趋于成熟，独立完整的工业体系已经建成，其工业门类在联合国规定的所有工业门类，是最为完备和丰富

的，我国已经发展成为名副其实的制造大国，并致力于成为世界制造强国。特别是从 2012 年党的十八大以来，在创新驱动发展战略的推动下我国在创新型国家建设方面取得巨大成就，成功迈入世界创新型国家行列，创新创造成果丰厚。在重大科技领域出现如天宫、蛟龙、北斗、悟空、墨子、嫦娥等世界领先成果，民用和军事领域亦有 C919 飞机、航母、高铁和深海载人等走在世界前列的成绩，并于 2017 年随着大型挖泥船出口禁令的发布，我国也具备了对外进行技术限制的手段。与此同时，中国的外交理念、外交智慧和外交方案在世界大放异彩。通过推进"一带一路"建设，倡议成立"亚投行"和创立"丝路基金"，筹办国际合作高峰论坛和APEC 北京峰会、中国共产党和世界政党高层对话会、二十国集团领导人杭州峰会以及冬奥会等，全方位宽领域多层次的积极参与并主动发起国际交流和合作，使我国在世界上的影响力和号召力不断增强，并且在国际上得到广泛认可和积极响应。自 2012 年以来，中国共产党始终秉承和平、发展、合作、共赢的理念处理外交关系，致力于构建人类命运共同体和更加开放、包容、普惠、共赢的全球化，积极推动全球治理体制机制改革，并公开发出中国"开放的大门不会关闭，只会越开越大"的时代声音。总而言之，自改革开放以来，尤其是新时代十年来，我国综合实力发展迅猛，在经济、科技、国防、外交等领域均取得重大突破，很多方面进入世界前列，硕果累累。中国特色大国外交在世界范围内产生了重大影响。中国国际定位已由跟随转向引领，我们已经不再是单纯的规则的接受者，更是某些国际规则的制定者。在世界正经历百年未有之大变局的今天，我国在世界上的影响力、塑造力不断增强，在国际上拥有更多的话语权，中国已逐步走近世界舞台中心，实现了从一穷二白，跟跑紧追到奋力并跑随行再到拥有强大的底气和自信领跑世界的巨大飞跃。同时中国发展所取得的重大成就给世界上欠发达国家和地区选择发展道路提供了全新选择，破除了"现代化＝西方化"的迷信，创造了人类文明新形态，我们有能力也愿意为世界发展贡献中国经验、中国力量和中国方案。

(二) 新时代我国社会主要矛盾变化的新特点

新时代以来，社会主要矛盾随着生产力的飞速发展和物质生活水平的大幅提高展现出许多新的变化和特点，主要表现在"我国社会主要矛盾已经转化为人民日益增长的美好生活需要和不平衡不充分的发展之间的矛盾"①。这一转变既是社会主义社会基本矛盾在新时代的具体体现，也是自党的十八大以来经济社会发展变化对社会主义社会基本矛盾的时代回应，是我国由生产力落后导致的总量性矛盾到发展不充分和不平衡的结构性矛盾的转化，是需求和供给从数量到质量要求的升级。

1. 人民日益增长的美好生活需要是指需求层面的升级

由于脱贫攻坚和全面建成小康社会历史任务的顺利完成，我国生产力水平和综合国力大幅度提升，为开启全面建设社会主义现代化国家新阶段奠定了雄厚的社会物质基础。广大人民群众的需求也随之变化，主要体现在：不只在物质、文化方面提出了要求，而且在民主法治、公平正义、社会保障、生态环境等方面提出要求；不仅在量上，而且在质上提出要求；不仅有传统意义上物质层面的需求，而且对这种传统需要的要求更高。即原有的"硬需要"不仅没有消失，反而呈现升级态势，同时在精神文化、公平正义、社会保障等方面的"软需要"也呈上升态势并逐步占据主要方面。恰如党的十九大报告指出："不仅对物质文化生活提出了更高要求，而且在民主、法治、公平、正义、安全、环境等方面的要求日益增长。"②

---

① 《十九大以来重要文献选编》（上），人民出版社 2019 年版，第 8 页。
② 《十九大以来重要文献选编》（上），人民出版社 2019 年版，第 8 页。

具体而言，人民群众的需求不仅表现在要求物质文化产品质量品牌优质、多样性和个性化凸显，健康安全有保障，还表现在对于良好的生态条件、融洽的社会环境、稳定的工作状况、满意的收入水平、优质的教育资源、舒适的居住条件、可靠的社会保障以及丰富文化生活等各方面各层次展现出更高的期盼，需求在广度和深度上不断升级。因此，从十一届六中全会提出"物质文化需要"发展到十九大提出"美好生活需要"，这一转换不仅反映"硬需要"的升级，更体现对"软需要"的发展需求；既有量上的要求，更有质上的转变，不仅符合马斯洛需求层次论中需求由低层向高层发展，更与社会发展客观规律相一致。

2. 不平衡不充分的发展是指供给层面的落后

"不平衡不充分的发展"具有双重含义。

首先，从发展之空间范围与社会领域层面剖析，发展具有不平衡性，具体指从横向来看我国在不同地区之间、城乡之间、行业之间、社会成员之间发展存在巨大差异性，比如由于我国幅员广阔，受各地区地理条件和政策支持等因素的影响，东中西部地区之间存在较大的发展鸿沟，特别体现在东部地区和西部地区的发展差距上。东部地区作为最早进行对外开放和现代化建设的地区，经济发达，现代化程度相对较高，而中西部地区由于地理等各方面因素影响发展相对滞后。尽管近年来我国的基尼系数呈总体下降态势，但还是超过了国际规定的 0.4 的贫富差距警戒线。东中西部各大城市工业化和现代化程度相对较高，但是乡村现代化仍然任重道远，不平衡现象表现明显。

其次，就发展的质量和层级层面剖析，发展具有不充分性，具体指从纵向来看我国发展质量和水平有待进一步提升，在众多方面短板和问题越来越凸显。随着经济社会的发展，人们在衣食住行以及教育和医疗等方面的基本需求已得到保障，但在更高的要求上如衣着美观大方、食品安全营养、居住宽敞明亮，出行方便流畅、教育资源和医疗服务高级优质等方面，与大多数人的期待还存在较大差距，高质量的物质层面供给短板突出，不能满足人民高层次的物质生活需要。与此同时，在法治、民生、安全、正义、环境等方面，由于社会供给的不完善和有限性使人民群众的"获得感"不强，致使群众的"幸福感"随即大打折扣。发展的不平衡问题和发展的不充分问题两个方面是辩证统一的关系。一方面，二者是相互区别相互对立的。发展的不平衡问题是从发展的空间和范围层面入手进行横向比较，主要是不同地区、领域和社会成员之间的发展差距问题；而发展的不充分问题则是从发展的层级和质量着眼进行纵向比较，主要是发展的短板和不足问题。另一方面，二者又是相互包含相互渗透的，主要表现在发展的不充分问题寓于发展的不平衡之中，发展的不平衡问题包含发展的不充分。发展的质量和层级问题，存在于不同地区、城乡、产业和社会成员发展的差异性之中，而不同地区、城乡、产业和成员之间发展的差距都体现了发展的质量不充分的问题，表现为供给水平不够，发展不足，人民群众的新需求难以完全满足。

3. 当今中国社会矛盾和问题交织叠加

改革开放以来，中国以惊人的速度发展，仅仅用40余年的时间赶超西方几百年的发展历程，经济社会飞速发展的同时也带来了种种问题，突出表现在各种社会矛盾和问题相互交织，农业社会、工业社会和信息社会的问题盘根错节，不发展的问题和发展后的问题同时存在。正如邓小平同志所指出的"发展起来以后的问题不比不发展时少"[1]。因而，在前现代性、现代化和后现代性矛盾交织叠加的情况下，我国不仅要实现工业化，要以信息化来推动工业化的同时处理好污染问题；不仅要实现城市化，同时要

---

[1] 《邓小平年谱（1975—1997）》（下），中央文献出版社2004年版，第1364页。

提前预防城市病的发生；不仅要让市场在配置资源中起决定性作用，同时要监督市场，使政府发挥好关键作用；不仅要利用资本，发展资本，推动国有资产做强做大，同时要抑制资本无度扩张，依法规范、积极引导资本的健康发展等等。错综复杂的社会矛盾和问题一方面是发展的不平衡和不充分的体现，另一方面又加剧了发展的不平衡和不充分与人民群众美好生活需要之间的矛盾。应当指出的是，社会主要矛盾的转变只是在整个社会主义初级阶段中发生的局部性和阶段性的部分质变，并不是飞跃性的整体质变。正如党的十九大指出的："必须认识到，我国社会主要矛盾的变化，没有改变我们对我国社会主义所处历史阶段的判断，我国仍处于并将长期处于社会主义初级阶段的基本国情没有变，我国是世界最大发展中国家的国际地位没有变。"①

（三）新时代中国马克思主义解决我国社会主要矛盾的基本方案

在《关于费尔巴哈的提纲》中，马克思曾指出："哲学家们只是用不同的方式解释世界，问题在于改变世界。"②实践的观点是马克思主义认识论最基本的观点，实践性是马克思主义区别于其他理论的根本特性，马克思主义理论的最终目的和根本价值在于服务实践。因此，以习近平同志为核心的党中央在新时代背景下提出社会主要矛盾转化论，是为指导新时代中国特色社会主义事业，以中国式现代化推动实现中华民族伟大复兴这一伟大实践服务的。"社会主要矛盾与根本问题、根本任务、工作重点，在逻辑上是关联的。社会主要矛盾是国家治理重大战略的逻辑起点。"③对于

---

① 《十九大以来重要文献选编》（上），中央文献出版社 2019 年版，第 9 页。

② 《马克思恩格斯选集》第 1 卷，人民出版社 2012 年版，第 136 页。

③ 陶文昭：《科学把握社会主要矛盾转化》，《中国高校社会科学》2017 年第 6 期。

怎样把握这一"逻辑起点",毛泽东同志曾在《矛盾论》中指出:"矛盾着的两方面中,必有一方面是主要的,其他方面是次要的。主要的方面,即所谓矛盾起主导作用的方面。事物的性质,主要地是由取得支配地位的矛盾的主要方面所规定的。"①作为同一矛盾的两个不同的方面,"发展"和"需要"的地位是不同的。"发展"是主要方面,起决定性作用;"需要"是次要方面,处于被支配的地位。因而,当前社会主要矛盾的主要方面,是发展的不平衡和不充分问题,已经成为制约人民美好生活的主要因素。为此,以习近平同志为核心的党中央以这个主要方面为抓手,适时调整工作重点,精准施策,着力破解现阶段社会主要矛盾,形成了新时代中国马克思主义解决我国社会主要矛盾的基本方案。

1. 贯彻新发展理念以解决发展不平衡问题

在十八届五中全会上党中央首次提出创新、协调、绿色、开放、共享的发展理念,并在十九大报告中将其凝练为"新发展理念"。新发展理念的提出,是对人类社会发展规律、社会主义建设规律和中国共产党执政规律的进一步揭示,是马克思主义发展观在新时代的丰富和发展,为以中国式现代化推动实现中华民族伟大复兴提供了理论支撑。而贯彻落实新发展理念,需要统筹创新、协调、绿色、开放、共享五个层面,广泛汇聚创新合力,充分发挥协调功能,积极践行绿色理念,努力营造良好外部环境以及牢固树立共享价值引导。但是,由于发展不平衡问题的复杂性,在践行新发展理念时要"对症下药"。一则,将统筹城乡发展作为一切工作的重中之重,以实现农业农村现代化问题为着力点,推动社会主义现代化建设。

"三农"问题一直是党和国家高度重视的重大课题。毛泽东同志就曾

---

① 《毛泽东选集》第1卷,人民出版社1991年版,第322页。

在《论十大关系》中用马儿吃草的比喻形象地指出农民问题的重要性，并强调不能完全照搬照抄苏联的政策，必须要结合中国实际兼顾国家和农民的利益。2023年中央一号文件中强调："全面建设社会主义现代化国家，最艰巨最繁重的任务仍然在农村"，"强国必先强农，农强方能国强"。① 中国要强大，要富有，农业必须要强大，要富裕。尽管改革开放40余年来，农业农村问题有了较大的改善。但是客观地讲，农业的现代化在"四化同步"中仍然是一块短板。因此，必须在党的二十大精神的指导下全面推进乡村振兴，坚决把解决"三农"问题作为党和国家推进现代化建设工作的重中之重。在全面建设社会主义现代化国家过程中，统筹工业化、信息化、城镇化、农业现代化"四化同步"，以信息化带动工业化，促进农业农村现代化，才能实现城乡一体化发展，最终实现共同富裕。

二则，通过国家重点扶持中西部地区，统筹区域协调发展，缩小区域发展差距。毛泽东同志曾对沿海和内地工业发展的辩证关系做出经典论述，他认为"沿海的工业基地必须充分利用，但是，为了平衡工业发展的布局，内地工业必须大力发展"② 。这一思想对于新时代统筹中西部地区发展仍有很大的指导意义。在新的时代背景之下，党和国家必须要加大对革命老区、民族地区、边疆地区和相对贫困地区的政策扶持力度，通过全面深化改革加快推进东北等老工业基地的振兴进程，促进区域协调发展机制体制的不断创新，统筹推进西部大开发、中部崛起和东部优化发展战略。践行好以上工作要求，对于有效平衡东中西部的发展差距，形成区域之间协调发展，弥补发展鸿沟至关重要。总而言之，解决发展不平衡问题，必须着力践行新发展理念，通过推动创新发展、协调发展、绿色发展、开放

① 《中共中央　国务院关于做好二〇二三年全面推进乡村振兴重点工作的意见》，《人民日报》2023年2月14日。

② 《毛泽东文集》第7卷，人民出版社1999年版，第25页。

发展、共享发展点燃发展动力、解决发展失衡、推动人与自然协调、打通内外联动和促进公平正义。

2. 实现高质量发展以解决发展不充分问题

经济发展是社会历史发展的基础和主轴。新时代经济发展已不再是传统意义上"单向度发展",而是在新发展理念的指导下,注重提高供给质量,以高质量发展破解当前发展困境,解决发展不充分的问题。党的二十大强调"高质量发展是全面建设社会主义现代化国家的首要任务"①。要实现这一目标,必须抓好两方面的工作。一是统筹经济和社会各项事业的发展,特别是注重强化各项社会事业发展力度。坚决贯彻和落实党的十九大、二十大精神,积极践行《中共中央 国务院关于全面深化新时代教师队伍建设改革的意见》精神,将发展教育事业,打造教育强国放在优先位置,全面提高国民整体素质。"要坚持教育优先发展、科技自立自强、人才引领驱动,加快建设教育强国、科技强国、人才强国,坚持为党育人、为国育才,全面提高人才自主培养质量,着力造就拔尖创新人才,聚天下英才而用之。"②加快推进生态文明建设,积极践行"两山"理念,坚决打赢"蓝天保卫战",像保护生命般保护生态环境,让百姓能够尽情拥抱绿水青山和蓝天白云,促进生态文明建设取得更大进展。实施健康中国战略,不断完善国民健康政策,努力提升国民健康水平。打造平安中国,注重社会治理格局的构建与创新,保持社会和谐稳定等。简言之,致力于在发展中保障和改善民生,将增进民生福祉确立为发展的根本目的,着力补

---

① 习近平:《高举中国特色社会主义伟大旗帜 为全面建设社会主义现代化国家而团结奋斗——在中国共产党第二十次全国代表大会上的报告》,人民出版社 2022 年版,第 28 页。

② 习近平:《高举中国特色社会主义伟大旗帜 为全面建设社会主义现代化国家而团结奋斗——在中国共产党第二十次全国代表大会上的报告》,人民出版社 2022 年版,第 33—34 页。

齐各项社会事业发展中的短板和不足，实现均衡发展。二是通过全面深化改革，完善社会分配。收入分配问题一直以来都是人民最为关注的问题。毛泽东同志在《论十大关系》中指出："工人的劳动生产率提高了，他们的劳动条件和集体福利就需要逐步有所改进……随着整个国民经济的发展，工资也需要适当调整。"[①]我们党在社会主义探索时期所取得的思想成果，至今仍有重要的实践意义。社会主义现代化建设进入新阶段，必须要坚持贯彻落实党的历届代表大会精神，坚决破除一切与新时代社会主义现代化建设相悖的思想观念与体制机制弊端，勇于突破利益固化的藩篱。并且，积极促进经济发展与居民收入同步增长，劳动生产率和劳动报酬同步提高，实现"两个同步增长"，充分发挥政府再分配的调节职能，加快基本公共服务均等化步伐，不断缩小居民收入分配差距。只有将政策落到实处，以巨大的政治勇气和政治毅力推动改革向着更深的层次迈进，才能推动高质量发展，破解发展不充分的难题，不断满足人民对美好生活的需求，兑现我党"把人民对美好生活的向往作为奋斗目标"的庄严承诺，以最终实现人的全面发展以及社会的全面进步。

按照唯物辩证法的观点，矛盾是事物运动、变化和发展的根本动力。解决了旧有矛盾，又将出现新的矛盾，事物总是在矛盾的运动中不断获得发展。党的十九大和二十大报告正确反映了新时代背景下我国经济社会发展的客观实际，对新时代共产党执政规律、社会主义建设规律和人类社会发展规律进行了科学的揭示，对我国社会的主要矛盾新变化及其基本特征做出新的科学判断。当代中国马克思主义及时反映我国社会主要矛盾新变化的实际，是以习近平同志为主要代表的中国共产党人对于马克思主义矛盾学说的丰富和发展。

---

① 《毛泽东文集》第 7 卷，人民出版社 1999 年版，第 28 页。

三、新时代中国马克思主义创新发展的实践基础

实践范畴是马克思主义哲学最核心、最基础的范畴。正是由于创立了科学的实践观，马克思主义哲学实现了对一切唯心主义和旧唯物主义哲学的超越，使唯物论与辩证法、唯物辩证的自然观与历史观、本体论与认识论实现了高度统一。并且，马克思也正是从现实的物质生产实践出发，揭示了全部人类社会历史发展的奥秘。作为实践的理论，马克思主义不仅强调指导人们科学地解释世界，而且强调指导人们能动地变革世界。马克思主义着重于在"通过批判旧世界发现新世界"①，认为"任何真正的哲学都是自己时代的精神上的精华"②，指出实践创新是理论创新发展的源泉和动力，任何理论都必须接受实践的检验并且在实践中丰富和发展理论本身。

马克思主义科学的实践观认为：全部社会生活在本质上是实践的，生产物质生活资料的实践活动既是人类社会存在的基础，又是推动人类社会发展的动力；只有在实践中才能探寻人类社会发展规律的奥秘，而不是在思想中；人类社会产生的一切"问题"都是在实践中发生，并且只有通过"变革的实践"才能解决；人的认识是否具有真理性也只能在实践中才能得到检验，离开实践的任何理论争论都是"纯粹经院哲学的问题"。马克思主义的基本精神和理论品格是实践的、革命的和批判的，在《德意志意识形态》中，马克思、恩格斯表达了其哲学的基本精神、理论品格和历史使命，"实际上，而且对实践的唯物主义者即共产主义者来说，全部问题都在于使现存世界革命化，实际地反对并改变现存的事物"③。

新时代背景下中国马克思主义理论的创新发展同中国特色社会主义建

---

① 《马克思恩格斯文集》第 10 卷，人民出版社 2009 年版，第 7 页。
② 《马克思恩格斯全集》第 1 卷，人民出版社 1995 年版，第 220 页。
③ 《马克思恩格斯选集》第 1 卷，人民出版社 2012 年版，第 155 页。

设实践相结合，并在这一伟大实践中不断检验和发展马克思主义理论，为马克思主义理论的创新发展提供了丰富的源泉和动力。站在百年未有之大变局加速演进、世界进入新的变革与机遇期之新的时代路口，新时代中国马克思主义理论创新把握和平与发展的时代主题与历史机遇，立足于中国特色社会主义现代化建设的伟大征程，实现了对党的理论继承和新的创造性发展，既根植于马克思主义这座理论富矿，又在社会主义现代化事业进入新的历史节点上不断拓展深度与广度，呈现出典型的历史继承性和鲜明的现实开创性。立足以中国式现代化推进中华民族伟大复兴，坚持用习近平新时代中国特色社会主义思想观察当今世界和当今中国，秉持运用中国化时代化的马克思主义来研究新形势、破解新课题，科学应答中国之问、人民之问、世界之问、和时代之问，在实践中不断深化对三大规律的认识，进而实现对马克思主义理论宝库的进一步丰富和发展。

（一）新时代中国马克思主义深刻反映了当代人类实践发展潮流和趋势

新时代中国马克思主义不是纯粹的书斋中的理论，也不是一成不变的僵化的教条，而是随着时代和实践的发展不断检验、丰富自己的实践的和科学的理论，其实践性和科学性首先表现在新时代中国马克思主义是对当代人类实践发展潮流和趋势的深刻反映。从国内来看，中国特色社会主义进入新时代，我国历史性地解决了绝对贫困问题，在广袤的中华大地上全面建成小康社会，开启全面建设社会主义现代化、以中国式现代化推动实现中华民族伟大复兴的新阶段，中国发展形势总体向好。但是从国际来看，世界局势波云诡谲，形势日趋复杂，世界正经历百年未有之大变局，新冠疫情叠加乌克兰危机影响深远，逆全球化思潮席卷全球，世界各国在经济、军事、科技和文化实力等方面的竞争愈演愈烈，世界进入新的动荡变革期。面对新的时代语境，中国共产党人始终以实事求是的精神科学研判和反映时代发展的变化和趋势，以强烈的历史自觉精神和历史主动精神不断推进新时代中国马克思主义的理论创新。

改革开放之初，在充分考察当代国际形势及其历史趋势后，邓小平同志就将世界形势变化之新趋势明确定义为"和平与发展"，并提出和平和发展问题是当今时代发展两大主题，从而将维护世界和平、促进共同发展确立为中国外交政策的宗旨，为我国制定国际发展战略提供了基本的价值遵循。1984年10月在与外国客人面谈时，邓小平同志提出："国际上有两大问题非常突出，一个是和平问题，一个是南北问题。还有其他许多问题，但都不像这两个问题关系全局，带有全球性、战略性的意义。"① 并且在1985年3月会见外国客人时，邓小平同志再次强调："现在世界上真正大的问题，带全球性的战略问题，一个是和平问题，一个是经济问题或者说发展问题。和平问题是东西问题，发展问题是南北问题。概括起来，就是东西南北四个字。南北问题是核心问题。"② 在此之后，邓小平同志在多个场合谈及过此问题。

随着党的十三届四中全会的召开，面对风云变幻的国际形势，以江泽民同志为主要代表的中国共产党人以极强的历史定力和历史自觉对时代主题和发展趋势问题进行了新的探讨，在充分继承前人思想成果基础之上，将"和平和发展"问题概述为"时代主题"与"时代特征"，以新的科学论述进一步丰富和发展了和平与发展思想。"时代主题"的科学概述不仅从时代发展需要层面强调世界需要和平的发展环境，各国之间需要相互协作、社会需要不断进步，还从时代发展趋势层面着重强调尽管当今世界仍然十分动荡、人类正面临着诸多严峻的考验，但和平和发展是共同追

---

① 《邓小平文选》第3卷，人民出版社1993年版，第96页。
② 《邓小平文选》第3卷，人民出版社1993年版，第105页。

求。党的十六大以后，以胡锦涛同志为主要代表的中国共产党人在对时代特征作出新的科学判断与理论概括的基础上，将"合作"提升至世界潮流的高度与"和平和发展"相提并论，提出"和平、发展与合作"是当今世界潮流与时代特征，进一步体现了马克思主义政党时刻跟随实践和时代的发展而创新理论的理论自觉和务实精神，也反映了以胡锦涛同志为主要代表的中国共产党人对时代特征的科学把握。自此，在和平、发展与合作的时代要求与时代背景下，中国共产党人牢牢抓住战略机遇期，审时度势，顺应时代发展潮流，以求真务实、锐意进取的精神不断深化改革开放，积极推进实践基础上的理论创新和制度创新，提出了贯彻落实科学发展观、核心是"以人为本"，强调建设社会主义和谐社会，和谐是社会主义之本质属性，提出坚持走和平发展道路以及积极构建和谐世界等一系列理论创新成果。

党的十八大以来，以习近平同志为主要代表的中国共产党人，在科学分析时代发展潮流和世界大势的基础上，把"中国梦"和"世界梦"有机结合，对时代发展新的历史趋势和潮流进行了新的理论总结。习近平总书记强调："一个国家要发展繁荣，必须把握和顺应世界发展大势，反之必然会被历史抛弃。什么是当今世界的潮流？答案只有一个，那就是和平、发展、合作、共赢。"[1] 以习近平同志为核心的党中央把"共赢"和"和平、发展与合作"并列，并以此为落脚点，不仅体现了新时代中国马克思主义积极反映新的时代潮流和世界发展大势，而且是新时代背景下，中国共产党人统筹中华民族伟大复兴战略全局和世界百年未有之大变局，坚定不移地走和平发展、合作共赢之路的生动彰显。在科学把握时代主题、世界大势、中国发展的基础上，习近平总书记提出了全人类共同价值和推动构建人类命运共同体的重要思想，是对马克思主义世界历史理论的创新与发展。

① 《习近平谈治国理政》第 1 卷，外文出版社 2018 年版，第 266 页。

（二）新时代中国马克思主义科学总结中国特色社会主义建设历史经验

历史是人的实践活动在一定时间和空间系列的展开，是人类实践活动的结果，是由过去、现实、未来构成的"时间之箭"。对历史的经验教训进行深刻反思和总结，能够更好指导现实，指引未来。新时代中国马克思主义，正是以习近平同志为核心的党中央以我国社会主义建设历史经验为基础，认真总结苏东社会主义国家兴衰发展的经验和教训，实时推进实践基础上的理论创新的思想结晶。

自改革开放以来，对中国社会主义建设历史经验和教训进行实时反省和科学总结是中国共产党人优秀的历史传统。具有伟大历史转折意义的十一届三中全会，正是由于对我国社会主义建设历史经验进行了深刻反省和及时总结，在充分吸取了"文化大革命"历史教训后，中国共产党人坚决放弃"以阶级斗争为纲"的错误口号，重新确立解放思想、实事求是的思想路线，以科学认识社会主义建设目标和任务为前提，提出要以社会主义经济建设为中心，做出实行改革开放的伟大决策。1981年以邓小平同志为主要代表的中国共产党人，在党的十一届六中全会上作出的《关于建国以来党的若干历史问题的决议》，基于对社会主义建设历史经验教训的科学总结，不仅从根本上否定了"文化大革命"中错误的理论与实践，对社会主义初级阶段的主要矛盾进行了科学的界定，而且对毛泽东同志的历史功绩以及毛泽东思想的科学价值进行了客观公正的评价。与此同时，党的十一届六中全会对中国共产党在从事社会主义建设实践中所取得的一切积极成果，进行了充分的肯定和继承，扫清了当时困扰党的思想迷雾，实现了政治上、组织上和思想上的正本清源。

在推进中国特色社会主义事业过程中，苏联与东欧社会主义国家发展兴衰的经验教训，为我国提供了重要的历史借鉴。1917年俄国十月革命的胜利及其后来的建设成就深刻反映了社会主义道路的科学性和先进性，因为选择了社会主义道路，使苏联顶住了帝国主义的封锁和压制，在综合国力方面取得了飞跃式的发展，成功从一个沙皇统治下的腐朽封建小农国家快速发展成为综合国力能与美国抗衡的世界一流强国。然而，1991 年苏联解体、东欧剧变的惨痛事实以及苏联解体后继承苏联的俄罗斯，由于放弃了社会主义制度，狂热追求新自由主义和资本主义，人民生活水平和国家经济发展持续低迷，也深刻说明了坚持马克思主义的指导和社会主义道路、不断推进马克思主义中国化、实现实践基础上的理论创新，促进实践创新和理论创新良性互动的重要性。简言之，正是由于对国内外社会主义建设正反两方面的历史经验科学总结和深刻汲取，不断推进理论创新，我们党才成功开辟了中国特色社会主义道路，并始终沿着中国特色社会主义方向前进，实现综合国力的巨大飞跃，为最终实现中华民族伟大复兴奠定强大的物质基础和制度保障。对此，邓小平同志曾进行深刻总结：不深刻反思和总结历史的经验教训，"就不可能制定十一届三中全会以来的思想、政治、组织路线和一系列政策"①。

　　进入新时代以来，以习近平同志为主要代表的中国共产党人极度重视思想建党和理论强党问题，尤为重视对苏联解体、苏共垮台的历史教训总结及中国共产党人建党历程的经验吸取。2013 年 1 月 5 日，在新进中央委员会的委员、候补委员学习贯彻党的十八大精神研讨班上，习近平总书记针对苏联解体问题作出了深刻的理论审思，指出："苏联为什么解体？苏共为什么垮台？一个重要原因就是意识形态领域的斗争十分激烈，全面否定苏联历史、苏共历史，否定列宁，否定斯大林，搞历史虚无主义，思想搞乱了，各级党组织几乎没任何作用了，军队都不在党的领导之下了。最后，苏联共产党偌大一个党就作鸟兽散了，苏联偌大一个社会主义

---

① 《邓小平文选》第 3 卷，人民出版社 1993 年版，第 272 页。

国家就分崩离析了。这是前车之鉴啊！"①坚持的科学历史观和正确的党史观、批判历史虚无主义的前提，也是新时代推进中华民族伟大复兴的必然要求和根本保障。2021 年 11 月 11 日中国共产党第十九届中央委员会第六次全体会议通过了《中共中央关于党的百年奋斗重大成就和历史经验的决议》，这一决议的提出表明以习近平同志为核心的党中央领导的深谋远虑和高瞻远瞩，是党基于既定时代变化条件，深刻洞察自身性质、建设规律、时代使命以及历史经验而得出的重大命题和历史成就，同时也是新时代推进党的建设新的伟大工程的纲领要求和必然选择。

实践是理论创新的基础，伟大的实践催生伟大的理论创新。新时代中国马克思主义不仅建立在对以往国内外社会主义建设正反两方面的经验教训进行深刻反思和总结的基础上，更是立足于中国特色社会主义进入新时代这一新的历史方位，对新时代以来社会主义现代化建设历史经验，中国特色社会主义建设伟大实践的经验总结和理论升华。随着中国特色社会主义进入新时代，全面小康顺利实现，开启社会主义现代化强国建设新征程，立足新起点、新方向、新机遇，以习近平同志为主要代表的中国共产党人在实事求是科学精神的引领下，对新时代新征程中国特色社会主义建设的伟大成就和实践经验进行科学总结，不断回答时代、世界、人民和中国之问，从而形成新理论、新思想和新战略。在新的伟大实践中不断检验、丰富、创新和发展马克思主义理论，不断谱写马克思主义中国化时代化的新篇章。

新时代中国马克思主义理论创新的基本立足点是对社会主义初级阶段基本国情的科学研判和准确把握。以习近平同志为主要代表的中国共产党人是在科学分析我国社会主义发展所处的历史阶段和历史方位的基础上，将马克思主义与社会主义初级阶段的基本国情相结合、与新时代和新发展

---

① 《十八大以来重要文献选编》（上），中央文献出版社 2014 年版，第 113 页。

阶段的现实语境相结合，不断推进中国马克思主义理论创新和创造的。在新的历史起点上，中国共产党在充分总结历史经验的基础上，结合当下发展实际，得出了我国仍然处于并将长期处于社会主义初级阶段这一基本结论，并将其确定为我国现阶段的基本国情。由于对社会主义发展阶段的认识不足，我国在社会主义建设初期走了一些弯路。以邓小平同志为主要代表的中国共产党人科学总结了社会主义建设的历史经验，提出了我国社会主义建设还处于初级阶段的科学结论，并指出这是中国当下最基本的国情，并且从这一基本国情出发制定我国社会发展的一切方针、路线和政策，强调在社会主义初级阶段"一个中心、两个基本点"的基本路线要始终贯彻直至社会主义现代化的完全实现。在对社会主义建设的长期性、艰巨性和复杂性进行充分了解和准确把握的基础上，党的十三大对社会主义初级阶段理论做了系统性的论述。以江泽民和胡锦涛为代表的中国共产党人坚定继承这一思想并强调党和政府一切工作都要从社会主义初级阶段的这一实际出发，而不能从主观愿望和教条主义出发，切忌任意妄为和脱离实际。新时代以来，在对社会主义初级阶段问题进行反思总结和统筹考虑之后，党的十九大提出我国仍处于并长期处于社会主义初级阶段的基本国情没有变、我国是世界上最大的发展中国家的国际地位没有变的"两个没有变"的思想。以习近平同志为核心的党中央强调新时代推进中国特色社会主义建设、建设社会主义现代化国家必须牢牢把握和立足于这一基本国情和最大实际，始终坚持"一个中心、两个基本点"的基本路线不动摇，将坚持四项基本原则和深入推进改革开放统一于中国特色社会主义建设实践，坚持以经济建设为中心。同时在科学分析新时代以来我国发展呈现的新的阶段性特征的基础上，指出其新特征新情况新问题是社会主义初级阶段的基本国情在新时代新阶段的具体表现。习近平总书记强调要以充分认识社会主义初级阶段这一基本国情为前提，党和国家制定一切战略方针既不能脱离实际、急于求成，也不能妄自菲薄、驻足不前，科学认识社会主义现代化建设的长期性、艰巨性和复杂性，并以此为基本立足点推进全面深化改革、推进社会主义现代化强国建设，以中国式现代化推动中华民族的伟大复兴。简言之，新时代马克思主义理论创新和创造不是面壁虚造和捕风捉影，而是立足于社会主义初级阶段这一基本国情和最大实际，是对社会主义初级阶段基本国情阶段性特征的科学分析和总结。

中国特色社会主义进入新时代，以习近平同志为主要代表的中国共产党人团结带领全党全军全国各族人民，统揽伟大斗争、伟大工程、伟大事业以及伟大梦想，推进新时代中国特色社会主义建设的生动实践，是新时代中国马克思主义推动实践基础上的理论创新的根本动力。改革开放不仅是决定中国过去前途命运的关键一招，也是站在新的历史起点上决定中国能否顺利实现中华民族伟大复兴、建成社会主义现代化强国的关键一招，是中国共产党人团结带领中国人民在新时代背景下继续开拓进取、锐意创新，推动中国式现代化建设、构建人类文明新形态的动力之源。党的十一届三中全会以来，改革开放的历史进程浩浩汤汤，其涉及的领域之宽、范围之广、幅度之深，是历史上任何一项改革都无法比拟的：从农村土地制度改革发展到城市经济体制改革；从经济领域改革拓展至包括经济、政治、文化、社会、生态和党建等各个领域和环节的改革；从开展有计划的商品经济到不断完善和发展社会主义市场经济体制；从经济特区的初步设立到逐步开放沿海城市，再到沿江沿边地区及省会城市的群体性崛起和全面开放；从率先发展东部地区和进行西部大开发到让中部崛起和积极振兴东北老工业基地，再到建设"一带一路"、实施精准脱贫以及全面推进乡村振兴；从两手抓物质和精神文明、两手都要硬，强调社会主义政治文明建设，谋篇构建社会主义和谐社会到"培育和践行社会主义核心价值观""推进法治中国建设""发展全过程人民民主""以中国式现代化全面推进中华民族伟大复兴"一系列主题推进；从中国特色社会主义的经济、政治和文化"三位一体"协调推进到经济建设、政治建设、文化建设和社会建设"四位一体"再到统筹"五位一体"总体布局和"四个全面"战略布局，强调树立新发展理念、积极构建新发展格局和致力于实现高质量发展。这场在世界和中国历史上闻所未闻的大变革、大调整和大发展，使中国由一个积贫积弱的时代，转向全面小康的时代，从底子薄、人口多的发展中大国，向彻底告别物资短缺，走向人民富强的现代化强国迈进。综合国力和国际地位的显著提高，社会各项事业的蓬勃发展以及人民生活水平的大幅度跃升，都在不断地提醒着新时代的中华儿女，中华民族伟大复兴已然搭上了不可逆转的时代列车，架起了中华巨轮海上巡游的梦想船帆。在这场波澜壮阔、浩浩荡荡的新时代中国特色社会主义建设伟大实践中，新时代中国马克思主义不断推陈出新，实现了党的理论创新的生成与交接，又在这场凯歌行进的新时代中国特色社会主义建设伟大实践中接受检验并得到丰富和发展。因此，在新时代背景下，以习近平同志为主要代表的中国共产党人团结带领中国人民进行中国特色社会主义建设、社会主义现代化建设实践探索和理论创新的历史，就是新时代马克思主义创新发展的历史。

（三）新时代中国马克思主义集中体现人民群众实践创造经验和智慧

中国共产党的"根基在人民、血脉在人民、力量在人民，人民是党执政兴国的最大底气"[1]，也是新时代中国马克思主义理论创新的力量源泉和价值旨归。马克思主义理论的基本特征和重要原则之一是科学性与价值性的高度统一。马克思主义行的根本原因，在于它既具有高度科学性又具有

---

[1] 《中共中央关于党的百年奋斗重大成就和历史经验的决议》，人民出版社 2021 年版，第 66 页。

彻底革命性，它既揭示了人类社会发展的客观规律，占据人类真理的制高点，同时又反映和代表了无产阶级和最广大人民的根本利益，占据人类道义的制高点。

马克思在《〈黑格尔法哲学批判〉导言》中曾经指出："理论一经掌握群众，也会变成物质力量。理论只要说服人，就能掌握群众；而理论只要彻底，就能说服人。所谓彻底，就是抓住事物的根本。而人的根本就是人本身。"① 理论只有来自人民，从现实的人民群众的物质和精神生产实践中汲取广泛的经验材料、并反映人民群众的利益需求才具有现实性，从而具有价值性，同时，理论只有被人民群众所掌握，内化为人民群众的自觉行动，才能变成现实的物质力量，从而推动人类社会从低级向高级的发展变革。马克思、恩格斯正是从研究现实的人，现实的人的物质生产活动和物质生产条件出发，才将彻底的唯物主义贯彻到社会历史领域，将唯心主义从其最后的避难所中驱逐出去，创立历史唯物主义，从而为其整个庞大而复杂的理论体系的创立奠定了科学的世界观和方法论前提。在《共产党宣言》中，马克思、恩格斯指出："过去的一切运动都是少数人的，或者为少数人谋利益的运动。无产阶级的运动是绝大多数人的，为绝大多数人谋利益的独立的运动。"② 马克思主义是人民的理论，是为了指导无产阶级解放自身进而解放全人类而创立的理论，马克思主义区别于其他什么主义的特征之一就是其鲜明的人民性，同时马克思主义政党是无产阶级的政党，是没有任何狭隘的私人利益的政党，是组织和领导无产阶级进行社会主义革命和社会主义建设的核心力量，人民立场是马克思主义政党的根本政治立场。毛泽东同志曾强调："为什么人的问题，是一个根本的问题，原则的问题。"③ 作为马克思主义理论在中国的运用和发展，中国化马克思主义始

---

① 《马克思恩格斯选集》第 1 卷，人民出版社 2012 年版，第 10 页。
② 《马克思恩格斯选集》第 1 卷，人民出版社 2012 年版，第 411 页。
③ 《毛泽东选集》第 3 卷，人民出版社 1991 年版，第 857 页。

终秉持马克思主义的人民性和实践性，作为马克思主义与中国工人运动有机结合的产物，中国共产党从成立之初就将为人民谋幸福和为民族谋复兴作为自己的目标追求和价值旨归。邓小平同志认为："党离不开人民，人民也离不开党，这不是任何力量所能够改变的。"①改革开放以来，我国社会主义建设所取得的一切成就归根到底是中国共产党团结带领人民锐意进取、开拓创新的结果。中国特色社会主义道路的成功开辟和发展、全面小康的顺利建成、社会主义现代化强国建设新阶段的开启，都要归功于我们党在中国化马克思主义的指导下，紧紧依靠人民、牢牢植根于人民，充分激发人民群众的积极性、主动性和创造性，尊重人民首创精神。胡锦涛同志深刻指出："相信谁、依靠谁、为了谁，是否始终站在最广大人民的立场上，是区分唯物史观和唯心史观的分水岭，也是判断马克思主义政党的试金石。对于马克思主义执政党来说，坚持立党为公、执政为民，实现好、维护好、发展好最广大人民的根本利益，充分发挥全体人民的积极性来发展先进生产力和先进文化，始终是最紧要的。"②新时代以来，习近平总书记在不同场合多次强调："千万要记住政府前面的'人民'两字""要始终与人民心心相印、与人民同甘共苦、与人民团结奋斗"，"人民是历史的创造者，群众是真正的英雄。人民群众是我们力量的源泉。"③新时代中国马克思主义不仅是马克思主义在当代中国的运用和发展，更是新时代以来人民群众在党的领导下，始终沿着中国特色社会主义的方向，建设社会主义主义现代化、奋力实现中华民族伟大复兴实践经验的总结和智慧的结晶。

中国共产党是将为人民服务作为思想和行动宗旨的马克思主义政党，党进行理论创新的根本目标和动力之源是实现最广大人民群众之根本利

① 《邓小平文选》第 2 卷，人民出版社 1994 年版，第 266 页。
② 《十六大以来重要文献选编》（上），中央文献出版社 2005 年版，第 369 页。
③ 《习近平关于实现中华民族伟大复兴的中国梦论述摘编》，中央文献出版社 2013 年版，第 45 页。

益。新时代中国马克思主义的创新发展植根于人民、依靠人民，是对人民群众根本利益的集中反映和人民日益增长的美好生活诉求的集中表达。作为全国各族人民的共同事业，人民群众在中国共产党的领导下进行中国特色社会主义建设，既是逐步实现自身利益、创造幸福生活的过程，也是不断为新时代马克思主义理论创新提供实践养分和经验材料的过程。当代中国马克思主义创新发展的基本路径之一，是坚持从人民群众的实践中总结经验和汲取智慧。改革开放是历史和人民的选择。中国的改革开放从农村开始，是从中国农民创造性地发明了农村家庭联产承包责任制开始的。在改革开放的全过程中，以邓小平同志为主要代表的中国共产党人始终秉持将人民群众是否满意、是否赞成、是否高兴、是否拥护作为检验改革开放成效的根本标准。在改革开放初始阶段，邓小平同志就曾明确指出："中国现在实行对外开放、对内搞活经济的政策，有谁改得了？如果改了，中国百分之八十的人的生活就要下降，我们就会丧失人心。我们的路走对了，人民赞成，就变不了。"[①]在紧随其后的1992年的南方谈话中，邓小平同志简明扼要地提出了"三个有利于标准"，为科学判断改革开放得失成败和检验党与政府一切工作提供了标尺。党的十三届四中全会以来，面对复杂的世情国情党情、在深刻反思党与人民群众关系的基础上，以江泽民同志为主要代表的中国共产党人明确提出了党要始终代表最广大人民根本利益的重要思想，并在多个场合强调党要"立党为公、执政为民"，认为党和政府处理一切工作的根本目的和价值遵循就是实现最广大人民群众根本利益和维护最广大人民群众的根本利益。面对时移世变的世情国情党情，党的十六大以来，以胡锦涛同志为主要代表的中国共产党人以"民生"为着力点切实解决人民群众最迫切最关心的问题，即社会物质财富获得巨大发展的同时如何使发展成果更多更广泛地惠及全体人民；综

---

① 《邓小平文选》第3卷，人民出版社1993年版，第59页。

合国力显著提高的同时如何解决城乡之间、地区之间、社会成员收入分配之间的发展失衡；人民群众物质生活极大改善的同时如何解决精神文明缺失问题；国内生产总值大幅增加的同时如何解决能源资源消耗代价过高问题；经济快速发展的同时如何解决生态环境恶化问题等等。将人民群众对于共享改革发展成果、实现城乡与地区之间协调发展、提升精神文明建设重要性、保护和修复生态环境等实际利益和愿望作为党进行理论创新和实践创新的价值导向和经验材料。

党的十八大以来，以习近平同志为主要代表的中国共产党人坚持"不忘初心、牢记使命"，集中反映了人民群众的根本利益和价值诉求，体现了人民群众对于美好生活的新期待，不断推进马克思主义理论创新和理论创造，先后提出了"中国梦""社会主义核心价值观""'五位一体'发展战略""'四个全面'发展战略""新发展理念""推动构建人类命运共同体"等一系列重大战略思想。习近平总书记特别强调："中国梦归根到底是人民的梦，必须紧紧依靠人民来实现，必须不断为人民造福。"[1]一方面，作为人民的事业，中国特色社会主义伟大实践必须始终坚持人民主体地位，牢固树立以人民为中心，紧紧依靠人民群众，要从人民群众的实践中汲取智慧和力量，虚心向人民群众请教，扎根于人民群众的实践沃土去寻求"政治智慧的增长、执政本领的增强、领导艺术的提高"[2]。改革开放是从人民群众的实践探索开始的，人民群众所具有的首创精神为改革开放提供了不竭的动力，从人民的实践创造和发展要求中去明确和完善全面深化改革的目标方向和政策主张。"中国梦是民族的梦，也是每个中国人的梦。只要我们紧密团结，万众一心，为实现共同梦想而奋斗，实现梦想的力量

---

[1]　习近平：《在第十二届全国人民代表大会第一次会议上的讲话》，《人民日报》2013 年 3 月 18 日。

[2]　习近平：《深入学习中国特色社会主义理论体系　努力掌握马克思主义立场观点方法》，《求是》2010 年第 7 期。

就无比强大，我们每个人为实现自己梦想的努力就拥有广阔的空间。"①另一方面，人民群众既是价值创造的主体，是中国特色社会主义事业的实践主体，也是价值评价的主体，是检验发展成效、共享发展成果的主体。中国特色社会主义事业必须坚持人民利益至上，始终把人民放在发展中的最高位置，聚焦人民群众最关注、最直接、最现实的利益问题，全力提高人民的物质文化生活水平，满足人民群众的美好生活需要。"中国共产党在中国执政，就是要带领人民把国家建设得更好，让人民生活得更好。"②为人民群众谋解放、谋幸福，始终是马克思主义政党创立的根本出发点，是中国共产党人的初心和使命，是新时代中国马克思主义理论创新的根本价值遵循。"我们的人民热爱生活，期盼有更好的教育、更稳定的工作、更满意的收入、更可靠的社会保障、更高水平的医疗卫生服务、更舒适的居住条件、更优美的环境，期盼孩子们能成长得更好、工作得更好、生活得更好。人民对美好生活的向往，就是我们的奋斗目标。"③"检验我们一切工作的成效，最终都要看人民是否真正得到了实惠，人民生活是否真正得到了改善，这是坚持立党为公、执政为民的本质要求，是党和人民事业不断发展的重要保证。"④习近平总书记在庆祝中国共产党成立 100 周年大会上的讲话中指出："江山就是人民、人民就是江山，打江山、守江山，守的是人民的心。"⑤人民群众的根本利益和价值诉求，是新时代中国马克思主义理论创新的出发点、立足点和最终归宿。

---

① 《习近平关于实现中华民族伟大复兴的中国梦论述摘编》，中央文献出版社 2013 年版，第 48 页。

② 《习近平关于实现中华民族伟大复兴的中国梦论述摘编》，中央文献出版社 2013 年版，第 15 页。

③ 《人民对美好生活的向往就是我们的奋斗目标》，《人民日报》2012 年 11 月 16 日。

④ 习近平：《全面贯彻落实党的十八大精神要突出抓好六个方面工作》，《求是》2013 年第 1 期。

⑤ 习近平：《在庆祝中国共产党成立 100 周年大会上的讲话》，人民出版社 2021 年版，第 11 页。

第二章

新时代中国马克思主义创新发展的理论前提

　　从党的十八大至党的二十大，以习近平同志为主要代表的中国共产党人，着眼对历史、时代、现实的深刻把握，顺应历史之潮流，把握时代之趋势，立足于"两个大局"，充分发挥伟大的历史主动精神，不断推动马克思主义中国化时代化，彰显了马克思主义基本原理的真理性光辉，创立了习近平新时代中国特色社会主义思想，形成了当代中国马克思主义理论创新的新成果，实现了马克思主义中国化新飞跃。习近平新时代中国特色社会主义思想提出了一系列原创性的治国理政的新理念、新思想、新战略，从理论和实践的结合上深入回答了党和国家事业发展、党治国理政的一系列重大时代课题，深化了中国共产党人对共产党执政规律、社会主义建设规律、人类社会发展规律的认识，是当代中国马克思主义、二十一世纪马克思主义，是中华文化和中国精神的时代精华，是全面建设社会主义现代化国家、实现第二个百年奋斗目标的理论指导和行动纲领。

一、坚持马克思主义基本原理不动摇

　　始终坚持马克思主义基本原理不动摇，这是新时代中国马克思主义创新发展之理论前提。任何一种理论创新都是对时代问题之回应，对于时代矛盾问题的解答。马克思主义理论立足于社会实践，不断将实践中的矛盾转化为理论上的问题和思想上的突破，通过实践倒逼理论创新，又通过理论创新推动实践问题的解决。新时代以来，在马克思主义理论创新方面，以习近平同志为主要代表的中国共产党人始终围绕着为什么要进行马克思主义理论创新、怎样进行马克思主义理论创新、马克思主义理论创新什么等重大理论和现实问题召开。在党的二十大报告中，习近平总书记强调："拥有马克思主义科学理论指导是我们党坚定信仰信念、把握历史主动的根本所在。"①

首先，从理论基础看，马克思主义创新发展不是固守马克思主义经典作家基于当时历史条件和具体情况提出的个别观点、具体结论、行动纲领，而是在坚持马克思主义基本原理及其贯穿其中的立场观点方法的前提和基础上进行理论创新。马克思主义之所以行，是因为中国共产党人在任何时期都始终坚持马克思主义之基本原理和科学社会主义基本原则不动摇，并且将马克思主义基本原理形成科学社会主义基本原则，创造性地将之运用于解决中国革命、建设、改革过程中的具体实际问题。

其次，从理论品质来看，马克思主义具有与时俱进的理论品质。马克思主义是时代精神之精华，立足于解决人类社会矛盾和问题。马克思主义的大历史观，同时也是马克思主义的问题观，包括马克思主义如何发现问题、分析问题和解决问题。在新时代，着力推动当代中国马克思主义创新发展，就是要弘扬马克思主义与时俱进的理论品质，不断回答中国之问、世界之问、时代之问、人民之问，认真分析、科学研究和实际解决新时代所面临的矛盾和问题，引领时代发展之潮流和趋势。

再次，从发展结果来看，马克思主义理论创新的过程，就是马克思主义在解决具体实际问题过程中产生马克思主义最新理论成果的过程。马克

---

① 习近平：《高举中国特色社会主义伟大旗帜 为全面建设社会主义现代化国家而团结奋斗——在中国共产党第二十次全国代表大会上的报告》，人民出版社2022年版，第16页。

思主义中国化时代化包括马克思主义化中国、化时代以及中国、时代化马克思主义的双向互动，一方面，马克思主义化中国、化时代，即中国共产党人将马克思主义基本原理运用于解决中国革命、建设、改革的具体实际问题，使得中国实际马克思主义化；另一方面，中国、时代化马克思主义，即中国共产党人在解决时代具体实际问题过程中总结、提升中国经验与中国智慧，不断丰富和发展马克思主义，实现了马克思主义理论新飞跃和新发展。

（一）马克思主义基本原理是马克思主义创新发展的基本遵循

作为中国共产党人立党立国、兴党兴国之根本指导思想，马克思主义在新时代创新发展坚持培元固本与守正创新的统一，始终坚持马克思主义基本原理不动摇。马克思主义中国化时代化的首要前提就是马克思主义科学性、实践性。马克思主义基本原理是作为马克思主义创新发展的理论前提和基本遵循，马克思主义基本原理之所以能够成为基本遵循，是因为马克思主义具有与时俱进的内在品质，新时代科学推进马克思主义理论创新，要坚持马克思主义基本原理不动摇，守正是创新的前提，守正所守，就是坚持马克思主义基本原理。马克思主义是一个完备严整的科学理论体系，马克思主义哲学、政治经济学、科学社会主义三大组成部分之间并不是分散、僵化的，而是具有内在逻辑联系的开放发展的整体体系。列宁在《马克思主义的三个来源和三个组成部分》中强调指出马克思主义产生是哲学、政治经济学和社会主义极伟大的代表人物学说的直接继续。

马克思主义理论体系是科学的开放体系，与黑格尔的体系哲学、杜林的世界体系论有本质区别。在《反杜林论》中恩格斯强调："体系学在黑格尔以后就不可能有了。世界表现为一个统一的体系，即一个有联系的整体，这是显而易见的，但是要认识这个体系，必须先认识整个自然界和历史，这种认识人们永远不会达到。因此，谁要建立体系，他就只好用自己的臆造来填补那无数的空白，也就是说，只好不合理地幻想，陷入意识形态。"① 只有坚持马克思主义基本原理，才能将马克思主义理论体系与德国思辨哲学"绝对体系"、杜林哲学"永恒真理体系"以及空想社会主义者抽象的人道主义原则区分开来。另外，推进马克思主义理论创新，必须要坚持马克思主义基本原理不动摇，否则就会陷入修正主义之泥潭。

在面对如何科学对待马克思主义、如何真正坚持和发展马克思主义这个问题上，历史上形成了"教条主义""修正主义""正统的马克思主义""真正的马克思主义"等各种理论上的纷争。在第二国际时期，作为修正主义的典型代表和修正主义的"鼻祖"，伯恩斯坦在1896年至1899年期间，他以"时代的变化"和资本主义新发展为借口，他公开宣称马克思主义理论已经"过时"，主张对马克思主义学说进行所谓的"全面修正"。除此之外，在伯恩斯坦后，考茨基的社会主义和俄国的孟什维克主义等，他们同样以时代的更新迭代和资本主义发展为借口，以"正统的马克思主义者"为旗号，提出要对马克思列宁主义进行"修正"。在马克思主义发展史上，"教条主义"同样很有市场。20世纪20年代，共产国际开展了"布尔什维化运动"，他们还逐渐把高度集中的社会主义计划经济体制即"苏联社会主义模式"，奉为真正社会主义的"普遍模式"和"典型样板"，并且以此对其他社会主义国家所进行的独立探索本国社会主义革命和建设道路横加干涉和指责。可以看出，把马克思主义理论"教条化"，把苏联社会主义革命和建设经验"模式化"，从根本上否定了马克思主义发展民族性、

---

① 《马克思恩格斯文集》第9卷，人民出版社2009年版，第346页。

时代性、开放性，是对马克思主义的科学精神和与时俱进理论品质的背离，严重阻碍了马克思主义理论和社会主义实践的发展，也窒息了马克思主义发展的内在生机与活力，使得马克思主义与各国的具体实际相脱节，致使国际共产主义运动出现严重挫折。

总的来看，不论是"修正主义"还是"教条主义"，都不是真正地坚持和发展马克思主义，在现实历史环境和历史条件方面，"修正主义"以此变化为借口，以"发展"马克思主义作为旗号，对马克思主义基本原理进行否定，在马克思主义基本原理之基本立场、观点和方法方面，也加以否定，要对马克思主义基本原理进行全面的"修正"。根据"修正主义"之观点，他们并没有认识到马克思主义之基本原理、基本精神和基本方法是马克思主义理论的"硬核"，并不是作为马克思主义理论的"保护带"，若不能坚持马克思主义基本原理以及贯穿在其中之基本立场、基本观点和基本方法，也就谈不上坚持和发展马克思主义，而是对马克思主义的否定和解构。"教条主义"固守马克思主义经典作家根据当时所处的历史境况所提出的个别观点、具体结论和行动纲领，教条主义者通常以"正统之马克思主义者""真正之马克思主义者"自居，他们没有用发展的、与时俱进之眼光，来看待马克思主义理论。可以说，教条主义者他们没有看到马克思主义之发展性与开放性。面对教条主义的影响和危害，恩格斯晚年时期对教条主义展开了多次批判，反对将马克思主义基本原理的机械运用。面对德国社会民主党内"青年派"，恩格斯深入指出，经济决定论反映对历史唯物主义的片面、庸俗化解读，这是对马克思主义理论的歪曲。此外，在《马克思主义和修正主义》一文中，列宁也对修正主义展开了批判。马克思主义理论不是封闭、僵化、自说自话之教条，而是立足于时代、实践、科学发展而不断发展的理论体系，同样也只有在发展的过程中，在此基础上，实现理论创新与实践创新二者的良性互动与相互促进。

（二）坚持马克思主义基本原理不动摇是推进马克思主义中国化时代化的前提

纵观中国马克思主义的历史发展，毛泽东思想是马克思主义中国化的第一次历史性飞跃，中国特色社会主义理论体系是马克思主义中国化新的理论成果，"习近平新时代中国特色社会主义思想是当代中国马克思主义、二十一世纪马克思主义，是中国文化和中国精神的时代精华，实现了马克思主义中国化新的飞跃"①。

中国共产党人始终坚持实践基础上的马克思主义理论创新，在推进马克思主义中国化时代化方面，首先就是要始终坚持马克思主义基本原理不动摇，使之与照搬照抄马克思主义经典作家的个别观点、具体结论、行动纲领的"教条主义"区别开来。在中国革命时期，面对中国经济文化比较落后、农民占人口绝大多数的特殊国情，以毛泽东同志为主要代表的中国共产党人，将马克思列宁主义基本原理与中国革命的具体实际相结合，深入分析并且解决中国革命存在的一系列问题，成功开辟了农村包围城市、武装夺取政权的新民主主义革命正确道路。1938 年 10 月在党的六届六中全会上，毛泽东明确提出了"马克思主义的中国化"命题并且对于马克思主义中国化的基本内涵作了全面而深刻的解释。毛泽东深入指出，必须要将中国之特性，融入马克思主义之中，否则，就会导致马克思主义内容抽象化和空洞化，无法解决中国的实际问题。作为贯穿于马克思主义理论体系的思想精髓，马克思主义基本原理是理解马克思主义整体理论体系的基本内核，马克思主义是一个内涵丰富的理论体系，科学揭示了人类社会发展的客观规律，揭示了资本主义产生、发展和灭亡的规律，揭示了无产阶

---

① 《中共中央关于党的百年奋斗重大成就和历史经验的决议》，人民出版社 2021 年版，第 26 页。

级革命、无产阶级专政、无产阶级政党建设的规律，揭示了共产主义必然代替资本主义的规律。马克思主义是鲜活的、发展的、开放的理论体系，在马克思主义中国化时代化进程中，在任何历史时期，面对教条化、僵死化之马克思主义，我们都要予以坚决放弃。毛泽东思想是在坚持马克思主义中国化基础之上，坚持与各种错误思想的斗争中逐渐发展起来的，在这种思想的交锋过程中，也彰显了马克思主义的真理性、科学性、价值性。

中国特色社会主义理论体系与马克思列宁主义、毛泽东思想具有一脉相承性和与时俱进性。在一脉相承性方面，中国特色社会主义理论体系与马克思列宁主义、毛泽东思想有着内在的、本质的一致性。主要体现在以下几个方面：第一，它们都有一个共同的思想理论基础，马克思主义的科学世界观和方法论。第二，它们具有共同的理论主题和基本问题，都在对什么是马克思主义、怎样对待马克思主义，什么是社会主义、怎样建设社会主义，建设什么样的党、怎样建设党，实现什么样的发展、怎样发展等重要之理论与现实问题上进行了创新性的探讨与解答。第三，它们具有共同的理论品质——解放思想、实事求是、与时俱进、求真务实，在上述这些方面系统地构成了中国特色社会主义理论体系之精髓。第四，它们具有共同实践基础，都是从我国的基本国情出发，从我国的改革开放之实践出发，对中国特色社会主义建设道路、中国社会主义的建设规律进行了探索。第五，它们的共同目标是，致力于把我国建设成为富强、民主、文明、和谐之社会主义现代化国家，以中国式现代化全面推进中华民族伟大复兴。

对于中国特色社会主义理论体系与马克思列宁主义、毛泽东思想的一脉相承性，胡锦涛和习近平都作了高度概括和深刻论述。2003 年 7 月 1 日，在"三个代表"重要思想理论研讨会上的讲话中，胡锦涛从理论特征、社会理想、根本利益、理论品质四个方面高度概括了"三个代表"重要思想与马克思列宁主义、毛泽东思想、邓小平理论之一脉相承性。胡锦涛指出，在马克思主义之最根本的理论特征方面，构成其最根本的理论特征，就是始终坚持辩证唯物主义、历史唯物主义之世界观和方法论；达到一个物质财富获得极大丰富，人民精神境界获得极大提高，从而实现每个人自由而全面发展的共产主义社会，这是马克思主义最崇高之社会理想；致力于实现最广大人民的根本利益，这是马克思主义最鲜明的政治立场；马克思主义最重要之理论品质，就是坚持一切从实际出发，理论联系实际，实事求是，在实践中检验真理和发展真理。中央党校 2008 年春季学期开学典礼上的讲话中，习近平总书记深刻强调，马克思列宁主义与中国特色社会主义理论体系具有高度的一脉相承性，"脉"字就代表着马克思主义基本原理和科学社会主义基本原则。习近平总书记深入指出，改革开放的进程和当今中国社会之实际，都证明了中国特色社会主义之理论体系遵循了科学社会主义基本原则，都证明了中国特色社会主义理论体系同马克思列宁主义两者之间的一脉相承性。

党的十八大以来，以习近平同志为主要代表的中国共产党人，始终坚持将马克思主义基本原理同中国具体实际相结合、同中华优秀传统文化相结合，形成了"两个结合"的科学论断，这集中凝练了中国共产党人百年来理论创新的基本原则、科学方法和历史经验。"两个结合"二者相互支撑，立足于现实发展之需，不断提升马克思主义文化软实力，马克思主义是科学之理论体系，能够接受实践之检验，马克思主义与中华优秀传统文化具有相通之文化特征和人本精神，正是两者之间的内在契合性，这种内在的契合性也构成了"两个结合"前提条件，"两个结合"，并不是意味着任意叠加和随意组合，而是双向互动和激发的过程。习近平新时代中国特色社会主义思想之世界观与方法论，就是在坚持和运用马克思主义基本原理的基本原则和科学方法上的高度提炼。以中国共产党百年之实践为视角，可以看出，只有坚持马克思主义基本原理，才能在实践中实现马克思主义中国化时代化。换句话说，马克思主义基本原理是其基本前提，在实践方面，根据现实发展，自觉运用唯物辩证法，要进一步推进马克思主义基本原理和中国具体之实践相结合，实现和中华优秀传统文化的双向融合，中华优秀传统文化中所蕴含的文明要素、思想智慧和理性思辨，是中华民族的文化优势和民族根基，也是继承中华优秀传统文化的要求所在。

（三）坚持马克思主义基本原理不动摇表现为"两个结合"

在不断推进马克思主义中国化时代化的历史进程中，马克思主义改变了中国面貌，同时中国革命、建设和改革的实践经验也极大地丰富发展了马克思主义，推动了马克思主义的理论创新。"两个结合"思想具有深刻的思想内涵，马克思主义自身的科学性与开放性使之能够与社会的现实发展、中华优秀传统文化实现互补与契合。"两个结合"是对百年以来中国共产党人发展马克思主义历史经验之总结与概括，也着眼于回应中国发展时代课题之理论需要，彰显了马克思主义之科学性、人民性、时代性、开放性。马克思主义在中国的早期传播阶段，当时已经具有把马克思主义基本原理和中华传统文化相联系的初步尝试。随后中国共产党人不断推进马克思主义中国化的过程中，马克思主义作为先进文化要素，与中华优秀传统文化本身就具备内在契合性，渗透在中华传统优秀文化之中，同时与中华优秀传统文化相互交融、相互激活，两者在实践中不断相互作用，实现两者的良性互动与融合。将马克思主义基本原理与中国具体实际相结合，这个"具体实际"其实就已经包括了中华优秀传统文化，换句话说，"一个结合"的过程其实就内在地包含了"两个结合"。

党的二十大报告对"两个结合"进行深入阐释，立足于新时代，我们提出"两个结合"，这是马克思主义中国化时代化的新要求，也体现了理论和实践层面从自发、自觉到自信的演进过程。马克思主义中国化时代化内在包含了马克思主义基本原理与中国具体实际、中华优秀传统文化相结合的内在要求和精神要义。马克思主义吸收借鉴了人类优秀文明成果，其自身的科学性内在蕴含了开放性和包容性，当马克思主义传入中国，意味着其与中国实际情况、中华民族思想文化中的积极成分相结合是一个自发、自然的过程。一方面，马克思主义作为指导思想，马克思主义不是僵化、一成不变的教条，而是鲜活的、生机勃勃、具有开放性的思想体系，必须要坚持马克思主义基本原理的指导地位，这是根据我国社会发展历程，所提出的必然性要求；另一方面，马克思主义创新发展不能忽视中国社会发展的具体实际，要将马克思主义基本原理与之紧密结合，以中国社会发展具体实际为时代要求，以中华优秀传统文化为厚重文明底色，基于此不断推进马克思主义理论向前发展，不断涵养马克思主义理论体系，从而实现马克思主义中国化新发展和新飞跃，以高度的文化自觉和文化自信，不断推动实现中华民族伟大复兴。中华优秀传统文化蕴涵着中国式现代化道路文明根基，其原创性、深厚性的文化底色，由"一个结合"向"两个结合"的转变，凸显了中华优秀传统文化的重要性，也突出强调了中华优秀传统文化在中国式现代化道路，在实现中华民族伟大复兴中所发挥的不可替代的重要作用。

坚持和发展马克思主义，是坚持和发展的辩证统一，总的来说，"两个结合"思想不仅仅推动了马克思主义的时代化发展，也重新审视了中华文化的价值内核，切实地实现中华优秀传统文化的创造性转化、创新性发展，其中"创造"和"创新"是关键，"创造"和"创新"的前提都是坚持马克思主义基本原理，与此同时，要实现"发展"，其前提在于"转化"，"转化"的过程就是根据事物发展规律，把握事物发展趋势，使之更加适应现实实践的需要。马克思主义科学的世界观和方法论也为实现中华文化创造性转化和创新性发展提供了指导，在对待传统文化方面，马克思主义辩证法要求我们辩证看待中华传统文化，汲取其中积极成分，继承优秀成果，同时对其中的糟粕，要加以抛弃。"两个结合"中的"结合"，并不意味着盲目吸收，"结合"意味着在把握事物之间关联的基础上，从而形成密切联系，传统文化也不是能够解决一切现实问题，唯物辩证法要求我们在看待传统文化时，对其进行科学梳理和系统总结，不能用马克思主义否认中华文化，也不能认为传统文化可以替代马克思主义，更不能将两者对立、割裂。

中华优秀传统文化源远流长，其中蕴含中华文明成果，是中华文化的智慧结晶，包括"天人合一"的宇宙观、"民惟邦本，本固邦宁"的民本思想、"任人唯贤"的治理思想，承载着"天下为公"的社会理想、"以和为贵"的处世之道、"与时俱进"的改革思想、"自强不息""厚德载物"的精神面貌，挖掘其中的价值内涵，提炼其中的精神标识，使中华优秀传统文化持续焕发出生机活力。与此同时，把握好中华优秀传统文化与新时代中国特色社会主义事业之间的关系，使两者之间相互协调，相互适应。中华优秀传统文化所具备的巨大影响力是推进中国式现代化道路行稳致远的文化沃土和精神动力，中华优秀传统文化不是孤芳自赏的文化，而是不断走向世界，在"走出去"过程中，与其他国家、其他民族文化碰撞出火花，借鉴吸收其他民族文化的长处，在全球文明发展中彰显中华文明之源、展现中华文化之美，是中国于世界文化激荡中站稳脚跟、展现魅力之根基。

中国共产党人在不同的历史时期，都对马克思主义基本原理与中华优秀传统文化相结合进行了具体实践，彰显了中华民族的文化传统、思想内涵和精神风貌。在延安整风时期，毛泽东同志深入指出，对待马克思主义的正确态度，不仅仅要在具体实践中，运用马克思主义解决、回答中国实践所面临的实际问题，同时还要将马克思主义理论中国化，逐渐形成具有中国特色、中国风格、中国气派的理论，凝练出"为人民服务"的中国共产党人的价值旨归。在改革开放初期，邓小平同志在会见日本首相大平正芳时，被问及中国未来将是什么样的情况时，邓小平同志首次提出了"小康"这一概念，运用"小康社会"这一儒家思想概念来诠释中国式的现代化发展，中华优秀传统文化伴随马克思主义中国化时代化进程，中国特色社会主义进入新时代，建设社会主义现代化国家离不开文化软实力发挥的重要作用，离不开文化的繁荣兴盛，离不开中华优秀传统文化所提供的持久性内在力量。文化自信所赋予的巨大力量，是不可低估的。作为中华民族的精神命脉，文化自信事关民族的整体创造力、凝聚力，事关意识形态工作安全，同时事关中国在世界上的国际地位与国际形象。马克思主义对中国特色社会主义文化具有指导性作用。习近平同志指出，中华传统文化中有许多思想、理念，他们当中蕴含着的价值对当下现实生活仍有指导意义，同时中华优秀传统文化也成为涵养社会主义核心价值观的重要资源。将马克思主义与中华优秀传统文化、与人民群众的共同价值相贯通，就是以马克思主义的科学性、真理性、时代性，焕发中华优秀传统文化的时代生机，指导人民群众社会实践。

毛泽东同志深刻指出，如果只是精通马克思主义之理论，是远远不够的，精通最终目的要在实践中加以运用。① 在推进马克思主义中国化、时代化、大众化进程中，毛泽东始终强调树立正确的马克思主义学风在党的理论创新和理论武装中的重要性，强调要彻底破除本本主义的思想禁锢，关键是善于运用马克思主义基本原理。毛泽东首先明确提出并且对马克思主义中国化进行系统阐释，强调要总结在中国革命中的具体实践经验，并且在《论新阶段》中提出要对优秀传统文化加以总结和继承，对"两个结合"作出了基础性理论贡献。

习近平新时代中国特色社会主义思想是当代中国马克思主义、二十一世纪马克思主义。新时代中国马克思主义理论创新在坚持和发展马克思主

---

① 参见《毛泽东选集》第 3 卷，人民出版社 1991 年版，第 815 页。

义、不断推进马克思主义中国化时代化的实践过程中，积累了十条重要的历史经验。

第一，新时代中国马克思主义理论创新发展之基本原则，在于马克思主义普遍真理同中国具体实际相结合。在实践过程中，马克思主义不是教条，而是科学之方法和行动的指南。在一百多年来，中国共产党人始终坚持以科学的态度对待马克思主义，不断追求真理、揭示真理和笃行真理，坚决反对教条主义、修正主义、经验主义和实用主义的思维方式，科学运用马克思主义的基本立场、观点和方法，在实践中不断地发现问题、分析问题和解决问题。不同的民族和国家在其发展的不同历史时期所面临的时空境遇和具体问题不同，这必然要立足于推进马克思主义之民族化、时代化。习近平新时代中国特色社会主义思想，在实践中坚持把马克思主义基本原理同中国具体实际和时代特征相结合，推动新时代马克思主义之理论创新和理论创造。

第二，坚持科学社会主义之基本原则与中国实际和时代特征三者之间的辩证统一，是新时代中国马克思主义理论创新发展之关键。新时代中国马克思主义理论创新之核心要义，就是坚持科学社会主义基本原则、中国具体实际、时代特征三者的有机结合和辩证统一。中国实际主要指中国的基本国情、中国革命建设改革的实践以及中国历史文化传统等，这是中国特色社会主义之"特色"所在。鲜明的时代特征是经济全球化、世界多极化、社会信息化、文化多样化之基本要求，这是时代发展的潮流和趋势。新时代中国马克思主义理论创新实现了三者的辩证结合，即坚持科学社会主义基本原则、中国具体实际、新时代特征的"三位一体"和有机统一。

第三，新时代中国马克思主义理论创新发展之基本前提，在于科学理解并且坚持和发展马克思列宁主义、毛泽东思想、中国特色社会主义理论体系。习近平新时代中国特色社会主义思想，是与马克思列宁主义、毛泽东思想、中国特色社会主义理论体系一脉相承，同时也是对马克思列宁主义、毛泽东思想、中国特色社会主义理论体系的继承和发展。要科学理解马列主义、毛泽东思想、中国特色社会主义理论体系，其中就需要深刻理解理论所产生和发展之必然性，同时理解理论能够成为指导思想之必然性，理解"什么是马克思主义、为什么坚持马克思主义、怎样坚持马克思主义"之基本问题，这是新时代中国马克思主义理论创新的理论前提。

第四，从中国基本国情出发，在实践基础上进行理论之创新，这是新时代中国马克思主义理论实现创新之根本动力，与此同时对中国的基本国情的正确认识和判断也是发展中国特色社会主义的前提和基础。我国正处于并且将长期处于社会主义初级阶段，在正确认识和把握社会主义初级阶段这个最大国情和最大实际的基础上，以习近平同志为主要代表的中国共产党人，着眼于世情、国情、党情之现实变化，积极应对中华民族伟大复兴之战略全局和世界百年未有之大变局，同时，要着眼于新时代中国特色社会主义之新发展和第二个百年奋斗目标实现，不断推进新时代马克思主义理论创新。

第五，代表中国最广大人民群众的根本利益，是新时代中国马克思主义理论创新之根本价值方向。马克思主义是人民的理论，占据人类道义的制高点。人民性是马克思主义最鲜明的理论特征，是新时代中国马克思主义理论创新的基本要求。"人"的问题始终是马克思主义关注的核心议题，在《神圣家族》对"批判的批判"展开批判中，马克思、恩格斯尖锐指出鲍威尔等人思辨唯心主义哲学弊端，认为历史的主体绝不是"精神"与"思想"，他们写道："思想本身根本不能实现什么东西。思想要得到实现，就要有使用实践力量的人。"① 在《德意志意识形态》中，马克思在转向"物质批判"的基础上对历史发展主体的认识更为深入，以"现实的个人"回应"宗教的人"，以"人的解放"克服"人的异化"，承认人在社会历史发

---

① 《马克思恩格斯文集》第 1 卷，人民出版社 2009 年版，第 320 页。

展中的主体地位。马克思、恩格斯在《共产党宣言》中指出："工人阶级
的解放应当是工人阶级自己的事情"①，从这些论述中我们可以看出，马克
思、恩格斯肯定人在社会历史发展中的主体地位，强调人民群众是创造
历史的主体，"现实的个人"在置身物质生产实践过程中逐渐获得摆脱异
化的主体性存在方式。中国共产党百年之奋斗实践充分证明，坚持人民至
上，这既意味着对马克思主义本质属性之继承与发展，也充分体现了中国
共产党的性质宗旨。马克思、恩格斯在亲自参与工人斗争的实践中，指出
人民群众是历史之创造者。中国特色社会主义进入新时代，要始终坚持以
人民为中心之价值方向不动摇，切实维护好人民群众的根本利益，把握人
民群众对美好生活的需要，充分彰显人民群众的主体价值，这是人民型政
党的底色，也是马克思主义人民性的时代彰显。

　　第六，善于借鉴吸收中外一切思想文化成果是新时代中国马克思主义
理论创新的重要思想资源。马克思主义十分重视借鉴、吸收和改造人类思
想文化发展中一切有价值之成果，习近平总书记深入指出，在批判吸收
了康德、黑格尔、费尔巴哈等人之哲学思想的基础上，在批判吸收圣西
门、傅立叶、欧文等人之空想社会主义思想基础上，同时在批判吸收了亚
当·斯密、大卫·李嘉图等人之古典政治经济学思想基础上，马克思主义
由此诞生。② 着眼于中华优秀传统文化，中华优秀传统文化中蕴含着丰富
的精神内涵和价值内涵，凝结了中国人民的精神风貌、生活样式、思想观
念等要素，与科学社会主义价值原则具有高度的契合性，也是新时代中国
马克思主义理论创新之文化根基和重要思想资源。着眼于国外优秀思想文
化成果，特别是先进自然科学、现代科学技术、先进的经营管理方法等，
它们也为新时代中国马克思主义理论创新提供了思想资源。

---

① 《马克思恩格斯选集》第 1 卷，人民出版社 2012 年版，第 392 页。

② 习近平：《在哲学社会科学工作座谈会上的讲话》，人民出版社 2016 年版，第 4 页。

第七，批判和抵御各种错误思潮，为新时代中国马克思主义理论创新提供了思想保证。新时代中国马克思主义理论创新，是在批判西教条、儒教条和左教条等当代中国社会思潮过程中实现的。可以说，新时代中国马克思主义理论创新过程就是在批判和抵御各种错误思潮过程中坚持和发展马克思主义的过程。新时代中国马克思主义的创新发展，必须坚决批判和抵制以新自由主义为代表的资产阶级自由化思潮，反对拜金主义、享乐主义、极端个人主义等错误社会思潮；坚决批判和抵制民主社会主义思潮、历史虚无主义和质疑改革开放思潮，回击和批判否定和歪曲改革开放的错误思潮；坚决批判和抵制以新儒学为代表的文化保守主义思潮，捍卫马克思主义在意识形态领域的指导地位。

第八，尊重人民群众首创精神和党的集体智慧是新时代中国马克思主义理论创新的主体动力。尊重人民群众之首创精神，就是要充分发挥广大人民群众之主体作用，在实践中激发广大人民群众积极性和创造性，在实践中充分调动和发挥其主体性作用，集中人民群众智慧和力量去发展中国特色社会主义之事业。以习近平同志为主要代表的中国共产党人充分发挥党的领导核心作用，团结依靠全党全军全国各族人民，依靠群众集体智慧和经验，解决新时代的各种问题，推动新时代马克思主义理论创新发展。

第九，坚持解放思想、实事求是、与时俱进、求真务实，这是新时代中国马克思主义理论创新的重要法宝。坚持解放思想就是要不断突破传统观念的束缚，在解放思想中统一思想。实事求是是推进中国特色社会主义事业继续向前进之思想基础，坚持实事求是，就是想问题、办事情要看到深刻变化的客观事实，不能因取得的阶段成就而陷入自满，要时刻记得中国最大的实际，即处于并长期处于社会主义初级阶段。马克思主义之理论品质，就是在于与时俱进；发展中国特色社会主义理论体系之基本要求，也在于与时俱进。坚持与时俱进，就是要准确把握中国特色社会主义事业所处的历史方位，科学判断新形势下发展出现的新特点，根据具体的历史的发展条件推进理论之创新和实践之创新。坚持求真务实要善于坚持真理性、体现时代性、富有创造性，以科学精神不断解决中国特色社会主义实践中的具体问题。

第十，善于总结实践经验是新时代中国马克思主义理论创新的根本路径。中国共产党向来注重总结实践经验，从历史经验中提炼克敌制胜的法宝。中国共产党始终坚持运用唯物史观，深刻分析和总结在每个时期取得的历史成就和基本经验，形成规律性认识和科学的方法。特别是在党的重大历史关头，在党的历次代表大会的报告中，会更加高度重视总结和概括实践经验。总结历史经验，是为了更好地关照现实和未来，是为了弄清楚过去为什么能够取得成功、现在应该坚持哪些原则和方法、未来如何才能继续取得更大的成功，始终保持高度自觉的政治意识、清晰的战略头脑、坚定的历史自信。善于总结实践之经验、运用好实践之经验，二者构成推进理论创新和实践创新的关键路径。新时代中国马克思主义理论创新就是在科学总结中国共产党百年奋斗重大成就和历史经验、科学总结改革开放 40 多年之历史经验，尤其是科学总结中国特色社会主义进入新时代十年来之伟大成绩、基本经验基础上发展和实现的。

二、立足中国基本国情回答时代之问

解决问题是理论创新的根本任务，也是理论创新的逻辑起点和内在动力。所谓"问题"有三种表现形式：其一，是理论与现实之间的矛盾，即原有理论不能解释现实问题；其二，是理论之间的矛盾，即原有理论与新的理论之间的存在矛盾；其三，理论内部的矛盾，即理论内部逻辑不能自洽、存在自相矛盾。

当今世界百年未有之大变局加速演进，中华民族伟大复兴战略全局和世界百年未有之大变局同步交织、相互激荡，世界进入新的动荡变革期。我国社会发展面临新的发展机遇、新的战略任务、新的严峻挑战，我们需要应对的风险挑战、需要解决的矛盾问题比以往任何时候都更加复杂。面对世所罕见、史所罕见的风险挑战，只有立足中国基本国情，在危机中育新机，在变局中开新局，才能在实践中促进中国马克思主义之理论创新和实践创新，促进中国特色社会主义事业不断前进。

马克思主义是关于自然界、人类社会、人类思维发展客观规律的科学，立足于事物内部本质规律的科学揭示和深刻把握，并且用于实践问题的解决，是马克思主义理论的根本任务。坚持马克思主义基本原理不动摇，并且运用马克思主义基本原理解决特定历史时代的现实问题，是马克思主义不断发展并且保持其旺盛生机的不竭动力。历史实践充分证明，马克思主义只有在具体实践中实现本土化，才能充分彰显其实践性、科学性和内在生命力。对于社会发展规律和人类社会发展规律的科学揭示和深刻认识是一个过程，并不是一蹴而就的，而是不断探索的过程。马克思、恩格斯自己也明确表示，决不能把他们自己的学说简单地以教条加以对待。马克思主义中国化时代化也不是一劳永逸的，而是贯穿于中国革命、建设、改革的历史过程之中。面对国内外社会发展的新形势、新情况、新问题，我们必须运用马克思主义立场观点方法，进行科学研究，做出新判断，提出新理论。

（一）面向时代问题是马克思主义创新发展的必要条件

马克思主义不是僵化的教条，而是行动的指南，因此，马克思主义要随着实践之变化而发展变化。马克思主义适应时代与实践发展，并且不断指导实践前进。马克思深入指出，作为时代的口号，问题反映了并且表现了自身精神状态最实际的呼声。① 就马克思主义自身而言，马克思主义本身就具有鲜明的问题意识，自马克思主义诞生之日，马克思主义就面临各类非马克思主义、反马克思主义的质疑和批评，在与他们进行斗争的过程中，马克思主义自身也得到了发展与成熟，在面向时代问题中，马克思主义无法回避，也不能回避，对各类时代、现实问题进行阐释，时刻面向时代问题和现实问题，对其进行科学分析，才能实现马克思主义的创新与发展。

习近平总书记强调，面对世界和中国的快速变化，只有将马克思主义之基本原理，与中国实际以及时代特征相结合，才能在实践中充分发挥其作用，否则马克思主义理论将会失去其生命力和说服力。只有从问题开始，才能实现理论创新。理论创新之过程，其实就是一个发现问题、筛选问题、研究问题、解决问题的过程。从"问题"本质来看，可以说"问题"就是矛盾的具体表现，指理论与现实、理论与理论、理论内部之间形成的矛盾。理论创新离不开实践，实践对理论创新发挥着关键作用，实践是理论创新的内在动力，实践也是理论创新的源头活水。从理论创新与实践创新两者关系来看，两者之间是一个双向互动的辩证关系。马克思曾明确指出："主要的困难不是答案，而是问题。"② 坚持问题导向，科学回答并且指导解决问题是马克思主义理论创新的根本任务。马克思主义理论立足于社会实践，不断将实践中的矛盾转化为理论上的问题和思想上的突破，通过实践倒逼理论创新，又通过理论创新推动实践问题的解决。

党的二十大报告指出："中国共产党为什么能，中国特色社会主义为什么好，归根到底是马克思主义行，是中国化时代化的马克思主义行。"③

---

① 参见《马克思恩格斯全集》第 40 卷，人民出版社 1982 年版，第 289—290 页。

② 《马克思恩格斯全集》第 1 卷，人民出版社 1995 年版，第 203 页。

③ 习近平：《高举中国特色社会主义伟大旗帜　为全面建设社会主义现代化国家而团结奋斗——在中国共产党第二十次全国代表大会上的报告》，人民出版社 2022 年版，第 16 页。

这一结论深刻揭示了马克思主义实现创新和发展的条件，以及马克思主义"行"的前提条件，展开来看，从"归根到底"层面论述，既体现了理论的一脉相承性，又体现加深了理论深度，两个"行"之间是密不可分的，归根到底是中国化和时代化的马克思主义行，也在于马克思主义不断在实践中完善自身、发展自身。马克思主义中国化和时代化都是面向现实的问题，面向中国实际发展，问题是理论创新发展的直接现实来源，解决问题是理论创新的发展动力。发现什么样的问题，就会形成什么样的理论。对时代问题的把握，要坚持前沿性、整体性、精准性，既要把握反映历史规律和发展趋势的大问题，又要把握反映时代矛盾和人民群众迫切需要解决的真问题，还要把握实际操作的细问题。

首先，要科学把握反映历史规律和发展大趋势的大问题。大问题之所以大，在于其涉及的时空范围大，集中反映了时代的根本矛盾，深刻影响时代的发展潮流和基本趋势。马克思、恩格斯在《共产党宣言》中深入指出："资产阶级的灭亡和无产阶级的胜利是同样不可避免的"① 这一重大论断，就是他们揭示历史发展大趋势得出的科学结论。19 世纪 30—40 年代，欧洲工人运动出现高潮，但是缺乏科学理论武装。马克思、恩格斯勇立时代潮头，走向历史的深处，深刻地揭示出资本主义自身产生、发展、灭亡之历史规律，同时还加以论述了无产阶级推翻资本主义、建设社会主义，进而实现共产主义的必然规律，为无产阶级革命指明了前进方向。鸦片战争之后，先进的中国人在黑暗中摸索救亡图存的道路。"五四运动"之前，各种西方理论和学说相继登场，改良主义、自由主义、社会达尔文主义、无政府主义、实用主义等思想纷纷在实践中流产，归根结底没有把握历史大趋势，无法在时代洪流中找到世界历史之发展规律、中国革命之规律。直到五四运动后运用马克思主义为中国选择了最具革命性和彻底性的新民

---

① 《马克思恩格斯选集》第 1 卷，人民出版社 2012 年版，第 413 页。

主主义革命道路，使中国社会发展道路开始从"以西为师"转向"以俄为师"，使中国社会变革方式开始从伦理觉悟转向政治革命。①反映历史趋势的大问题属于观察时代的第一步，具有奠基性和方向性的意义。

其次，把握反映现实困境和人民群众迫切需要解决的真问题。真问题之所以真，在于不是搞闭门造车、抽象思辨、概念演绎、自说自话，而是要破除各种假概念、伪命题，要反映现实生活矛盾以及人民群众的急难愁盼。"人的自由全面发展"这一标识性话语是马克思对无产阶级革命目的的宣告，确立了两个彻底决裂的革命任务，之所以能找到革命任务，是因为马克思、恩格斯立足于无产阶级贫困这一最现实的问题。这种贫困问题不像以往历史上由于生产力落后导致的物资匮乏，马克思指出："工业经过繁荣、生产过剩、停滞、危机诸阶段而形成一种反复循环的周期，在这一定的周期内，如果把工人阶级高于必需的全部所得和低于必需的全部所得合计起来，那么他们所得的总额恰好是这个最低额；换言之，工人阶级只有经历一切苦难和贫困，在工业战场上抛下许多尸体，才能作为一个阶级保存下来。"②从这个意义上讲，马克思、恩格斯对无产阶级贫困问题的关注不是基于抽象人性论形成的人道主义怜悯，而是走向历史深处，揭示人类历史发展规律特别是资本主义的发展规律。纵观他们无论是在哲学上还是政治经济学上抑或是科学社会主义上的学说，都是在寻找实现无产阶级和人类解决道路这个最实际的问题。这也从侧面说明，"两个决裂"和"消灭私有制"，绝不是一蹴而就的事情，而是一个自然历史过程，同时也是一个主体能动创造的过程。

再次，精准把握反映实际操作的细问题。细问题之所以细，在于内在的特殊矛盾及其复杂性，因此解决问题必须"精准"，不能纸上谈兵，而

---

① 袁银传、田亚：《论五四运动与中国社会发展道路的选择》，《思想理论教育》2020 年第 6 期。

② 《马克思恩格斯选集》第 1 卷，人民出版社 2012 年版，第 372 页。

是着眼于对现实中各种复杂性问题进行具体分析与解决。新时代我们所面临的问题是复杂的，但是解决问题必须具体、明确，要有具体措施和行动方案。马克思、恩格斯在《共产党宣言》中呼吁"全世界无产者，联合起来！"① 这和曾经陈胜、吴广振臂高呼"王侯将相宁有种乎"表面上看好像没有什么差别，但是一旦关注到革命的策略问题，就可以发现，古代农民起义乃至空想社会主义运动，缺乏科学理论的指导和先进政治组织的领导，通常过度依赖情绪鼓动或者封建迷信，陷入激进的行动主义误区。19 世纪 40 年代初期，以魏特林为代表的布朗基主义在无产者群体中人气很高，为了实现运动的目的不介意使用恐怖主义的手段。马克思、恩格斯对这种共产主义的粗鄙性及其无政府主义倾向进行过多次批判："无政府派——如它的敌人所称呼的——正和秩序党一样，是各种不同利益的联合。从对旧社会的无秩序加以稍微改良到把旧社会的秩序推翻，从资产阶级自由主义到革命恐怖主义——这就是构成无政府派的起点和终点的两个极端间的距离。"② 马克思、恩格斯不仅指明革命目的和任务，同时还善于发现革命手段的细问题。原因在于，"对马克思而言，无产阶级绝不是民粹主义主体的流氓无产者，而是具有高度现代文明意识和实践能动性的历史主体，在工业革命及资本主义条件下，则要求具体化为先进的工人阶级"③。否则，无产阶级革命始终无法同空想社会主义具有实质性的区别。在把握大问题和真问题的基础上，善于把握实际操作中的细问题，才能对时代问题进行精准判断、精准施策，达到科学解决问题的目的。

马克思主义在解答时代之问，把握时代大局中也实现了自身的发展，整体把握时代问题是中国马克思主义创新发展的必要条件，科学回答中国之问，必须要总体把握中国特色社会主义进入新时代、社会主义现代化国

① 《马克思恩格斯选集》第 1 卷，人民出版社 2012 年版，第 435 页。
② 《马克思恩格斯文集》第 2 卷，人民出版社 2009 年版，第 164 页。
③ 邹诗鹏：《马克思主义与激进主义的界分》，《马克思主义与现实》2020 年第 3 期。

家建设进入新征程需要解决之重大课题，认真分析中国特色社会主义发展事业所面临的一系列理论和实践之问题，在改革发展稳定、内政外交国防、治党治国治军各方面面临的形势和任务，都要加以准确判断。时代在不断发展，问题也在迭代更新，科学回答世界之问，意味着以世界历史之视野、立足人类命运共同体，在把握人类发展之大潮流、世界变化之大格局、中国发展之大历史的基础上，正确认识和处理好中国和世界的关系，尤其是要在科学回答中国之问、世界之问中引领变局、开创新局。科学回答人民之问，在于始终坚持人民至上，坚持以人民为中心，将人民群众视为工作的检验者，把人民群众的满意度作为衡量工作的根本价值标准。尤其是着力解决人民群众的现实关切特别是急难愁盼的问题，在发展中不断保障和改善民生，提高人民群众的获得感、幸福感和安全感。科学回答时代之问，必须要把握时代发展大势、顺应时代发展潮流，始终站在时代发展之前列，不断推进理论创新和实践创新，善于运用马克思主义的立场、观点、方法观察时代、把握时代、引领时代。

面向时代问题，也彰显了马克思主义者着眼于世界发展，时代之问与世界之问紧密联系，中国化时代化马克思主义的发展进程也是不断吸收世界各国、各民族先进文明成果的过程，与此同时，对时代之问的解答，不仅仅是局限于中国的现实问题，马克思主义是属于世界的科学理论学说，中国化时代化马克思主义不断解决中国时代问题的同时，也把目光放在了世界，放眼于人类社会发展大趋势、大潮流，提出构建人类命运共同体，追求世界的繁荣发展和文明进步。

（二）立足中国特色社会主义建设实际是新时代中国马克思主义创新发展的实践基础

从党的十二大到党的二十大，中国共产党历届全国代表大会之鲜明主题，都是围绕"中国特色社会主义"而展开。1979 年邓小平同志首次明确提出了"中国式现代化道路"的命题，并且深入指出，推进现代化建设就一定要根据中国现实实际情况，坚持走自己的道路。"建设有中国特色的社会主义"一方面是总结中国共产党在长期的革命与建设过程中所取得的历史经验和基本结论，另一方面是中国共产党在新发展阶段的理论主题和实践主题。"建设有中国特色的社会主义"一方面，是开创改革开放和社会主义现代化建设历史新局面之逻辑起点，另一方面，也是整个新时期之历史起点。立足中国特色社会主义建设实际，与现实问题联系越紧密，马克思主义越能为我们提供更为宽广的视野，更好地解决时代之问，散发出更为耀眼的真理之光和内在生命力，越能指引社会主义建设事业更好地向前发展，为中国式现代化道路发展提供不竭动力。

自从党的十二大首次明确提出"建设有中国特色的社会主义"，这便成为中国共产党团结带领人民继续奋斗前进的一面伟大旗帜，成为贯穿党的历次代表大会主题的一条红线。党的十三大的主题报告就是《沿着有中国特色的社会主义道路前进》，在此次大会上，明确提出了社会主义初级阶段之理论，确立了以"一个中心、两个基本点"为主要内容的党在社会主义初级阶段之基本路线，与此同时，对中国特色社会主义道路之核心内容作了准确表述。党的十三大报告中明确提出不能照搬书本和照搬国外，要基于中国特殊的国情，必须把马克思主义基本原理和中国实际结合起来。

以《沿着有中国特色的社会主义道路前进》为主题，党的十三大对社会主义初级阶段作出了系统性论述，对其理论进行深入阐述，这也开辟了新中国成立以来党的历史发展之新阶段。社会主义初级阶段之基本国情是在任何时期都需要牢牢把握的，这也意味着要从现实的发展情况出发，走中国特色社会主义之发展道路。党的十三大突出贡献在于，系统而整体地论述了社会主义初级阶段之理论，同时也对社会主义初级阶段基本路线加以概括和说明。社会主义初级阶段，"初级"并不是指起始，而是指生产力之落后和经济水平之不发达的阶段，基于现实发展现状，党的十三大提出"三步走"经济发展战略，对经济、政治体制改革作出了全面部署。

以《加快改革开放和现代化建设步伐，夺取有中国特色社会主义事业的更大胜利》为主题，党的十四大系统、全面地概括和总结了邓小平建设有中国特色社会主义主要内容，关于社会主义建设方方面面，对社会主义之发展道路、阶段、根本任务、动力以及内外部条件进行总结和说明。此次大会的召开，意味着中国改革开放和社会主义之现代化建设进入了崭新之发展阶段，作为社会主义改革开放和现代化建设之总设计师，在具体之实践中，邓小平将继承前人思想和突破陈规相结合，开辟了社会主义之新道路，在这个过程中，也展现了邓小平同志卓越的政治领导才干和杰出的政治勇气，以及开辟马克思主义之新境界的理论勇气，作出了历史性贡献。①

1997年党的十五大，将马克思主义中国化第二大理论成果——建设有中国特色社会主义理论，命名为邓小平理论，并且在此次大会上被正式确立为党的指导思想。在党的十五大上，邓小平理论之历史地位、对现实的指导意义都有高度评价和系统性总结，在此次大会上，"邓小平理论"这一概念被首次使用，党的十五大旗帜鲜明地强调，开启跨越世纪新征程，处于世纪之交的关键时期，要高举邓小平理论伟大旗帜，同时也对跨世纪之时的中国特色社会主义事业作出全面部署。

以《全面建设小康社会　开创中国特色社会主义事业新局面》为主题，在党的十六大上，"三个代表"重要思想被写入党章，成为党的指导思想。自改革开放以来，中国特色社会主义伟大事业取得了一系列的历史成就和获得了一些宝贵历史经验，20世纪80年代末90年代初，国内外产生许

---

① 参见《十四大以来重要文献选编》（上），人民出版社1996年版，第13—14页。

多新情况，产生了国内严重政治风波以及国际上的东欧剧变、苏联解体等突发事变，世界社会主义产生严重之曲折，给我国社会主义事业带来了巨大困难，同时也产生了前所未有之压力。党的十六大从整体上认识和把握这十三年的中国特色社会主义建设历程，科学总结了这十三年来，坚持推进中国特色社会主义伟大事业之基本经验，并指出这些经验联系党成立以来的历史经验，归结起来就是形成了"三个代表"重要思想。党的十六大突出强调，要坚定不移地高举邓小平理论伟大旗帜，全面贯彻"三个代表"重要思想，全面建设小康社会，开创中国特色社会主义事业之新局面。

以《高举中国特色社会主义伟大旗帜　为夺取全面建设小康社会新胜利而奋斗》为主题，党的十七大报告系统而深入地对改革开放以来中国共产党所取得的一系列成就，对以往工作进行经验总结，可以从两个层面归纳我们取得的成就与进步的根本原因：第一，我们开辟了中国特色社会主义之道路，并且在此基础上形成了中国特色社会主义理论体系；第二，高举中国特色社会主义之伟大旗帜。最根本的就是要在建设社会主义的过程中，坚持中国特色社会主义道路和中国特色社会主义理论体系。①

根据社会主义初级阶段之最大实际最大国情，科学发展观应运而生，着力适应中国特色社会主义事业发展的新要求，立足于社会主义初级阶段的基本国情，科学发展观在此基础上提出并形成。在新世纪新阶段，中国发展呈现出新阶段的新特征。党的十七大报告科学分析概括了该阶段的一系列难题，可以看出，长期形成、历史积淀下的结构性矛盾、粗放型增长方式，以上都未发生根本性改变；依然存在影响发展体制机制障碍；收入分配差距逐渐拉大趋势，并未得到根本的扭转；在农村和农业方面，农业基础不足，呈现出薄弱性，尚未改变农村发展滞后之局面；在民主建设方面，扩大人民民主与民主法制建设，其与经济社会发展之要求还不完全适

---

① 参见《十七大以来重要文献选编》（上），中央文献出版社 2009 年版，第 8—9 页。

应；社会建设和管理面临诸多新课题；统筹国内发展和对外开放要求更高等问题。总之，党的十七大强调，要始终保持清醒头脑，深刻分析和把握新阶段的新机遇和新挑战、新形势和新任务、新课题和新矛盾，更加自觉地走科学发展道路。

以《坚定不移沿着中国特色社会主义道路前进 为夺取全面建成小康社会而奋斗》为主题，党的十八大报告中，着重指出要在实践、理论、民族、时代等方面对中国特色社会主义加以丰富和完善，与此同时，将马克思主义中国化的最新理论成果——科学发展观写进了新党章。党的十八大报告对中国共产党开创、发展中国特色社会主义之奋斗历程加以回顾，并且对历史成就、基本经验加以总结，着重突出了在中国特色社会主义三大理论成果，从贯通历史与现实、关联国际与国内、结合理论与实践的角度，对科学发展观产生之时代背景、实践基础、科学内涵以及历史地位进行了深刻之阐述，开辟了中国特色社会主义道路、形成了中国特色社会主义理论体系、确立了中国特色社会主义制度。总结来看，建设和发展有中国特色之社会主义是一个漫长而又艰难之历史课题，必须准备进行具有许多新的历史特点的伟大斗争。总之，党的十八大强调，在新的历史条件下，都要牢牢把握社会主义之初级阶段这个最大实际、最大国情，在具体实践中既不妄自菲薄，也不妄自尊大，面对时代发展产生的新的历史特点，要坚定道路自信、理论自信、制度自信，沿着中国特色社会主义道路奋勇前进，行稳致远，为夺取全面建成小康社会而奋斗。

以《决胜全面建成小康社会 夺取新时代中国特色社会主义伟大胜利》为主题，党的十九大强调指出，中国特色社会主义进入新时代，意味着我国社会的主要矛盾，已经转化为人民日益增长的美好生活需要和不平衡不充分的发展之间的矛盾。习近平新时代中国特色社会主义思想具有丰富的思想内涵，从指导思想层面来看，党的十九大报告中用"八个明确"进行表述，从行动纲领层面来看，用"十四个坚持"加以表述。世界各国联系日益密切，不同文明之间交流互动日益频繁，在新时代新的历史方位上，要不忘初心与使命，为实现人民幸福、为实现中华民族伟大复兴不懈奋斗。

以《高举中国特色社会主义伟大旗帜　为全面建设社会主义现代化国家而团结奋斗》为主题，党的二十大报告提出了"五个必由之路"，这是中国共产党在长期实践中对实践经验总结，对历史经验规律性认识，对现实深刻把握，对新时代领导主体、路径、精神面貌、发展理念等方面进行系统回答。"五个必由之路"是基于现实的实践所总结出来的至关重要的规律认识，我们必须以此作为实践原则，在实践中加深对中国特色社会主义规律性的科学认识，对中国特色社会主义前进发展历史经验的科学总结，咬定青山不放松，这是新时代党各项工作的根本遵循，也体现了对历史和实践经验的规律性思想结晶。

回顾改革开放 40 多年来，中国共产党人始终把马克思主义基本原理和科学社会主义基本原则的"共性"与中国具体实际的"个性"有机统一起来，提出了一系列独创性的新观点、新思想、新理论，讲出了中国话语，体现了中国创造，富有中国特色。例如，针对中国这样经济文化落后的东方大国如何建设社会主义的问题，社会主义初级阶段理论对此问题进行科学阐释和深刻说明，并且作为建设社会主义之根本依据。马克思主义基本原理只是提供基本原则，更重要的是结合"个性"的创新性发展。诸如，社会主义市场经济理论，从根本上解除思想束缚，破除了把计划经济等同于社会主义、把市场经济等同于资本主义等思想束缚。关于社会主义本质论、市场经济论、先进文化论、和谐社会论、生态文明论等，这些理论都是在中国社会发展实际上，实现了理论创新与发展。封闭的、僵化的理论只会在历史的长河中逐渐销声匿迹，也不可能对现实起到任何指导作用，马克思主义理论之实践性就意味着它根植于现实的、具体的实践之中，这也是马克思主义理论之生命力的彰显。只有立足于现实与实际发展，才能不断开辟马克思主义理论之新境界，书写出了具有中华民族特色的科学社会主义"新版本"。

总之，从党的十二大到党的二十大，中国共产党历届全国代表大会都是以"中国特色社会主义"作为会议之鲜明主题，总结马克思主义中国化在不同历史时期之新鲜经验，形成邓小平理论、"三个代表"重要思想、科学发展观、习近平新时代中国特色社会主义思想。习近平新时代中国特色社会主义思想"平语近人"，所具有的提问方式的简洁性、解答问题的针对性、语言表达的平实性、举例说明的生动性，都是鲜明中华民族特点的具体体现，是用中国话语来解答中国问题的典范。

（三）以新时代中国马克思主义理论创新回答时代之问

新的理论不会凭空产生，而是基于一定的理论连续性和发展广延性逻辑要求下，对以往实践经验加以总结，基于新的实践和时代问题的回答，从而实现理论创新。新时代中国马克思主义理论立足解决新时代新阶段中国特色社会主义发展提出的新问题，在回答时代之问过程中实现理论创新。

新时代中国马克思主义理论创新具有强烈的时代现实性。可以说，新时代中国马克思主义理论创新的产生、形成和发展，有其时代背景和实践基础，具有鲜明的时代特色。马克思、恩格斯曾经深刻指出，时代的体系都是基于当时时代现实的需要而形成和发展起来的，换句话说，时代体系真正内容，不仅仅以本国过去发展为基础，还要立足于现实发展需要。新时代中国马克思主义理论创新是在世界百年未有之大变局和中华民族伟大复兴战略全局同步交织、相互激荡背景下，在总结中国共产党百年奋斗重大成就、历史经验，并且还借鉴其他国家社会主义之兴衰成败之历史经验，从而逐步形成和发展起来的。

一方面，新时代中国马克思主义理论创新集中体现在科学认识中国国情、准确判断当代中国所处历史时代和历史方位上。不能离开中国实际谈马克思主义，不能将马克思主义与现实两者对立、割裂，新时代中国马克思主义理论彰显了时代性，把握了规律性，富于其创造性，构成了新时代中国马克思主义理论创新之精神实质。对于当今时代的判断，既包括对于当代世界所处的历史时代的判断，又包括对于当代中国所处的历史方位的判断。基于对当代世界所处历史时代的科学判断，当代中国共产党人提出了和平和发展是时代主题的思想；基于当代中国所处的历史方位的科学判断，当代中国共产党人提出了社会主义初级阶段的理论。党的十一届三中全会以来，以邓小平同志为主要代表的中国共产党人，对中国发展历程进行了深刻的经验总结，科学认识中国现实国情，并且对中国社会主义的历史方位作出准确把握，提出了社会主义初级阶段之理论。

邓小平同志指出："社会主义本身是共产主义的初级阶段，而我们中国又处在社会主义的初级阶段，就是不发达的阶段。一切都要从这个实际出发，根据这个实际来制订规划。"①根据现实国情来看，中国社会主义是初级阶段的社会主义。就社会主义而言，它就是一个共产的初等阶段，我们中国正处于一个不发展的初等阶段。我们应该从这一事实开始，并在这一事实的基础上制定计划。社会主义初级阶段具有两个层面的基本含义：一方面，从社会性质来看，此时中国已经是社会主义，所以必须坚持社会主义方向和道路，不能倒回去搞"新民主主义"、搞私有制，也不能搞"全盘西化"的发展模式，同样也不能去补什么"资本主义的课"。另一方面，从发展程度来看，我国所处的社会主义社会成熟程度还很低，社会生产力还很不发达，仅仅处于初级阶段而不是较高阶段②。改革开放以来，对于

---

① 《邓小平文选》第 3 卷，人民出版社 1993 年版，第 252 页。

② 参见袁银传：《邓小平探索中国特色社会主义道路的历史过程与历史贡献》，《马克思主义研究》2009 年第 9 期。

社会主义初级阶段理论阐释是动态的、发展的，是对我国现阶段经济发展态势、动力的精准把握，也是全面深化改革的立足点。邓小平同志强调指出："现代化建设的任务是多方面的，各个方面需要综合平衡，不能单打一。但是说到最后，还是要把经济建设当作中心。离开了经济建设这个中心，就有丧失物质基础的危险。其他一切任务都要服从这个中心，围绕这个中心，决不能干扰它，冲击它。"①总的来说，社会主义初级阶段基本路线"一个中心、两个基本点"的确立，明确了中国特色社会主义之中心任务和基本政治前提，从而使得中国特色社会主义的路线方针政策置于现实的科学基础之上。

党的历届代表大会都围绕基本国情展开系统论述，都对中国社会所处的实际情况加以科学把握。党的十四大提出中国目前和今后很长一段时间都处于社会主义初级阶段。党的十五大报告强调中国正处于并且将长期处于社会主义初级阶段，这是中国社会最大的实际，同时也是一切工作必须坚持的实际情况。党的十六大坚持社会主义初级阶段，对社会主义初级阶段的基本国情和基本特征做出了新的分析判断。党的十七大着重强调，社会主义初级阶段的基本国情不变，社会主要矛盾也没有发生改变，这是对我国的实际情况作出的科学论述和精准把握，在此基础上，提出了科学发展观。党的十八大强调指出，社会主义初级阶段的国情没有改变，同时社会主义矛盾也没有发生改变，此外，从国际地位来看，我国仍是世界上最大的发展中国家没有改变。会议还着重指出，不管在什么条件下，都要紧紧抓住社会主义初级阶段这一最大的国情，而各项改革和发展也要紧紧抓住社会主义初级阶段这一最大实际。党的十九大从中国社会发展的实际情况出发，对社会主义矛盾作出新判断，并强调我们对社会主义所处在的历史阶段的认识不会因为新判断而发生变化。党的二十大报告系统总结了党

---

① 《邓小平文选》第 2 卷，人民出版社 1994 年版，第 250 页。

的十八大以来以习近平同志为核心的党中央团结带领中国人民十年奋斗所取得的瞩目重大成就，同时提出了新时代新征程中国共产党的使命任务，这个使命任务是基于现实条件下的系统总结，也是中国式现代化道路行稳致远、稳中求进、不断前行之方向与目标，勾勒出全面推进中华民族伟大复兴光明前景。

新时代中国马克思主义创新突出表现在解答时代提出的问题上。问题是理论创新的起点，也是理论创新的动力源。党的十五大在十一届三中全会、十二大、十三大和十四大的基础上，首次提出了"邓小平理论"这一科学概念，并对其理论内容、历史地位作出了总结概括。在党的十五大报告中，邓小平理论是基于科学社会主义理论、实践之基础上，围绕着"什么是社会主义、怎样建设社会主义"根本问题，进而对社会主义本质深入剖析和揭示，对社会主义认识也达到了新的科学高度。"什么是社会主义，怎样建设社会主义"是中国特色社会主义建设过程中必须解决的实际问题。1976年粉碎"四人帮"后，邓小平同志领导了拨乱反正，党的十一届三中全会上，提出了党和国家的工作重点转移到社会主义现代化建设上来的历史决定，开创了改革开放和社会主义现代化建设新时期。在完成拨乱反正之后，党和国家的社会主义建设事业应该如何进一步开展是党面临的主要问题。1986年4月，邓小平同志在会见南斯拉夫社会主义联邦共和国主席弗拉伊科维奇时指出："'文化大革命'结束以后，我们冷静地估计了形势，考虑今后的路怎么走。界限的划分是我们党的十一届三中全会，这次会议确定了一系列新的方针和政策。"①在这次谈话中，邓小平同志强调，自党的十一届三中全会提出改革开放，国际舆论特别是西方世界的舆论，认为中国在搞资本主义或者最终会走到资本主义。中国姓"资"还是姓"社"，这个质疑声音不仅出现在西方舆论界，更出现在国内舆论界，

---

① 《邓小平文选》第3卷，人民出版社1993年版，第157页。

这是由于很多人对"什么是社会主义、怎么建设社会主义"这一问题之认识存在模糊且不清的问题。

基于现实情况，邓小平同志对于这一根本问题的回答体现在许多重要论述中，集中表现为三个方面：其一，贫穷并不是社会主义，社会主义首先必须要坚持解放和发展生产力。邓小平同志在多次讲话中反复批判了"四人帮"主张的普遍贫穷的假社会主义，强调要发挥社会主义制度的优越性，社会主义制度之优越性，就是在于比资本主义有更好的条件发展社会生产力。邓小平同志在不同的讲话中相继提出"社会主义如果老是穷的，它就站不住"①、"我们要发达的、生产力发展的、使国家富强的社会主义"②、"搞社会主义，一定要使生产力发达，贫穷不是社会主义"③等论断。

其二，从经济手段来看，计划和市场二者均可以成为经济手段，不能简单地将计划与市场作为区分社会主义与资本主义的要素，换句话说，社会主义也可以搞市场经济。邓小平同志批判了"四人帮"长期提倡和坚持的"宁要社会主义的草，不要资本主义的苗"的错误观点，强调要借鉴和学习西方优秀的成果，尤其是一些好的管理经验和先进技术，用于发展社会主义经济。邓小平同志提出"社会主义也可以搞市场经济"④、"把计划经济和市场经济结合起来，就更能解放生产力"⑤、"不搞市场，连世界上的信息都不知道，是自甘落后"⑥、"计划和市场都是经济手段"⑦等论断。

其三，搞社会主义必须根据本国实际情况，社会主义发展模式，并不

① 《邓小平文选》第2卷，人民出版社1994年版，第191页。
② 《邓小平文选》第2卷，人民出版社1994年版，第231页。
③ 《邓小平文选》第3卷，人民出版社1993年版，第225页。
④ 《邓小平文选》第2卷，人民出版社1994年版，第236页。
⑤ 《邓小平文选》第3卷，人民出版社1993年版，第148—149页。
⑥ 《邓小平文选》第3卷，人民出版社1993年版，第364页。
⑦ 《邓小平文选》第3卷，人民出版社1993年版，第373页。

是只有苏联社会主义一种模式，不同国家、民族要依据不同的基本国情来探索符合自身实际的社会主义建设道路。邓小平同志批判了改革开放之前中国对苏联社会主义模式的一些照搬行为带来了很多问题，强调苏联建设社会主义很多年，社会主义建设不是只有苏联一种模式，苏联虽然对社会主义建设有一定的经验，但是也不能笃定其对社会主义建设的经验可以适用于中国。邓小平同志强调指出，苏联模式是基于苏联的现实发展，中国社会主义道路与苏联不能一概而论，中国有自身的社会主义特点。① 提出"各个国家应该根据自己的特点来实行社会主义的政策""建设有中国特色的社会主义"等论断。总之，在不断回应和解答"什么是社会主义，怎么建设社会主义"这一时代问题的过程中，邓小平理论逐渐形成、成熟和完善，同时也是被实践证明了的科学理论。

党的十六大报告系统阐明了"三个代表"重要思想所产生的时代背景、内容的精神实质、思想的指导意义和思想的历史地位。把"三个代表"重要思想作为党的行动指南写入党章。"三个代表"重要思想主要回答了"建设什么样的党、怎样建设党"这一时代问题。在改革开放和发展市场经济的历史条件下，由于西方推行的"和平演变"政策长期存在，反对资产阶级自由化成为一项重要任务。1987年，邓小平同志强调指出，最近这几年，资产阶级自由化的思潮一直在社会发展中存在，对其的反对是无力的。尽管邓小平同志多次强调，要注意资本主义自由化思潮，但是在实际的工作中，我们党对于这个问题的领导与处理是不力的。②20 世纪 80 年代后期至 90 年代初期，从国内视角来看，发生了严重的政治风波；从国外视角来看，在此期间，世界格局也发生改变，东欧剧变、苏联解体，一千八百多万党员的苏联，最终只能走向亡党亡国之路，世界的社会主义

---

① 参见《邓小平文选》第 2 卷，人民出版社 1994 年版，第 235 页。
② 《邓小平文选》第 3 卷，人民出版社 1993 年版，第 201 页。

道路也发生了严重曲折。苏共亡党的历史告诉我们，打败苏共的不是西方的先进军事和经济体系，根本问题在于党的领导不力，在于共产主义理想信念的动摇、马克思主义信仰的丧失。习近平总书记指出："基础不牢，地动山摇。信念不牢也是要地动山摇的。苏联解体、苏共垮台、东欧剧变不就是这个逻辑吗？"①戈尔巴乔夫时期推行民主社会主义改革的所谓"新思维"，"全面否定苏联历史、苏共历史，否定列宁，否定斯大林，搞历史虚无主义，思想搞乱了，各级党组织几乎没任何作用了，军队都不在党的领导之下了。最后，苏联共产党偌大一个党就作鸟兽散了，苏联偌大一个社会主义国家就分崩离析了"。②在这段时期，我国社会主义事业的发展面临空前巨大的困难和压力，迫切需要回答"建设什么样的党、怎样建设党"这一时代问题。江泽民同志在多次讲话中反复强调，办好中国的事情，关键在于中国共产党。2000年2月，江泽民同志在广东高州考察工作时，首次完整地提出"三个代表"重要思想，在考察工作期间，江泽民同志深入指出，中国共产党在不同历史阶段能够赢得人民的拥护和爱戴，是由于中国共产党始终代表中国先进生产力、先进文化、最广大人民的根本利益。③

针对"建设什么样的党、怎样建设党"这一问题之回答，在具体实践中以江泽民同志为主要代表的中国共产党人进一步深化了对执政党建设规律的认识，集中体现在推进党的建设之伟大工程中，主要表现为以下几个方面：其一，明确中国共产党是中国特色社会主义事业的领导核心。其二，确定了党的建设要遵循党的政治路线、以党的建设总目标为方向，全方位提升党的战斗力、创造力。其三，坚持思想建设、组织建设和作风建设三者有机结合起来，同时把制度建设贯穿其中。江泽民同志在不同讲话

---

① 习近平：《推进党的建设新的伟大工程要一以贯之》，《求是》2019年第19期。

② 《十八大以来重要文献选编》（上），中央文献出版社2014年版，第113页。

③ 参见《江泽民文选》第3卷，人民出版社2006年版，第2页。

中相继指出，"把党的思想理论建设摆在更加突出的位置""加强党的组织建设，为实现党的政治路线提供有力保证""党的作风是党的形象"等重要论断。其四，坚持依法执政，实现党对国家和社会的领导。其五，始终坚持党的能力和水平建设，具体而言，要坚持党的执政能力并且提高党拒腐防变和抵御风险的能力。其六，要继续做好基层党建工作，增强党的阶级基础，扩大党的群众基础。其七，为党的工作注入新活力和新力量，具体而言，要不断改革、完善党的领导方式，对党的执政方式加以改革和完善，并且对其领导体制和工作制度加以改革和完善。总之，"三个代表"重要思想是在不断回应和解答"建设什么样的党、怎样建设党"这一时代问题、持续推进党的建设伟大工程的过程中逐渐形成和成熟的，"三个代表"要求是党的立党之本、执政之基和力量之源。

党的十七大将科学发展观写入了党章，改革开放以来，中国之工业化水平、城镇化速度和步伐逐步加快，取得了一定的发展成效和发展成果，但整体上现代化水平较低。2003年1月，胡锦涛同志在中央农村工作会议上指出："到二○○一年，我国城镇化率已达到百分之三十七点七，但与同等发展水平国家相比仍然要低十到二十个百分点，同发达国家差距就更大了。"①在这次会议上，胡锦涛同志深入指出，要统筹城乡经济社会发展，"统筹"蕴含辩证思维，是对两者的通盘、全面考虑，彰显了对城市和乡村关系深入把握基础上的科学谋划。面对我国经济社会发展面临一些逐渐凸显的矛盾和问题，主要包括经济结构不合理、城乡或区域发展不够协调、人口资源环境压力加大等问题。2003年4月胡锦涛同志在广东省考察工作时指出，发展是我们党执政兴国的第一要务，发展问题需要始终坚持两条，第一就是要深刻明白发展的重要意义，解决中国现实任何问题的关键就在于发展，发展中最先解决的就是要着眼于经济建设，即抓

① 《胡锦涛文选》第2卷，人民出版社2016年版，第19页。

住发展机遇，加快发展步伐，加强社会经济建设；第二就是要明白如何发展，具备发展的新思路，将速度与效益、速度与结构、速度与质量三者相统一，经济发展与人口、经济发展与资源、经济发展与生态环境三者协同发展。除此之外，胡锦涛还强调了中国特色社会主义是经济、政治和文化的全面发展。①2003 年突如其来的非典，严重威胁到了人民群众的生命健康，不仅如此，还对社会经济发展产生威胁，影响了经济社会的有序发展。2003 年 7 月，在防治非典的工作会议上，胡锦涛同志指出，由于此次非典，在与非典进行斗争的过程中，更能深刻明确国家发展中经济与社会、城市、农村发展之间仍存在不协调不统一的问题。同年 10 月，在党的十六届三中全会第二次全体会议上，胡锦涛同志深入强调坚持、树立、落实科学发展观的重要作用，同时在此次会议上，胡锦涛同志还继续强调了对科学发展观的坚持，是对改革开放以来历史经验之总结，也是经历了非典疫情后推进全面建设小康社会之迫切现实需要②。"实现什么样的发展、怎样发展"是新形势下需要回答的现实问题。胡锦涛在多次讲话中强调，科学发展观的核心要义是以人为本，要始终坚持人民作为发展的根本目的、人民作为发展的依靠力量、人民作为发展的共享主体这一先在性原则，始终围绕人本原则着力实现发展的安全性保障。胡锦涛同志指出，始终围绕发展之全面性、发展之协调性、发展之可持续性深入贯彻科学发展观，从而全面推进经济、政治、文化等我国社会主义现代化建设之各个环节与各个方面的协调性，有力促进社会意义上两大基本矛盾的协调性，从生产、生活与生态三大层面深入推进文明发展之路，并立足于速度、结构、质量的有机统一，经济、人口、资源与环境的良性协调，为着力构建资源节约与环境友好之良性导向的社会不懈前进。让人们生活在良好的生

---

① 参见《胡锦涛文选》第 2 卷，人民出版社 2016 年版，第 39 页。
② 参见《胡锦涛文选》第 2 卷，人民出版社 2016 年版，第 104 页。

态环境中，从而达到经济社会可持续发展的目的。胡锦涛始终从城乡、区域、经济社会、人与自然、国内与国际多个视角强调统筹兼顾，立足于个人与具体、局部与整体、当前与长远强调利益之统筹兼顾的重要性。要始终从世界视域出发，着力把握国际发展趋势与国内发展形势之有机统一的整体性战略思维，在危机与机遇的有机统一中，在风险与挑战的交融共生中为实现国际环境的良好营造持续奋进。

党的十八大以来，在这个关键的历史时期，中国特色社会主义事业面临着复杂多变的国内外形势，主要体现在以下四个方面。

第一，世界正经历百年未有之大变局。世界多极化、经济全球化、社会信息化、文化多样化符合时代发展的潮流和趋势，但同时，世界存在众多不稳定因素，包括世界经济普遍增长乏力，单边主义、贸易保护主义、霸权主义抬头，极端主义和恐怖主义蔓延等问题。2010 年，中国 GDP 总量超过日本，成为仅次于美国的世界第二大经济体。对此，以美国为首的一些西方国家对中国进行意识形态领域渗透和挑战，他们相继制造出了中国"国强必霸论""中国责任论""中国威胁论""中国崩溃论"等许多污名化中国的论调，各类臆测粉墨登场，从而达到抹黑中国之目的。在这一关键发展时期，我国面临的国际发展环境，其中充满各种内外部变局和挑战。

第二，当下我国正处于实现中华民族伟大复兴之关键时期。在中国共产党的坚强领导下，经过中国革命、建设和改革各个历史时期之不懈努力，中华民族迎来了从站起来、富起来到强起来的伟大飞跃。这一关键时期是建设社会主义现代化国家，实现中华民族伟大复兴之关键时期。在这个时期，改革进入攻坚区、深水区，要啃许多难啃的硬骨头，解决之前想解决但难以解决的老问题和现在发展又出现的新问题，尤其要着力解决发展的不平衡不充分问题。改革开放以来，伴随着社会阶层结构之变化，各类非主流的社会思潮此消彼长，对主流意识形态产生了不同程度的影响。

这些非主流的社会思潮通过互联网等渠道进行渗透和传播。随着信息技术快速发展，网络成为信息交流的主渠道，可以说，信息技术正深刻改变人民的生活方式和思维方式，与此同时，与以往相比较，网络深刻改变了传统话语互动模式，社会个体在信息传播中扮演着双重身份，即作为信息的接收者和传播者，话语表达方式也由单向性传播演变成双向或更为复杂的多向融合等。现实社会阶级以及职业属性被悬搁，在网络世界，网络圈群中呈现出集中化、趣缘性，表现在注意力资源集中化、话题同质化，长此以往可能会产生抗拒"圈外"文化的思维惯性，意识形态工作面临新挑战，造成网络圈群内与主流话语脱节甚至背道而驰的现象，可以看出，在实现中华民族伟大复兴之关键时期，伴随新时代信息媒介的新发展，各类风险和挑战层出不穷，我国社会主义意识形态建设工作面临复杂的新局面和新挑战。

第三，中国特色社会主义成为振兴世界社会主义之中流砥柱。20世纪80年代末90年代初，国际环境发生巨大变化，在这个背景下一些人开始对社会主义未来建设失去信心，对当前道路产生质疑。面对当时历史发展境况，有学者宣称"历史终结论"于资本主义制度，不看好中国特色社会主义事业，甚至妄称社会主义中国也将随着"多米诺骨牌效应"而倒下。改革开放以来，党和国家的事业取得了一系列伟大成就，中国特色社会主义道路越走越宽广。中国特色社会主义成为世界社会主义的主阵地，引起世界各个国家的广泛关注。

第四，作为中国特色社会主义事业的领导核心，中国共产党以自我革命推进社会革命，始终保持党的先进性和纯洁性，建设一个能够长期执政的党，这是中国特色社会主义事业取得新胜利之关键所在。我们要充分发挥社会主义意识形态的主导作用，用马克思主义理论占领网络阵地，注重发挥新型传播媒介的舆论作用，全方位、全过程增强社会主义意识形态的战斗力。在新的"赶考"前进路上，深入开展党的自我革命，需要极大的政治勇气和政治智慧解决党面临的重大风险考验和党内存在的突出问题。

三、不断推进马克思主义中国化时代化

马克思主义具有真理性和价值性，但是这并不意味着马克思主义是真理的终结，马克思主义具有与时俱进的理论品质，不断反映新时代精神，揭示新时代规律，引领新时代发展潮流和方向，是新时代中国马克思主义创新发展之源泉和动力所在。"马克思主义中国化"，可以说就是提升中国化马克思主义理论特质的时代意境，就是要使马克思主义"说中国话"而不是说"德国话""苏联话"或者"美国话"，就是实现马克思主义基本原理与中国实际两者之间的辩证结合和双向互动。"马克思主义时代化"，就是让马克思主义说"新话""实话"而不是说"旧话""老话""假话""大话""空话"，就是使马克思主义不断反映时代之精神，总结时代之规律，以发展着的马克思主义理论指导新的实践①。

不断推动马克思主义中国化时代化，就是在实现马克思主义中国化进程中推动马克思主义理论创新，在实现马克思主义时代化进程中推动马克思主义理论创造。自改革开放以来，各类非马克思主义声音日益滋生，在这个过程中，西方敌对势力也加大了对我国的西化、分化，西方资本主义国家将我国的发展视为其称霸的"障碍"，在对我国的西化、分化中，着力加强推销自己的意识形态，全方面地加强对自己意识形态的渗透，企图从内部对社会主义进行瓦解。推进马克思主义中国化时代

---

① 参见袁银传：《马克思主义中国化、时代化、大众化命题解析》，《思想理论教育》2010年第 13 期。

化，意味着在实践中要坚定不移地坚持马克思主义的指导地位，发扬马克思主义与时俱进的理论品质。中国共产党人不断推进马克思主义中国化时代化的过程，发扬历史主动精神，有效地规避了现代化进程所带来的消极作用，同时也提高了马克思主义的生命力、感召力，积极应对中国式现代化过程中所遇到的各类风险和挑战，把握和引领实践的新发展，提升马克思主义意识形态发展质量，不断推进马克思主义中国化时代化。

（一）在马克思主义中国化过程中推进马克思主义理论创新

马克思主义是科学的理论体系，可以说，在关于人类社会如何认识世界、如何改造世界这一问题上，马克思主义理论发挥着不可替代的重要作用。自马克思主义诞生之初，马克思主义就是一个创新的、开放的理论体系，而不是静态的、封闭的思想体系，具有创新和开放的特性就意味着马克思主义理论体系随着时代发展，不断丰富、发展、完善自身。作为产生于 19 世纪 40 年代的欧洲的无产阶级理论，马克思主义如何实现在中国的落地生根，始终是中国共产党早期领导人、思想家一直在思索和探索的问题所在。马克思主义在中国之传播过程，是由无意识的自发状态，逐渐进入到自觉状态的一个过程，近代以来，中华民族身处悲催而屈辱的现实境况，为了改变现状，无数仁人志士对各类道路展开了探索，历史证明，以西为师和以俄为师的道路在中国走不通，历史地看，作为马克思主义最早传播者，在五四运动时期，此时李大钊明确指出了"马氏的学说"，这里的"马氏的学说"就是指马克思主义理论，李大钊指出马氏的学说是一个时代的产物，并且强调了我们在具体的实践中不能用特定时期和特定时代所造就的理论学说，用以解释一切历史，也不能用其来运用于任何社会①；与此同时，李大钊还强调了我们应该仔细研究马克思主义理论的唯物史观，特别是思考怎么将其运用于中国此时的政治经济情形。赴日留学期间，李大钊受社会主义活动家安部矶雄影响，使得李大钊对马克思主义形成初步了解，留学回国之后，李大钊也破除了一些非马克思主义思想的影响，在他的诸多著作中阐明自己的马克思主义信仰，动员广大工农群众，使得更广泛的知识分子可以逐渐了解、认同马克思主义和社会主义思想。可以看出，李大钊此时的思想中已经能够看到马克思主义理论对中国社会的指导意义，并且已经意识到不能将其直接拿来运用，要根据中国的实际情况加以"中国化"。1938 年，艾思奇在《哲学的现状和任务》中，从哲学视阈和抗日战争之现实需求出发，明确提出了马克思主义哲学中国化之任务。他强调我们需要中国化、现实性的哲学研究。在以前哲学仅仅是用浅显易懂的语言来说明一些晦涩难懂的哲学，将其与人们的生活更加贴近，让人民更加重视自己的哲学，都有着巨大的意义。艾思奇强调通俗化不能与中国化和现实化相提并论，同时也因为没有整体做到中国化和现实化，所以也不够充分的通俗化。② 在这一部分的论述中，我们可以看出艾思奇强调了马克思哲学之中国化，要做到不仅仅满足于当下的马克思主义哲学实现大众化和通俗化需要，同时也要立足于当时中国抗日战争之现实需要。紧接着艾思奇在这一理论基础之上，又进一步提出了马克思主义哲学中国化的两大原则，即控制传统哲学思想和消化抗日战争经验教训。③ 可以看出，艾思奇一生都在致力于传播马克思主义哲学，孜孜不倦地寻求马克思主义大众化、通俗化的现实路径，希望可以用人民能够接受的、浅显易懂的话语对马克思主义哲学进行阐释，马克思主义理论中国化的过程，也是真理逐渐朴实化的过程，能够用大众话语表达，才能真正深

---

① 参见《李大钊文集》（下），人民出版社 1984 年版，第 68—69 页。

② 参见《艾思奇文集》第 1 卷，人民出版社 1981 年版，第 387 页。

③ 参见《艾思奇文集》第 1 卷，人民出版社 1981 年版，第 420 页。

入人心，才能真正发挥马克思主义理论真理的光辉。

　　近代以来，中华民族危机日益加深，毛泽东深刻认识到来源于西方的马克思主义理论不能直接为当时中国革命提供现成的答案和具体的行动纲领，必须将之与中国具体实际相结合。毛泽东时期，此时的中国共产党人对于马克思主义理论的重点任务在于将马克思主义普遍原理在中国具体化，目的为避免空洞化、抽象化的马克思主义。在《反对本本主义》中，毛泽东深入指出，马列主义的"本本"需要，但是一定要结合现实的实际情况。在《实践论》中，毛泽东深刻论述了认识与实践二者的关系，在《矛盾论》中，毛泽东又突出强调了普遍性与特殊性之间的辩证关系。1938年，在中国共产党六届六中全会上，毛泽东在《论新阶段》的报告中，首次明确提出，并且详细分析了"马克思主义中国化"这一命题。这些认识都是对中国具体实践考察后作出的具有独创性意义的思想，可以说，毛泽东毕生都对马克思主义真理孜孜以求，并且致力于使之不断适应中国现实国情，从未使两者截然分开。一方面，毛泽东批评将马克思列宁主义片面肢解、以偏概全的做法；另一方面，毛泽东也不赞成脱离实际去谈马克思主义，批评单纯地为了学习而学习这种做法。马克思主义中国化由两个部分组成，第一个部分是"马克思主义"，就是坚持马克思主义理想信念，把握其真理；第二个部分是"中国化"，就是立足于现实条件，对实际情况充分把握，最后实现两者之间的有机结合。在《论党》中，刘少奇谈到马克思主义中国化，他认为马克思主义中国化就是实现马克思主义从欧洲形式到亚洲形式的转变，同时刘少奇也指出这是一件非常困难的事业。毛泽东同志成功地完成了这项转变，开辟了马克思主义中国化伟大事业。

　　马克思主义的中国化，主要有两个方面的内容：第一，就是将马克思列宁主义的理论运用到中国的具体情况中。具体来说，就是以马克思主义的"矢"去射中国革命之"的"，这是一个由理论到实践的过程；第二，要使中国实际马克思主义化，根据马克思主义的立场、观点、方法将"中国经验"上升为科学理论，转化为具有中国特色、中国风格、中国气派的马克思主义理论。这是一个由实践到理论的过程。

新中国成立后，面对半殖民地半封建的旧中国留给我们"一穷二白"的面貌，中国共产党没有完全照搬苏联做法，以毛泽东同志为主要代表的中国共产党人面对如何搞好社会主义建设的任务，在《论十大关系》《关于正确处理人民内部矛盾的问题》等光辉著作中探索了中国社会主义建设规律问题，为中国特色社会主义探索提供了思想资源。立足于改革开放和社会主义现代化实践的基础上，邓小平同志推进马克思主义中国化的理论贡献主要有：社会主义初级阶段论、本质论、社会主义市场经济理论、社会主义改革开放论、社会主义民主政治建设论、社会主义精神文明建设论、社会主义国防和军队建设论、社会主义"一国两制"论等等。

马克思主义中国化就是充分把握了矛盾的普遍性与特殊性之间的辩证关系，实现了普遍真理的"普遍性"与民族特色的"特殊性"之间的有机结合。没有坚持马克思主义，就会失去了"共性"，只谈论民族性也是没有意义的，没有结合各个国家具体实际，就会失去了"个性"，只考虑民族的具体形态也是没有意义的。实现马克思主义中国化过程中，也不断推进了马克思主义自身的发展。如何实现马克思主义中国化内容的丰富与发展，前提是将两者实现充分结合，那么丰富便是对其进行经验总结，对实践和历史中的优势、经验、教训加以总结和提炼。1938 年，毛泽东创造性提出了马克思主义中国化要与传统文化要素相结合，传统文化中蕴含着丰厚的历史文化资源，可以说，在当时毛泽东便看到了"两个结合"的意义所在，中华民族五千多年文明长河中，中华优秀传统文化为实现马克思主义创新发展提供不竭动力。中华优秀传统文化中蕴含着任人唯贤、自强不息、亲仁善邻、天人合一等诸多思想，与此同时，中华文明源远流长，其中主要原因就在于对外来有益文化的接纳与吸收。可以看出，马克思主义理论也具有开放性与时代性之基本特征，这些基本特征是与中华优秀传统文化之包容性相契合的。根据中华优秀传统文化与马克思主义理论之内在契合性，就需要看到二者品质的密切联系，坚持弘扬中华优秀传统文化，厚植马克思主义中国化的文化根基，从而推动马克思主义中国化更好向前发展。

纵观党的百年发展历程，中国共产党在任何历史时期都是一个勇于进行理论创新、勇于进行理论创造的现代无产阶级政党。中国共产党百年奋斗的历史，可以说，也是马克思主义中国化不断进行理论创新和理论创造之历史。中国共产党自成立之日起就把马克思列宁主义写在自己旗帜上，推动中华民族实现从站起来、富起来到强起来的伟大历史飞跃，实现马克思主义理论与中国实践之双向互动和双重创新。党的创新理论是党中央团结带领全党全军全国各族人民，在应对和解决影响党长期执政、国家长治久安、人民幸福安康的突出矛盾和问题的过程中形成和发展的理论；是不断深化对共产党执政规律、社会主义建设规律、人类社会发展规律的认识，推进马克思主义中国化时代化的过程中形成和发展的理论；是在科学把握战略机遇和风险挑战，前瞻性思考、全局性谋划、整体性推进党和国家各项事业的过程中形成和发展的理论。实践证明，能够推进马克思主义理论与时俱进，关键在于先进的无产阶级政党带领广大人民群众的伟大实践，在于中国共产党的领导。考察党的百年奋斗历程，中国共产党在马克思主义中国化过程中不断推进理论创新、进行理论创造，形成了一系列丰富、宝贵之经验，包括以下原则方法：

首先，在马克思主义中国化过程中推进马克思主义理论创新，关键在于正确把握理论和实践之间的辩证关系。把握二者之间辩证关系是推进理论创新、进行理论创造的核心要求。恩格斯深刻指出，能够称之为行动纲领，就是指其能够与处于不同现实中的人们实际需要相结合，如果说在理论上这个行动纲领是无误的，但是不能与实际相结合，想必这个纲领也是没有任何作用的。① 可以看出，马克思主义理论是发展的、动态的、实践的理论，不是僵死之教条。换句话说，马克思主义理论之所以能够与时俱进，就在于理论始终与实际相结合，理论创新与实践创新二者良性互动。坚持理论与实际相结合需要认清理论的核心和精髓，避免混淆基本原理和具体观点的关系；需要分析国家发展的实际情况，避免纸上谈兵、生搬硬套；需要把握准确时代的脉搏，始终走在时代前列，避免故步自封、闭门造车。恩格斯指出："一个民族要想站在科学的最高峰，就一刻也不能没有理论思维。"② 中国共产党建党百年以来，坚持运用马克思主义，探究其在具体实践中解决好人们实际需要的关键原因，就在于守正创新。所谓"守正"，就是始终坚持马克思主义基本原理，与此同时，还要坚持在实践中运用马克思主义基本原理用以指导实践，坚决反对教条主义和修正主义两种危险思想倾向；所谓"创新"，就是在实践中，与时俱进地发展马克思主义，不断推进马克思主义中国化、时代化，根据具体历史斗争条件和时代特点，分清楚每个时期需要解决的主要任务、时代课题，进行指导思想之创新。

其次，在马克思主义中国化过程中，中国共产党人推进马克思主义理论创新，核心在于立足中国实践、立足于中国国情。社会主义初级阶段是当代中国的最大国情、最大实际。立足中国国情，是新时代中国特色社会主义的又一重要内涵。习近平总书记在接受金砖国家媒体联合采访时指出："这样一个大国，这样多的人民，这么复杂的国情，领导者要深入了解国情，了解人民所思所盼，要有'如履薄冰，如临深渊'的自觉，要有'治大国若烹小鲜'的态度，丝毫不敢懈怠，丝毫不敢马虎，必须夙夜在公、勤勉工作。"③ 历史上，忽视现实的具体情况，而对理论

① 参见《马克思恩格斯全集》第 38 卷，人民出版社 1972 年版，第 74 页。
② 《马克思恩格斯选集》第 3 卷，人民出版社 2012 年版，第 875 页。
③ 《习近平谈治国理政》第 1 卷，外文出版社 2018 年版，第 409—410 页。

进行照搬照抄的例子数不胜数。19 世纪 40 年代，马克思在《哲学的贫困》中就批判蒲鲁东不顾历史现实而把原理当作出发点，马克思深刻指出，对于一切问题的探讨与研究，就是需要把处于每个世纪中的现实的人的历史，这个历史是有一定条件的，即现实的历史和世俗的历史，同时这个条件下的人也是有条件的，即处于历史中的人是他们本身所处的历史剧当中的剧作者又当成剧中人物。马克思批判蒲鲁东指出其把原理当作出发点，迂回曲折地回到真正的出发点，批判蒲鲁东抛弃了最初作为出发点的永恒之原理。① 在《反杜林论》中，恩格斯也批判了杜林将原则作为出发点而忽视外部自然界和社会的态度。恩格斯指出，杜林所谓的原则，仅仅从思维中得来，并不是从外部自然界和社会中得来的那些形式的原则，由于上述的原则需要并且应当被运用在自然界和人类当中，所以自然界和人类需要适应原则。恩格斯接着强调，杜林所谓的原则将全部关系颠倒，因为谈及的是存在的形式，外部世界之形式，而我们可以知道，思维绝不可能从自身中，只能从外部世界当中汲取并且引出这些形式。可以看出，研究的出发点绝不是已经知道的原则，原则应该是研究的最终结果，同样，原则并不是直接被运用于自然界和人类社会，而应该从人类社会和自然界当中抽象出来。外部的自然界和人类不应去适应原则，与之相反，只有当原则与自然界和历史的具体情况相符合，那么原则才是正确的。② 马克思、恩格斯等马克思主义经典作家告诉我们，任何理论和原理都不是万能钥匙，要立足实践、善于把原理同具体实际相结合。

再次，只有进行本土化的马克思主义理论才能深入人心，马克思主义理论创新过程中要充分彰显中国特色、中国风格、中国气派。"立足中

---

① 参见《马克思恩格斯文集》第 1 卷，人民出版社 2009 年版，第 608 页。

② 参见《马克思恩格斯文集》第 9 卷，人民出版社 2009 年版，第 37—38 页。

国国情"体现了将马克思主义基本原理和中国具体实际相结合,"发展中国特色、中国风格、中国气派"则体现了将马克思主义基本原理同中华优秀传统文化相结合。是"两个结合"内容所在。2016 年 5 月,习近平总书记在哲学社会科学座谈会的讲话中开篇深刻强调,哲学社会科学所具有的特色、风格、气派不是凭空就有的,而是一定阶段发展的产物,同时这也是哲学社会科学成熟的标志,是其实力之象征,自信之体现。同年 11 月,习近平总书记在中国文学艺术界联合会第十次全国代表大会、中国作家协会第九次全国代表大会开幕式上强调中华文化的历史性与当代性,民族性与世界性,扎根于中国特色,才能在世界文化激荡中站稳脚跟,展现中国特色、中国风格、中国气派,才能屹立于世界。中华优秀传统文化和中国精神,是中国特色社会主义植根之文化沃土,也是中国特色社会主义发展之独特优势,同时也是中国在世界文化激荡中站稳脚跟的根基。当前,百年未有之大变局和中华民族伟大复兴战略全局同步交织、相互激荡,中国既面临前现代的矛盾,也面临现代化的矛盾,还面临后现代的矛盾,各种矛盾交织叠加使得人们在思想认识层面受到前所未有的挑战,如何正确认识和把握中国特色社会主义及其道路、理论、制度、文化,就成了不能回避的一个重大理论和现实问题。党的十八大以来,习近平总书记将马克思主义基本原理同中华优秀传统文化相结合,在各种场合、就各种问题,依托中华优秀传统文化进行阐释,并且十分强调中华文化的创造性转化和创新性发展,极大程度上焕发了中华文化的社会主义性质,推动中华文化和中国精神在中国特色社会主义的发展中发展,在中华民族伟大复兴的进程中复兴。总之,在马克思主义中国化的进程中,需要正确把握理论和实践之辩证关系,立足实践、立足于中国国情,凸显中国特色、中国风格、中国气派,不断推进理论创新、进行理论创造。

（二）在马克思主义时代化进程中推进马克思主义理论创造

马克思、恩格斯是伟大的思想家和革命家。马克思充分吸收了黑格尔辩证法中合理内核和费尔巴哈唯物主义基本内核，在此基础上，创立了辩证唯物主义和历史唯物主义。除此之外，马克思还对其他研究领域的研究成果进行科学探索，其中包括历史、文学、政治经济学、法律等领域，在自然科学领域，马克思也十分注重自然科学领域的重大发现，并且从中汲取力量，马克思主义充分吸收了当时自然科学领域细胞学说、能量守恒和转化定律、达尔文的生物进化论等最新成果，为唯物辩证法的创立奠定了自然科学基础。可以说，马克思、恩格斯不畏困难和挑战，始终坚持批判精神，始终以唯物辩证法为思维工具，以无产阶级利益为价值旨归，以实现全人类的解放为目标，科学地揭示了世界和整个人类社会发展规律，顺应时代发展，科学地解答时代之问。马克思主义中国化时代化过程，就是基于马克思主义基本原理开放性特征，以实践为导向，不断推动马克思主义理论创造，实现马克思主义理论与时俱进、守正创新的过程。马克思主义中国化时代化进程也是对马克思主义"过时论""无用论"的有力反驳，理论的价值在实践中得以彰显，与时俱进和守正创新是坚持马克思主义的必然要求，新时代中国特色社会主义理论创新，需要始终坚持"马克思主义基本原理和科学社会主义基本原则""中国实际""时代特征"三者有机统一。理论创新是理论主体在具体实践中完成理论发展的主体性自觉活动，处于当代人类实践之最前沿、当代科学技术之最前沿、当代人类哲学文化之最前沿，新时代中国特色社会主义理论创新立足于世界之变和中国之变，深化了对马克思主义中国化、时代化、规律性把握。

马克思主义时代化也包括两个基本的方面，第一，"马克思主义化时代"，即思索中国具体国情是什么，以马克思主义之立场、观点和方法解答社会发展出现的新矛盾和新问题，揭示时代发展之新规律和新趋势，并且在此基础上引领时代发展潮流和方向。第二，"时代化马克思主义"，即思索马克思主义能够获得何种程度的提升，着眼于时代发展变化，在总结时代之发展规律中提升、丰富和发展马克思主义，使马克思主义"与时俱进"①。

"与时俱进"是马克思主义重要之理论品质，马克思主义是在实践中产生的，同时也在实践的不断检验中实现创新、发展。在与不同思潮、思想、学说进行交锋中，马克思、恩格斯从未把自己的理论当作终极真理，而是以批判的态度保持理论生命力，自觉地在实践中用批判的态度对待自己的理论。1887年，恩格斯在他的《在致弗·凯利—威士涅威茨基夫人》信中指出理论是不断发展的理论，而不是一种背得烂熟并且机械运用的教条，马克思主义理论是行动指南不是教条。19世纪40年代，根据当时自由资本主义的发展状况，马克思、恩格斯提出了共产主义"同时胜利"的理论，在晚年马克思对东方社会历史文化进行了深入的考察，针对经济文化比较落后国家如何实现现代化的问题，立足于俄国社会发展实际，《给维·伊·查苏利奇的复信草稿》中探讨俄国公社是否有可能跨越"卡夫丁峡谷"的问题，马克思指出俄国能够"跨越资本主义的卡夫丁峡谷"的创造性设想，提出了社会形态发展的跳跃式发展，从而免于资本主义发展随之带来的痛苦。中国共产党人紧密结合社会发展实际，为马克思主义增添时代性的新内容，在任何历史时期都不局限于马克思主义经典作家的个别观点、具体结论和行动纲领，任何理论都不能以某个观念、某个别理论去理解，而是要从整体性、全局性角度理解，中国共产党在指导思想上的与时俱进性也体现了在不同历史时期理论整体的创新性，体现了在具体的历

---

① 参见袁银传:《马克思主义中国化、时代化、大众化命题解析》,《思想理论教育》2010年第13期。

史条件下对社会所面临的各类问题和挑战的接续创新，凸显了基于现实情况的理论创新与理论创造之统一。马克思主义科学性与实践性相统一，其内在特征决定了其与时俱进的理论品质，进行中国特色社会主义建设是一项继往开来、与时俱进的伟大事业，我们所面对的风险挑战都具有新的表现形式，坚持马克思主义与时俱进的理论品质，要坚持以习近平新时代中国特色社会主义思想为总遵循，理论与实践相统一，在新时代彰显马克思主义真理光芒。

在中国革命、建设和改革的实践中，中国共产党人始终坚持运用马克思主义立场、观点和方法，分析、研究和解决具体实际问题。毛泽东曾经指出，马克思主义基本原理必须得遵守，这始终是第一位的，同时毛泽东也指出单靠老祖宗所创造出的新理论和新著作，以服务于当前的政治，都是不行的。我们所写的著作都是立足于当时时期的实际需要。面对出现的新问题和新情况，以前的著作已经不再适应新环境的需要，理论需要结合当下实际情况实现创新发展。马克思列宁主义者必须根据现实的实际情况，对马克思列宁主义进行创新和发展，邓小平指出："真正的马克思列宁主义者必须根据现在的情况，认识、继承和发展马克思列宁主义。"① 关于马克思主义与时俱进的理论品质，2001 年江泽民同志在中国共产党建党 80 周年讲话中，江泽民首次明确地提出了马克思主义与时俱进的理论品质，除此之外，党的十六大报告中江泽民同志再次强调了马克思主义与时俱进之重要作用。党的十七大报告中，胡锦涛指出马克思主义要焕发出强大的生命力、创造力、感召力，就需要与本国国情紧密结合，需要与时代发展同进步，与人民群众共命运。习近平总书记在党的二十大报告中强调要在不断回答中国之问、世界之问、人民之问、时代之问中，形成与时俱进的理论成果，从而可以更好地指导中国实践。

---

① 《邓小平文选》第 3 卷，人民出版社 1993 年版，第 291 页。

从本质上看，马克思主义是一个本身就具有革命性、批判性、开放性的科学理论体系，马克思、恩格斯自身也是坚持与时俱进的典范，他们在《共产党宣言》序言中，根据新的实践需要对自己的思想理论进行补充、修订。马克思主义的与时俱进，要求把握时代发展规律，赋予理论以创造性，也是理论保持科学性的关键，不能孤立地、静止地进行马克思主义研究。作为马克思主义伟大导师，列宁曾指出，马克思主义与"宗派主义"没有任何关系，马克思主义同样也不是故步自封、僵化不变的学说和理论，不是脱离了世界文明发展之道路而产生的。与之相反，马克思之全部天才之处，正是在于他能够对那些早已存在于人类进步思维中的各种问题作出解答。① 中国共产党在马克思主义中国化的历史进程中波澜壮阔，同时也取得了斐然成就，在任何历史时期，中国共产党人从未停止过将马克思主义基本原理与中国实际相结合之理论探索与实践探索。根据中国具体环境，毛泽东使得马克思主义在中国具体化、中国化，以创新的理论形态丰富了马克思主义。邓小平理论是中国特色社会主义理论体系的创新开篇之作，面对中国社会百废待兴的局面，邓小平坚持以新的理论化解新的实践中的问题，在坚持马克思主义基础上，彰显"闯"的精神、"冒"的精神，开拓创新了社会主义现代化和改革开放的历史新局面。

江泽民深刻指出，既要坚持马克思主义基本原理，又要谱写马克思主义之新的理论篇章，要善于在解放思想中统一思想，用发展着的马克思主义指导新的实践。胡锦涛强调，立足于中国发展具体实际，要始终沿着马克思主义真理所开辟的新道路前行，面对任何风险和挑战都无所畏惧，集中力量建设更高水平小康社会。在党的十八大报告中，胡锦涛同志提出科学发展观最鲜明的精神实质，即解放思想、实事求是、与时俱进、求真务实，实践发展是无止境的，认识真理是无止境的，理论创新也是无止境

① 参见《列宁选集》第 2 卷，人民出版社 2012 年版，第 309 页。

的。全党要把握时代发展脉搏，顺应人民共同愿望，勇于实践、勇于变革、勇于创新，在实践探索中不断把握中国特色社会主义规律，永葆党的生机活力，永葆国家发展动力，党和人民不断在实践中为中国特色社会主义事业开拓更为广阔的发展前景。习近平总书记在党的二十大报告中强调实践是无止境的，理论创新也是无止境的，强调当代中国共产党人的庄严历史责任就是不断在实践中谱写马克思主义中国化时代化新篇章。

马克思主义时代化，就是代表着马克思主义与当代人类实践、人类科学以及人类哲学文化发展的最前沿同行，将理论与时代进步与时代特征相结合，在他们的发展中吸收营养和智慧，拓展马克思主义发展新境界。马克思主义的时代化或者说"与时俱进"，包括以下三个基本的层面①。

第一，马克思主义必须站在当代人类实践发展最前列、最前沿，与实践发展俱进。马克思主义理论实现了理论与现实的契合，与实践俱进意味着要体现时代精神，同时也要解决人类所面临新的实践所带来的新的矛盾和问题。在马克思主义中国化的进程中，中国共产党人始终把中国实际摆在重要的突出地位，同时也放眼世界的发展，具有宽广的全球视野，把握时代发展大势。当今世界正经历百年未有之大变局，国际环境也日趋复杂，各类安全隐患层出不穷，世界进入新的动荡变革期。运用马克思主义的立场、观点和方法，统筹世界与中国两个大局，提升马克思主义理论的时代性和阐释力，运用 21 世纪马克思主义分析当代社会主义的前途和命运等问题，解决时代问题，继续推动马克思主义的中国化和时代化，这是发展马克思主义的题中应有之义。② 在当今西方逆全球化思潮背景下，要运用马克思主义世界观和方法论，全面分析和研究全球化与逆全球化之间

---

① 参见袁银传：《马克思主义中国化、时代化、大众化命题解析》，《思想理论教育》2010年第 13 期。
② 参见袁银传：《马克思主义中国化、时代化、大众化命题解析》，《思想理论教育》2010年第 13 期。

关系，研究中华民族伟大复兴战略全局与世界百年未有之大变局之间关系，提升马克思主义中国化的理论自觉和政治自觉，不断推动中国化马克思主义向前发展，开辟 21 世纪马克思主义发展的新境界。

第二，马克思主义应当始终站在当代人类科学技术发展的最前沿，与科技发展俱进。与科技俱进，代表着要总结科技发展的最新成果，在哲学意义上对科学进行反思总结。马克思主义内涵丰富，其中包括了对自然界、人类社会和人类思维发展规律的总结。马克思主义理论是一个内涵宽广，博大精深的理论体系，是科学的世界观和方法论，与此同时，马克思、恩格斯也是百科全书式的学者，马克思主义理论自身的实践特质也决定了必然会随着社会发展和科学技术的进步而发展，马克思、恩格斯对于自然科学中所取得的每一项最新成果都会感到由衷的高兴。具体实践中，科学技术的进步也赋予了马克思主义内在发展动力，促使马克思主义不断前进发展，对马克思主义提出新的现实问题。马克思、恩格斯自身在自然科学方面做了大量工作，恩格斯的《自然辩证法》在自然科学方面具有很高的价值。在面对科技理性与人文精神之间的张力问题，科技进步与可持续发展问题、自然中心主义与人类中心主义之争问题、生态伦理问题、低碳与生态文明问题、构建人与自然和谐共生的共同体问题时，中国化时代化马克思主义无法回避这些问题，所以也必须用马克思主义的立场、观点、方法来对这些问题进行深入的剖析并给以令人信服的回答。①

第三，要站在当代人类哲学文化发展的最前沿，与哲学文化的发展俱进。马克思主义是开放性的发展的理论，批判性是马克思主义具有开放性的内在动力。可以说，正是在与各类非马克思主义、反马克思主义的错误思潮的批判、较量、斗争的过程中，彰显了马克思主义的真理性与价值

---

① 参见袁银传：《马克思主义中国化、时代化、大众化命题解析》，《思想理论教育》2010年第 13 期。

性。为了充分显示出马克思主义的高度科学性与彻底的革命性，当代中国马克思主义创新发展，一定需要通过与中国传统哲学、西方哲学（特别是现代西方哲学和后现代主义）以及西方马克思主义进行交流、对话的相互作用、相互影响中才能实现。在国内，目前从事"马学""中学""西学"等教学和研究工作者，往往由于学科封闭与成见，他们常常各自为营，甚至是相互轻视，缺乏沟通与对话。例如，在哲学界这种相互轻视具体表现在，有些从事中国传统哲学、西方哲学的工作者存在"傲慢"与"偏见"，看不上马克思主义哲学理论工作者，认为从事马克思主义哲学工作者既不懂"古文"也不懂"洋文"，只是为意识形态服务的工具，缺乏"学术性"。不同学科之间的偏见会阻碍学科之间的良性互动与交互对话，在一定程度上也会阻碍学科的发展与进步，仅仅局限于本学科的研究视角，也不利于整体科研水平的提升。只有在与其他社会思想流派进行交流、交融和交锋中，当代中国马克思主义哲学才不会"失语""失踪""失声"，只有如此，中国马克思主义哲学才会从其他思想文化中汲取营养，在这个过程中，面对不同的思想文化，"取其精华，去其糟粕"，从而丰富和发展马克思主义的理论体系。①

---

① 参见袁银传：《马克思主义中国化、时代化、大众化命题解析》，《思想理论教育》2010年第 13 期。

第 三 章

新时代中国马克思主义创新发展的基本经验

坚定不移以马克思主义为科学理论指导，并矢志不渝推进马克思主义理论创新，既是中国共产党的立身之本，也是在新时代历史条件下推进和发展中国式现代化，着力实现中华民族复兴历史伟业的重大原则。中国共产党从诞生之日起就坚定地将马克思主义作为自身的行动指南，并在开创、发展和推进我国社会主义现代化的历史进程中始终坚持培元固本与守正创新的有机统一，坚持理论创新与实践创新的良性互动，坚持理论创新与理论武装的有机结合，并且把指导思想的创新作为理论创新的根本，从而在马克思主义中国化时代化的有序推进中，使科学社会主义在当代中国焕发出强大的生机活力，彰显出无比巨大的先进性与优越性。自党的十八大以来，以习近平同志为核心的党中央坚定接过历史的接力棒，在马克思主义理论的继承与弘扬中继往开来，团结带领全国各族人民积极有力地应对世界百年未有之大变局，并站在党的二十大这一新的历史起点上，继续高举中国特色社会主义伟大旗帜，为着力实现以中国式现代化着力推进民族复兴的历史伟业不懈奋斗，从而在马克思主义中国化时代化新境界的着力开辟中，在习近平新时代中国特色社会主义思想的开创与发展中，积累了马克思主义创新发展的一系列丰富而又宝贵的历史经验。

一、坚持培元固本与守正创新的统一

作为在人类思想史和社会主义革命与建设史上具有重大历史意义的科学理论，马克思主义在其产生与发展的历史进程中显示出无比强大的科学性，无比深刻的真理性，无比深远的影响力和无比广阔的传播力。而马克思主义基本原理作为马克思主义的思想精髓和核心要义，是马克思主义基本立场、基本观点与基本方法的集中概括和理论表达，是马克思主义理论体系的核心与灵魂所在。对此习近平总书记曾深刻指出："不了解、不熟悉马克思主义基本原理，就不可能真正了解和掌握中国特色社会主义理论体系。"[①]牢牢把握马克思主义基本原理不动摇，并且与时俱进地推进马克思主义的理论创新，既是中国共产党开创、发展与推进中国式现代化的理论前提与方法论原则，也是马克思主义在中国之所以行、中国共产党之所以能、中国特色社会主义之所以好的基本经验。

党的二十大的胜利召开，明确了新时代条件下我们党和国家所需承担的更加艰巨的历史任务和更加光荣的历史使命。着力为实现中国式现代化与民族复兴不懈奋进，就必须矢志不渝坚持马克思主义基本原理，就必须矢志不移继续推进马克思主义理论创新，就必须推进马克思主义与中国具体实际相结合、与中华优秀传统文化相结合。任何怀疑、背离或者放弃马克思主义基本原理的思维导向，都会导致马克思主义理论创新丧失基础、丢掉灵魂、迷失方向、失去前提。[②]

坚持培元固本与守正创新的统一，是中国共产党人百年奋斗取得重大成就的基本经验。所谓培元固本，就是始终坚持马克思主义基本原理不动

---

① 习近平：《在全国党校工作会议上的讲话》，人民出版社 2016 年版，第 15 页。
② 参见袁银传、刘丽萍：《中国共产党创新发展马克思主义的基本经验》，《思想教育研究》2018 年第 2 期。

摇。所谓守正创新，就是结合当今时代波澜壮阔的国内形势与波谲云诡的国际时局，努力推进马克思主义基本原理同我国现实具体的发展状况相结合，同世界起伏跌宕的时代条件相结合，同中华优秀传统文化相结合，从而有力构筑中国马克思主义的学科体系、学术体系和话语体系，以发展中的马克思主义科学指导新的历史时期的新的伟大实践，实现马克思主义理论与中国实践的双向互动与双重创新。

坚持培元固本和守正创新的统一，首先就是要在对错误思潮的有力批判中维护马克思主义的整体性与科学性。马克思主义正是在同各种错误思潮的反复对比中彰显其强大的科学性，正是在和各种歪曲理论的激烈交锋中彰显其深刻的真理性，正是在社会主义革命与建设的艰难斗争过程中彰显其彻底的革命性。马克思主义自产生之日起就从未停止同各种错误思潮的交锋和斗争，深刻的理论批判性与毫不妥协的斗争精神是马克思主义学说与生俱来的理论品格，也是马克思主义能够在时代洪流中永续前进的不竭动力。社会主义百年来的革命演进和中国化马克思主义百年来的发展历程都铿锵有力地深刻证明，马克思主义始终能够坚定克服社会主义革命发展过程中的各种错误思潮所造成的世界观与方法论层面的有意歪曲和刻意扭曲，始终能够在坚持正确思想革命立场和科学前进理论导向的前提下维护马克思主义基本理论的根和魂，维护住马克思主义创新与发展的枝与叶。尽管在马克思主义数百年来的思想发展过程与革命作用过程中，从欧洲各国社会主义革命的发展演进到我国社会主义革命与建设的风雨兼程，西方资本主义生产方式下的资产阶级各派理论思潮从未停止过质疑马克思主义科学性、否认马克思主义真理性的错误声音，但百年来的社会主义革命发展过程与历史演进历程，尤其是百年来中国共产党对马克思主义的坚持与发展的成功实践都能够以不可辩驳的事实、不可否认的现实状况、不可抗拒的铁的逻辑铿锵有力、无比坚定地证明马克思主义关于人类历史发展规律揭示的科学性，证明关于共产主义必然取代资本主义引导人类历史发展潮流的真理性，证明资本主义生产方式终将被战胜的必然性，从而使得马克思主义理论，尤其是中国革命、建设、改革实践中形成的中国化马克思主义具有历久弥新、穿越时空的理论魅力、思想生命力、理论前进动力，从而成为无产阶级和最广大人民群众科学认识世界和改造世界的强大思想武器。

坚持培元固本和守正创新的统一，就要坚定维护马克思主义的真理性。马克思主义是集真理性与价值性于一体的科学世界观和方法论。理论内容的科学性、价值取向的人民性、理论特质的实践性、理论导向的开放性构成马克思主义理论体系的基本特征。马克思主义并非源自于作为创始人的马克思、恩格斯的凭空意念和主观构想，也不是如黑格尔绝对精神的逻辑演绎或者虚无主义的解构，而是深刻立足于社会实践、生动反映于时代精神、在有力批判吸收人类优秀文化成果和文明成果的坚实基础上着力生发出的思想创新和理论创造。马克思、恩格斯正是基于对以康德、黑格尔为代表的德国古典哲学，以亚当·斯密、大卫·李嘉图为代表的英国古典政治经济学，以圣西门、傅立叶、欧文为代表的法国、英国空想社会主义的批判性继承，更重要的是通过对其所处特定历史时代内在基本矛盾和主要社会问题及其现实解决方案的科学揭示，才形成由唯物论与辩证法、唯物辩证的自然观和历史观相统一的马克思主义哲学，由劳动价值论、剩余价值论内在统一其中的马克思主义政治经济学，以及"两个必然"、"两个绝不会"、资本主义生产方式的进步性和历史局限性、共产主义的基本特征内在统一其中的科学社会主义，从而构成的系统全面、整体有机的马克思主义科学理论体系。

在哲学上也即根本的世界观和方法论层面，马克思、恩格斯科学论证了实践的基础性作用与决定性意义。实践不仅在根本前提的意义上决定性地促成了物质世界向自然界与人类社会的二元分化，更是使主体能动性与受动性内在统一于生产实践活动、人与自然内在统一于物质实践活动、人类史与自然史内在统一于总体历史进程的现实基础。从而在人类思想史上第一次将唯物主义引入社会历史领域，有力祛除唯心主义在社会历史领域当中的长期主导地位，从而生动而科学地揭示了历史发展的现实本质和必然性规律，并且创立了深刻揭示自然界、人类社会和人的思维三大领域之必然性规律的科学历史观，即唯物主义历史观。

在政治经济学领域，马克思、恩格斯立足于辩证唯物主义和历史唯物主义世界观和方法论，通过将资本逻辑、资本主义生产方式以及资本主义基本矛盾内在统一于其中的资本主义基本发展规律作为理论批判中心，科学揭示了资本主义生产方式的内在运动规律及资本逻辑的运演规律，破解了资本剥削劳动实现自我增殖的秘密与内在逻辑，创立了剩余价值理论，从而完成马克思主义理论的第二大发现。

在科学社会主义方面，基于对资本主义生产方式顽瘴痼疾的深入细致分析和内在必然性的科学揭示，马克思、恩格斯科学揭示了资本主义必然灭亡、共产主义必然胜利之"两个必然"的历史规律，指出无产阶级是有力引领和根本实现全人类最终解放与无产阶级自身根本解放的主体力量，深刻指明了实现无产阶级和全人类共同解放的正确道路和根本方向。因此，马克思主义是无产阶级引导广大人民群众认识和改造世界的强大思想武器和坚实理论武器，同时也是无产阶级和广大人民群众实现自由解放的思想指引和行动指南。

坚持培元固本与守正创新的统一，就要立足于马克思主义人民至上的基本价值立场。马克思主义是无产阶级和人类解放的科学，马克思主义的价值立场归根到底就是为人类求解放、为人民谋幸福，最终实现人的自由全面发展和人类彻底解放。马克思主义的理论旨归是致力于实现无产阶级和全人类的自由解放，这一主旨贯穿于马克思主义基础理论和时代化马克思主义的全部内容，在此意义上，马克思主义也即是关于无产阶级和全人类解放的科学。尽管在人类思想史上存在以探讨人的生存发展和人的最终目标之终极实现为主题的各式思想学说和理论著述，但唯有马克思主义是以实现人的自由全面发展和人类解放为思想核心和最终归宿。马克思主义在哲学高度、政治经济学深度和科学社会主义现实维度上，对无产阶级和全人类共同解放的必然性规律进行了科学揭示，深刻指明了以社会主义公有制取代资本主义私有制，以社会主义生产方式取代资本主义生产方式，以社会主义共有逻辑取代资本主义私有逻辑，以全人类共同发展取代思想与物质意义上的两极分化，以城乡统一、工农统一、脑力与体力劳动的统一取代城市与乡村对立、工人与农民对立、脑力劳动与体力劳动的对立而最终实现共产主义这一人类社会未来发展的根本方向和道路。

坚持培元固本和守正创新的统一，就要最终落脚于着力推进马克思主义中国化时代化。一部百年来的中国共产党史，就是一部中国共产党团结带领全国各族人民把马克思主义基本原理同中国具体实际相结合，不断推进马克思主义中国化时代化的历史，就是一部运用中国化时代化的马克思主义理论着力解决中国社会主义现代化发展进程中的现实问题，从而着力实现国家强盛、民族复兴、人民幸福的历史。马克思主义激活了古老中华文明，使中华民族伟大复兴成为不可逆转的发展趋势。

着力推进马克思主义中国化时代化，就要坚定马克思主义行这一理论信念。随着中国特色社会主义进入新时代、社会主义现代化强国建设迈上新征程，中国共产党更加强调要在党员干部队伍内部加强自身的理论素养和政治素质的培养，强调对马克思主义经典著作的研读与学习，始终强调马克思主义的真理性、价值性和科学性，强调全党上下要一如既往坚定对马克思主义的信仰，一如既往地加强自身的马克思主义理论素养，一如既往地巩固自身的马克思主义思想素质，坚持不懈、持之以恒对马克思主义经典理论的深入研究与系统吸收，并在社会主义现代化建设的实践过程中灵活加以运用和有机加以发展。中国共产党百年来波澜壮阔的奋斗实践历史充分证明，"马克思主义的科学性和真理性在中国得到充分检验，马克思主义的人民性和实践性在中国得到充分贯彻，马克思主义的开放性和时代性在中国得到充分彰显"①。百年来中国共产党在社会主义现代化建设的持续奋进以及中国特色社会主义伟大事业的持续开拓中所取得的举世瞩目、彪炳史册的伟大成就，无疑正是马克思主义行、中国化时代化的马克思主义行的深刻表征，无疑正是中国化时代化的马克思主义行的有力证明。以马克思主义为根本理论指导中国特色社会主义事业始终保持繁荣发展这一现实呈现，以中国化时代化马克思主义为根本思想指引的中国特色社会主义实践始终保持蓬勃生机的这一坚定事实，有力地诠释了马克思主义行、中国化时代化的马克思主义行这一命题的真理性。

质言之，百年来中国化时代化马克思主义坚强指导我国社会主义现代化建设的长期发展历程，也正是其引领中国人民从满目疮痍中站起来，从百废待兴中富起来，从全新征程中强起来的实现过程。中华民族正是在马克思主义基本原理这一根本理论基础的不断巩固中，正是在中国化时代化马克思主义这一根本思想指导的科学引领中，坚强有力地开辟出了一条通向社会主义现代化伟大事业、通向人的自由全面发展和全人类共同发展之共产主义终极目标的光明道路。回首我国社会主义革命、建设、改革开放以及新时代各个历史时期所取得的巨大成就，马克思主义基本原理的根本指导作用，以及中国化时代化马克思主义的先进指导和强大引领作用可以说有其深刻的必然性，其所彰显出的人民至上的鲜明价值取向，实践创新的显著行为导向同样也可以说起到了至关重要的巨大正向引导作用。

首先，马克思主义是人民的理论。马克思在批判黑格尔思辨哲学时曾经明确提出，理论一旦被群众所深刻掌握，就会变成强大的物质力量。理论只要能够充分说服人，就能充分为群众所掌握，而理论只有充分彰显自

---

① 《中共中央关于党的百年奋斗重大成就和历史经验的决议》，人民出版社 2021 年版，第 63 页。

身的彻底性，就能切切实实地说服人。"所谓彻底，就是抓住事物的根本。而人的根本就是人本身。"①马克思在这里道出了一条关于理论如何实现同群众的密切结合，如何深入体现事物的必然性本质，如何在自然界、人类社会、人的思维三大领域内在统一的意义上实现对事物的根本，实现对人的根本的有力贯彻这一深刻真理，即理论只有回应人民现实关切面向实践问题，才可能得到人民真切拥护进而在人民内化于心外化于行的过程中展现改变现实的力量证明自身的真理性。马克思主义作为始终坚持人民群众这一根本政治立场的科学理论，作为始终为最广大人民群众的幸福而不懈奋斗的正确理论，正是在其具体的应用过程中生动体现自身和群众的有机统一和密切结合，从而在社会主义革命演进中生动彰显其鲜明科学性和有力指导性。

其次，马克思主义是实践的理论。马克思首先是革命家，集革命家和理论家于一身的双重身份决定了马克思主义从来就不是纯粹的"书斋哲学"，而是始终致力于改变世界的"实践哲学"。关注无产阶级的生存状态和人类的前途命运，揭示无产阶级革命运动的规律和发展趋势，指引实现无产阶级和全人类解放的正确道路，是马克思主义的历史使命和理论旨归。实践的观点之所以构成马克思主义之最为首要、最为基本的观点，正是由于马克思主义始终坚持自身理论的问题意识，正是由于马克思主义始终贯彻自身理论的现实导向，正是由于马克思主义始终明确自身理论的具体应用，才能在社会主义革命的历史发展进程中始终闪耀出深刻的真理性、鲜明的科学性、强大的生命力。

再次，马克思主义是创新的理论。马克思主义在其发展过程中始终牢牢贯彻守正创新这一根本理论原则，这既包括理论内容的守正创新，也包括话语体系的守正创新。马克思主义的话语孕育于人民群众的丰富实践

---

① 《马克思恩格斯选集》第 1 卷，人民出版社 2012 年版，第 10 页。

中，运用人民群众耳熟能详、喜闻乐见的生动话语，在和人民群众的密切结合中，在和现实状况的紧密衔接中不断增强马克思主义在人民群众中的吸引力、影响力和引领力，不断增强在现实演进中的生命力和内在动力，并且马克思主义还能够根据历史条件和时代变化对自身进行有机话语创新和灵活话语创造，是中国共产党人进行意识形态建设的基本经验。可以说，中国共产党在坚持马克思主义基本原理的前提下，始终立足于时代主题的不断变化和人民群众的实际需要，注重马克思主义中国化的内容、方法和社会主要矛盾的变化，在持续不懈地巩固马克思主义基本原理这一根本理论基础的前提下，坚持不断推进中国化时代化马克思主义的创新发展和创新运用，从而有力巩固了马克思主义意识形态话语体系。马克思主义的核心内涵以及中国化时代化马克思主义的本质要求，始终在于把马克思主义的普遍真理融入进中国的具体实际和时代特征中，从而实现马克思主义基础理论和中国现实具体国情以及实际发展状况的有机统一。

中国特色社会主义进入新时代，中华民族站在新的历史起点，面对新的历史任务，迎接新的历史使命，始终坚持人民立场这一马克思主义的根本立场，始终坚持理论与实践、主观与客观有机统一和内在结合这一鲜明特质，始终坚持将马克思主义基础理论同我国现实具体状况实现紧密衔接和有机结合，从而在我国社会主义现代化建设的具体历史进程中能够充分发扬马克思主义的强大生命力和有机活力，充分发挥马克思主义对我国社会主义现代化事业的科学指导意义和根本引领作用，从而使作为马克思主义创新发展之最新伟大成果的中国化时代化马克思主义在 21 世纪有力彰显其深刻的真理性、深远的革命性和深入的科学性。党的十八大以来，在马克思主义同我国最广大人民群众的现实具体状况实现有机结合的具体实践过程中，习近平总书记在新时代推进社会主义现代化国家建设的现实发展进程中，发挥了领导核心和中流砥柱的历史作用。习近平总书记能够充分运用通俗易懂的文字，反映新时代中国特色社会主义建设规律、社会主义现代化建设规律、马克思主义执政党建设规律，拉近与人民群众的距离。用"人民对美好生活的向往就是我们的奋斗目标""中国梦""以人民为中心""江山就是人民""绿水青山就是金山银山"等简洁明快、通俗易懂、生动诙谐的深刻话语，彰显"以人民为中心"这一我国现代化进程中始终坚持贯彻的鲜明价值理念。从而使抽象的理论经过更容易理解的话语表达更能为人民群众所认同和接受，从而有力实现了马克思主义意识形态话语的凝聚作用和引领功能。

此外，中国共产党人还能够充分发挥现代科学技术在中国化时代化马克思主义发展与运行过程中的载体作用，能够积极运用互联网等现代信息技术的发展和自媒体等新媒体技术，充分弘扬我国五千年优秀悠久传统历史文化、有力宣传我国近百年来实现马克思主义基本原理同我国现实革命状况相结合的革命文化、持续发展在马克思主义基础理论和我国社会主义现代化建设具体历史发展状况有机统一中现实生发出的社会主义先进文化，从而能够通过新媒体把马克思主义理论，把社会主义意识形态的生动话语有效融入进人民群众的日常生活，从而有力推动我国社会主义意识形态入耳、入脑、入心，有力推进我国社会主义意识形态在持续扎根于最广大人民群众的现实状况之中内化于心、外化于行。

实现马克思主义基本原理同中华优秀传统文化相结合，同我国现实具体状况相结合，同我国时代特征相结合，既是中国化时代化马克思主义稳中有进地推动马克思主义理论体系与话语体系创新，以及社会主义意识形态建设的基本经验，也是中国共产党人百年来的社会主义伟大奋斗取得重大历史成就的成功之道。改革开放40多年以来，中国共产党人坚持马克思主义基本原理不动摇，持之以恒推进马克思主义理论创新与话语创新。邓小平同志站在我国社会主义现代化建设的新的历史起点上，围绕我国社会主义现代化建设的新的历史特征和新的时代状况，紧紧结合社会主义的性质与建设问题，科学构建了中国特色社会主义意识形态的理论体系与话语体系，从而肩负起全新的马克思主义中国化时代化的理论历史任务而重新出发，成功开创了中国特色社会主义的历史新局面。江泽民同志面对我国社会主义意识形态急需有力巩固的紧迫历史局面，深入强调与时俱进这一马克思主义的优秀理论品质，着力突出马克思主义的理论与话语创新，深刻强调我们中国共产党的一切思想理论工作都应从始终围绕中国的现实具体实际来坚持和发展马克思主义，使中国化马克思主义理论鲜明体现时代性、有力把握规律性、充分体现创造性，从而成功把中国特色社会主义推向 21 世纪。胡锦涛同志站在新世纪这一全新历史起点，围绕新世纪所面临的新情况新问题，科学指出应进一步深刻强调马克思主义的鲜明立场、理论观点，在新世纪进一步牢牢坚持和持续发展马克思主义世界观与方法论，并以其正确指导我国哲学社会科学研究和学科建设，在新的历史时期进一步巩固了马克思主义的理论根基和思想引领，从而成功在新形势下坚持和发展了中国特色社会主义。中国特色社会主义进入新时代，面对复杂多变的国内形势和波谲云诡的国际状况，习近平同志强调意识形态工作是党的一项极端重要的工作，强调新时代要牢固树立新发展理念，稳步立足新发展阶段，有力把握新发展格局，深刻破解新发展难题，从而着眼于新时代新阶段下我国社会之主要矛盾的新变化，深刻总结了马克思主义中国化时代化的发展规律和历史经验，创立习近平新时代中国特色社会主义思想，开创了中国特色社会主义新时代。正是在对马克思主义不懈坚持中，正是在中国化时代化马克思主义的持续发展中，中国共产党人持之以恒做到培元固本、守正创新，始终能够不忘初心、牢记使命，牢牢守住辩证唯物主义和历史唯物主义这一科学世界观与方法论基础，矢志不渝站稳最广大人民群众这一根本价值立场，坚定不移胸怀民族复兴和共产主义最高理想和远大目标，在统筹中华民族伟大复兴战略全局和世界百年未有之大变局中增强历史自信，把握历史主动，在坚持马克思主义基本原理前提下不断推进马克思主义中国化时代化，从而有力保证马克思主义意识形态建设的正确发展方向和科学发展路径。

二、实现理论创新与实践创新的良性互动

确立问题意识是推进马克思主义理论创新的理论前提，中国马克思主义理论创新的过程，从本质上来说就是中国共产党人从中国革命、建设、改革的实践过程中发现问题、分析问题、解决问题的过程，并且在运用马克思主义基本原理解决中国具体实际问题中丰富和发展马克思主义理论的过程。中国共产党人与时俱进地发展马克思主义的基本原则和本质要求，就是要回答中国之问、世界之问、人民之问、时代之问，从而实现马克思主义理论与中国社会主义实践的良性互动与双重创新。我国改革开放的历史时空展开与纵深推进缘起于实践问题倒逼，中国化时代化马克思主义的理论创新与发展同样是问题倒逼。所谓"问题"就是矛盾，包括理论与现实之间的矛盾、理论内部的矛盾，以及理论之间的矛盾。只有将实践中的矛盾上升为理论上的矛盾，把实践问题上升为理论问题，通过实践问题倒逼理论创新，通过理论创新推动实践矛盾和问题的解决，才能真正实现马克思主义变革世界的功能。对此恩格斯指出："我们的理论是发展着的理论，而不是必须背得烂熟并机械地加以重复的教条。"① 马克思主义并没有穷尽真理，而是开辟了通向真理发展的道路。只有持之以恒在实践基础上着力推动理论创新，坚持不懈围绕现实存在的问题着力实现实践同理论的良性互动与双向创新，才能深入贯彻与落实新时代背景下牢牢坚持马克思主义，着力发展中国化时代化马克思主义的本质要求。

中国共产党十分重视把马克思主义基本原理与中国具体实际和时代特

---

① 《马克思恩格斯文集》第 10 卷，人民出版社 2009 年版，第 562 页。

征相结合，用马克思主义的立场、观点、方法研究和解决中国革命、建设、改革开放过程中的实际问题，坚决破除经验主义和各种教条主义的迷信，努力推动马克思主义中国化时代化，既在实践中形成马克思主义中国化的最新理论成果、丰富和发展马克思主义理论宝库，又用发展着的鲜活马克思主义指导新的实践。毛泽东曾经指出："我们党里有人说，学哲学只要读《反杜林论》、《唯物主义和经验批判主义》就够了，其他的书可以不必读。这种观点是错的。马克思这些老祖宗的书，必须读，他们的基本原理必须遵守，这是第一。但是，任何国家的共产党，任何国家的思想界，都要创造新的理论，写出新的著作，产生自己的理论家，来为当前的政治服务，单靠老祖宗是不行的。只有马克思和恩格斯，没有列宁，不写出《两个策略》等著作，就不能解决一九〇五年和以后出现的新问题。单有一九〇八年的《唯物主义和经验批判主义》，还不足以对付十月革命前后发生的新问题。适应这个时期革命的需要，列宁就写了《帝国主义论》、《国家与革命》等著作。列宁死了，又需要斯大林写出《论列宁主义基础》和《论列宁主义的几个问题》这样的著作，来对付反对派，保卫列宁主义。我们在第二次国内战争末期和抗战初期写了《实践论》、《矛盾论》，这些都是适应于当时的需要而不能不写的。现在，我们已经进入社会主义时代，出现了一系列的新问题，如果单有《实践论》、《矛盾论》，不适应新的需要，写出新的著作，形成新的理论，也是不行的。"①邓小平强调："绝不能要求马克思为解决他去世之后上百年、几百年所产生的问题提供现成答案。列宁同样也不能承担为他去世以后五十年、一百年所产生的问题提供现成答案的任务。真正的马克思列宁主义者必须根据现在的情况，认识、继承和发展马克思列宁主义。"②"不以新的思想、观点

---

① 《毛泽东文集》第 8 卷，人民出版社 1999 年版，第 109 页。
② 《邓小平文选》第 3 卷，人民出版社 1993 年版，第 291 页。

去继承、发展马克思主义，不是真正的马克思主义者。"① 江泽民提出"马克思主义具有与时俱进的理论品质"，并且在党的十六大报告中强调"与时俱进"就是党的全部理论和工作要"体现时代性，把握规律性，富于创造性"。② 胡锦涛指出："马克思主义只有与本国国情相结合、与时代发展同进步、与人民群众共命运，才能焕发出强大的生命力、创造力、感召力。"③ 习近平总书记强调指出："马克思主义是随着时代、实践、科学发展而不断发展的开放的理论体系，它并没有结束真理，而是开辟了通向真理的道路。""如果不顾历史条件和现实情况变化，拘泥于马克思主义经典作家在特定历史条件下、针对具体情况作出的某些个别论断和具体行动纲领，我们就会因为思想脱离实际而不能顺利前进，甚至发生失误。"④ 强调新时代新征程坚持和发展马克思主义必须"科学回答中国之问、世界之问、人民之问、时代之问"⑤。

党的十八大以来，以习近平同志为核心的党中央推进中国特色社会主义进入历史新时代，统筹推进中华民族伟大复兴战略全局和当今世界百年未有之大变局，紧紧围绕"新时代坚持和发展什么样的中国特色社会主义、怎样坚持和发展中国特色社会主义，建设什么样的社会主义现代化强国、怎样建设社会主义现代化强国，建设什么样的长期执政的马克思主义政党、怎样建设长期执政的马克思主义政党等重大时代课题，提出了一系列原创性的治国理政新理念新思想新战略"⑥，有力深化了对中国共产党百年来的执政历史规律、我国百年来的社会主义现代化建设历史规律以及人

① 《邓小平文选》第3卷，人民出版社1993年版，第292页。
② 《十六大以来重要文献选编》（上），中央文献出版社2005年版，第9页。
③ 《十七大以来重要文献选编》（上），中央文献出版社2009年版，第9页。
④ 习近平：《在哲学社会科学工作座谈会上的讲话》，人民出版社2016年版，第13页。
⑤ 《习近平谈治国理政》第4卷，外文出版社2022年版，第30页。
⑥ 《中共中央关于党的百年奋斗重大成就和历史经验的决议》，人民出版社2021年版，第25—26页。

类社会发展规律的深刻认识，并将这一系列思想认识充分贯彻落实至我国社会主义现代化建设的具体实践当中，从而为我国中国化时代化马克思主义的理论创新取得了一系列重大的原创性理论成果，形成了习近平新时代中国特色社会主义思想，开辟了当代中国马克思主义发展与创新的全新境界。"习近平新时代中国特色社会主义思想是当代中国马克思主义、二十一世纪马克思主义，是中华文化和中国精神的时代精华，实现了马克思主义中国化新的飞跃"①，是坚持和发展中国特色社会主义必须长期坚持的指导思想和行动指南。

从理论创新层面来看，以习近平同志为主要代表的中国共产党人立足新时代、新阶段、新征程的时代背景和实践基础，紧紧围绕中国特色社会主义的始终坚持与稳步发展、社会主义现代化强国的着力建设、马克思主义政党执政根基与执政稳定性的不断巩固等重大时代课题进行开创性的理论发展，从治国理政方略与措施的角度出发提出一系列具有高度原创性、深远历史性、强烈时代性的新理念新思想新战略，从而深入阐发了新时代背景下如何坚持马克思主义基础理论，如何巩固和发展中国化时代化马克思主义的理论内涵，深刻彰显继承和发展经典马克思主义，坚持和创新中国化时代化马克思主义的历史意义与时代特性。具体而言主要体现在以下方面：

第一，提出实现中华民族伟大复兴中国梦的重要论述。"中国梦"思想一方面分别从国家、民族与人民三大视域深刻回答了民族复兴之中国梦想的基本内涵与本质特征，另一方面也从中国道路、中国精神、中国力量三个层面鲜明指出中国梦的实现路径与实践要求。这深刻表征着中国梦作为"修身""齐家""治国"之相互积极影响的形象表达，是个人幸福、国

---

① 《中共中央关于党的百年奋斗重大成就和历史经验的决议》，人民出版社 2021 年版，第 26 页。

家富强、世界大同的内在统一。它不仅是中国人民对个人自我实现和国家共同实现之结合的强烈愿望，从而实现了个人价值、社会价值与国家意志的高度一致。较之虚伪包装之下暗藏露骨的贫富差距与物质不均的资本主义生产方式下的美国梦，中国梦更能够体现世界人民的共同利益，也更加平易近人、与地气相接，从而更有利于在广大人民群众之中、在国际范围内广泛传播，从而实现国内与国际、民族与世界的有机融合和有效衔接。

第二，提出以中国式现代化全面推进中华民族伟大复兴的重要思想。中国作为一个拥有五千年悠久历史文明的、十四亿人口的、社会物质与精神根基并不富足与深厚的东方大国，对于什么是中国式的现代化道路，怎样走好中国式的现代化道路，都没有现成的经验和答案可以吸取与利用。立足于总体历史视域来看我国社会主义现代化的发展进程，较之于西方资本主义国家从工业化到农业现代化，从城镇化到信息化的横向意义上的、线性的、"串联式"的发展历程截然不同，我国要想在较短的时间内实现中等发达国家的阶段性目标，则我们的社会主义现代化发展模式必然是"四化"（即工业化、城镇化、农业现代化、信息化）同步交织的"并联式发展"发展。习近平总书记在党的二十大报告中指出："中国式现代化，是中国共产党领导的社会主义现代化，既有各国现代化的共同特征，更有基于自己国情的中国特色。"① 这就意味着我国的现代化模式既要建立在现代化发展的共性意义上吸取西方现代化的共通性特征，更要对西方以资本逻辑为核心的现代化模式进行解构、批判和超越，并基于我们自身的现实具体国情进行现代化模式的重新建构，从而立足于马克思主义经典作家对社会主义未来发展的科学预见的基础上，实现对西方资本主义现代性的历史性批判与整体性超越，从而生动而鲜活地刻画出中国化时代化马克思主

---

① 习近平：《高举中国特色社会主义伟大旗帜　为全面建设社会主义现代化国家而团结奋斗——在中国共产党第二十次全国代表大会上的报告》，人民出版社 2022 年版，第 22 页。

义理论之下的中国式现代化发展的全新篇章。

第三，提出精准扶贫、精准脱贫的基本方略。结合我国人口基数庞大的现实基础和我国贫困人口数量巨大这一现实具体国情来看，如何从根本上解决贫困问题，是我们中华民族实现民族复兴历史伟业必须着力解决与根治的历史性问题。"消除贫困、改善民生、逐步实现共同富裕，是社会主义的本质要求，是我们党的重要使命。"[1]以习近平同志为核心的党中央紧紧把握住在我国脱贫攻坚发展历程中所呈现出的鲜明特点，统筹城乡协调发展，开创性地提出了精准扶贫、精准脱贫的基本方略，从而立足于马克思主义反贫困思想为解决脱贫攻坚这一我国现代化发展进程中的历史性难题提供了科学的世界观与方法论，并历史性地实现我国绝对贫困问题的根本性解决，既在人类减贫史上创造出了彪炳史册的伟大奇迹，也为结束这一苦难历史创造了空前的原创性实践贡献。

第四，提出"绿色青山就是金山银山"的价值理念。习近平总书记从马克思主义自然观中人与自然共生性关系这一本质作用内涵以及人与自然和谐统一这一终极导向出发，一方面从物质观的意义上深刻阐释了自然界构成人得以现实生成的先在性前提与人实现发展与演化的物质性基础，另一方面从唯物辩证法视域深入阐发了人与自然之间的对象性交互作用关系，从而鲜明指出自然界对人的基础性意义和人类尊重、顺应与保护自然对人与自然关系和谐发展的深远影响，并立足于我国当下现代化的发展进程，将主体能动性与受动性之间对立统一关系、人与自然之间的共同生命体关系融入进我国"五位一体"整体发展的历史进程，通过借用绿水青山与金山银山之间辩证关系的形象表达，鲜明表征了生态文明建设与经济发展之间的协调作用关系，指出应在现代化发展进程中始终牢记人与自然的和谐共生，始终坚持生态建设与经济发展之间的协调统一，因此既从经济

---

[1] 《十八大以来重要文献选编》（下），中央文献出版社 2018 年版，第 31 页。

层面树立了发展方式的绿色转向，又从生态文明层面阐释了绿色资源的合理与高效利用，既是对马克思主义经典作家人与自然关系思想的继承与发展，也实现了对西方现代化发展过程中主体性无度扩张的破坏性、短视性、盲目性经济发展模式的扬弃与超越，立足社会主义现代化发展模式中人的自由全面发展的现代化之价值取向，实现了经济发展与生态保护之间的协调。

第五，提出中国共产党"自我革命"思想。中国共产党之所以构成中国式现代化的领导核心，正在于其始终坚持自我革命的扬弃式发展。无论是自然界、人类社会还是人自身，只有首先解决了内在矛盾，才能根本实现发展方向的前进与上升。凭借壮士断腕的勇气和坚持不懈的精神始终进行自我革命，是中国共产党人最鲜明的品格，也是中国共产党人最大的政治优势。新中国成立前夕，毛泽东和黄炎培在延安的窑洞对，点明了"其兴也勃焉，其亡也忽焉"之历史周期率的第一个出路，那就是人民民主、人民监督。如今，在历经百年现代化奋斗历程的今天，以习近平同志为核心的党中央给出了跳出历史周期率的第二个答案，那就是中国共产党人持续推进党的自我革命。从建党初期纠正党内的"左"、右错误，到反"围剿"时期反对"左"倾冒险主义，到长征后期纠正"左"倾教条主义，到延安时期整风运动清算党内的宗派主义、主观主义、党八股，再到解放初期的反浪费、反贪污、反官僚主义运动，最后到党的十八大以来党中央将全面从严治党纳入"四个全面"战略布局，以前所未有的勇气和定力持续推进党风廉政建设和反腐败斗争，从总体上突出强调党的全面领导，从思想上突出强调精神建党，牢固树立坚定的理想信念，从体制机制上要求持之以恒加强全面从严治党等等。正是凭借着刮骨疗毒、刀刃向内的勇气与决心，中国共产党才能始终保持党的先进性和纯洁性，确保党内具有强大战斗力和旺盛生命力。也正是在一次又一次的自我革命之中，我们党才能在马克思主义执政党建设思想的深入吸收与合理继承中带领中国人民，带领社会主义现代化事业走出危机，推动全面建设社会主义现代化事业阔步前行。

第六，提出推动构建人类命运共同体的重要论述。习近平总书记从当今世界社会主义与资本主义交流交融交锋、中华民族伟大复兴战略全局和世界百年未有之大变局同步交织相互激荡的历史境遇和战略高度，提出"全人类共同价值""推动构建人类命运共同体"等重要思想。其中和平、发展、公平、正义、民主、自由生动反映了当今世界全人类共同命运背景下人为实现自由而全面发展的共性追求。较之于西方资本主义国家一直以来卖力宣传的所谓"普世价值"，全人类共同价值无论是从价值主体的目的实现、主体内容的理论意蕴与本质特征以及终极目标之实践导向等方面，都是基于全人类的共同需求之上的。全人类共同价值基于马克思主义对人的自由全面发展与共产主义的终极社会图景实现了对西方资本主义"普世价值"的克服与超越和对马克思主义经典作家所阐述的无产阶级解放学说的创造性发展。构建人类命运共同体的价值理念不仅同全世界人类的共同命运与整体利益追求高度契合，更代表着全人类互帮互助、构建美好家园的最大公约数，从而生动反映了一种基于历史背景与当今时代条件所得出的新型国际关系状态，即从哲学世界观与方法论的意义出发而兴盛的人类之"关系存在"，是符合当今世界全人类共同价值标准的一种新型世界历史观，从而为不同社会形态的国家找到了能够实现大同之交往的全新答案。

此外，以习近平同志为主要代表的中国共产党人还提出培育和践行社会主义核心价值观、"五位一体"总体布局、"四个全面"战略布局、供给侧结构性改革、新发展理念、高质量发展、全过程人民民主、社会主义法治体系、乡村振兴、平安中国建设、强军思想、推动构建人类命运共同体等一系列新理念、新思想、新战略，从而站在新时代的广阔历史背景下极大地巩固和扎实了马克思主义经典理论，在波谲云诡的国际形势和复杂多变的国内形势下极大地丰富和发展了中国化与时代化的马克思主义理论。

概而论之，自党的十八大以来中国特色社会主义进入新的历史时代、新的历史阶段与新的历史起点以来，以习近平同志为核心的党中央凭借着巨大的政治勇气、强烈的责任担当和高度的历史主动性，持之以恒推进理论创新与实践创新的良性互动，坚持不懈在我国社会主义现代化建设的具体实践中推动马克思主义的理论创新与实践应用，从而为当代中国的马克思主义树立了新的历史出发点，为二十一世纪的马克思主义揭开了新的历史篇章，实现了同马克思主义基本原理与中国实际新的有机结合和原创性发展，开辟了马克思主义中国化时代化的新境界，谱写了马克思主义中国化时代化的历史新篇章。

三、理论创新与理论武装相结合

理论创新每前进一步，理论武装就跟进一步。170 多年马克思主义历史发展进程，既深刻体现了马克思主义经典作家的思想延展与历史延伸，也体现了马克思主义经典思想在无产阶级革命运动之中的传播与实践，更强烈彰显了马克思主义对世界范围内最广大人民群众的理论渲染与教育之路。在 19 世纪 40 年代马克思主义创立之初，马克思、恩格斯便强烈意识到对无产阶级及最广大革命群众的思想教育与理论武装的重要意义与深远影响，马克思、恩格斯强调："理论在一个国家实现的程度，总是取决于理论满足这个国家的需要的程度。"[1]"批判的武器当然不能代替武器的批判，物质力量只能用物质力量来摧毁；但是理论一经掌握群众，也会变成物质力量。"[2]列宁在无产阶级革命实践与社会主义建设初期，同样多次强

---

[1] 《马克思恩格斯选集》第 1 卷，人民出版社 2012 年版，第 11 页。
[2] 《马克思恩格斯选集》第 1 卷，人民出版社 2012 年版，第 9 页。

调在无产阶级政党以及广大革命群众范围内积极从事马克思主义理论学习和社会主义思想教化的重要作用。他强调，将政治自觉性和社会主义思想在无产阶级群众队伍中进行有效灌输与合理输出，进而实现同自发工人运动有着紧密联系的革命政党的有力组织，是作为领导核心的俄国社会民主党应完成的首要任务，从而鲜明指出了以理论创新和理论武装相结合来着力解决马克思主义理论同俄国具体实际相结合这一重大问题。

有效推进马克思主义中国化时代化，在于完成理论创新与理论武装的有机结合，合理实现马克思主义理论与时代创新的首要方法论原则，同样在于实现理论创新与理论武装的交融式发展。马克思、恩格斯在《共产党宣言》中谈到马克思主义理论的终极目的时指出，该理论的最终意义，是为了实现现实世界的根本性变革与革命性变化，从而最终实现无产阶级以及全人类共同体的完全解放。马克思进一步指出，哲学既要在理论应用的过程中将无产阶级当作自身的物质武器，无产阶级也要在革命实践的过程中将哲学视为自身的精神武器。对此列宁也特别强调，只有先在革命运动中生产说服与教育人的理论，才会进一步拥有从事具体革命的现实运动。应从事物的根本性质出发，彻底实现对人的思想与理论教育，这样才能实现对人的根本教化，才能根本掌握人民大众。脱离了客观实际的理论便不称其为理论，脱离了人民群众之现实利益的理论更不可能称其为真正的理论，那将只能停留在思想徘徊之阶段而永远无法从事实际运用。正如马克思指出的："人们为之奋斗的一切，都同他们的利益有关"①。"'思想'一旦离开'利益'，就一定会使自己出丑。"② 这就意味着我们党在社会主义现代化建设中开展理论工作，必须始终围绕最广大人民群众的根本利益和现实利益来展开，始终使中国化时代化马克思主义理论生发于人民群众的具

---

① 《马克思恩格斯全集》第 1 卷，人民出版社 1995 年版，第 187 页。
② 《马克思恩格斯文集》第 1 卷，人民出版社 2009 年版，第 286 页。

体实践，始终使中国化时代化马克思主义理论落脚于维护和实现人民群众的现实利益，解决人民群众急难愁盼的问题。从而牢牢把握住马克思主义理论武装与理论创新的人民群众这一根本政治立场。

中国共产党人在从事革命、建设与改革的百年历程中，正是由于始终牢记要深刻重视理论创新与理论武装的有机统一，才能带领我国社会主义现代化取得一个又一个彪炳史册的伟大成就，才能引领中国特色社会主义一路开疆拓土、不断开辟新的历史阶段和新的境界。回望百年来中国共产党的历史，作为党内从事和进行马克思主义集中实践教育活动的典范，延安整风在施行的过程中不仅有效地完成了预期任务，也在毛泽东思想的坚强引领下全党达到了空前的团结与统一，从而为夺取抗日战争和解放战争的伟大胜利奠定了坚实的基础。中国共产党在建设和发展社会主义现代化的过程中，积极组织和有效积聚广大党员和干部群众深入学习马克思主义的一系列经典理论与思想，深入贯彻作为中国化时代化马克思主义的中国特色社会主义的一系列代表性思想，在党内开展了如"五讲四美三热爱"教育、"三讲"教育、"科学发展观"教育、"保持党的先进性"教育、"三严三实"教育、"两学一做"教育、"不忘初心、牢记使命"教育、"学习贯彻习近平新时代中国特色社会主义思想主题"教育等一系列具有高度历史主动性、科学性与先进性的教育实践活动，提高理论学习、应用与实践贯彻的这一系列过程的有力实施，广大党员干部群众的思想理论水平与认识和改造世界的能力得到了空前提高。正如毛泽东所指出，各级党内领导干部都应时刻牢记理论与实践的密切有机结合是中国共产党人明显区别于其他政党的鲜明标志与显著特征。在全党开展伟大的政治斗争的核心环节，正是进行思想理论教育的有力开展。只有有效与合理完成了这一重大任务，才能有力实现党内一切政治任务的合理解决。

中国共产党引领全国各族人民共同迈向社会主义现代化建设的新时期与新阶段，面对新的历史任务，扛起新的历史使命，步入新的历史时期，无一不需要新思想的科学指引与理论武装。全党全国各族人民共同实现"两个一百年"奋斗目标与民族复兴的历史伟业，统揽"四个伟大"，完成中国特色社会主义的伟大胜利这一历史使命与任务，都必须时刻牢记运用新思想来武装全党、教育广大人民和开展具体实践工作。要从思想上、政治上和行动上时时刻刻树立起同党中央保持从言行到具体工作展开的高度一致的自觉性，牢固树立"四个意识"，将新思想合理而有效地转化为以中国化时代化的马克思主义世界观与方法论认识和改造世界的强大物质力量和精神武器。

党的十八大以来，以习近平同志为主要代表的中国共产党人高度重视理论创新与理论武装工作，通过理论创新形成马克思主义中国化时代化的最新理论成果——习近平新时代中国特色社会主义思想，又通过学习贯彻习近平新时代中国特色社会主义思想主题教育活动，用马克思主义中国化时代化最新理论成果武装全党、教育人民、推进工作，既通过扎扎实实地推进理论创新成果指导实践，使得理论创新成果落地生根，又通过人民群众的生动社会实践检验创新理论，丰富、发展和完善创新理论成果，从而实现新时代中国化时代化马克思主义的理论创新和中国特色社会主义的实践创新。

第一，新时代理论武装的重大意义在于，有助于我们党更具实效、更具力量地完成这一时代赋予我们的伟大历史使命，更加深刻地增强带领最广大人民群众建设社会主义现代化事业的凝聚力与向心力。中国共产党百年实践奋斗取得重大成就和历史经验告诉我们，"中国共产党为什么能，中国特色社会主义为什么好，归根到底是马克思主义行，是中国化时代化的马克思主义行"①。高度重视理论创新和理论武装是中国共产党百年奋斗

① 习近平：《高举中国特色社会主义伟大旗帜　为全面建设社会主义现代化国家而团结奋斗——在中国共产党第二十次全国代表大会上的报告》，人民出版社2022年版，第16页。

取得重大成就的基本经验，在中国革命、建设、改革的历史过程中，中国共产党人通过理论创新和理论武装，日渐成为更加成熟、更经得起风雨考验的马克思主义执政党。拥有马克思主义科学理论指导并且始终坚持马克思主义同中国具体实际和中华优秀传统文化相结合，是我们党坚定信仰信念、把握历史主动的根本之所在。只有持之以恒推进马克思主义基本原理同中华优秀传统文化相结合，同我国社会主义现代化建设的具体实际状况相结合，才能更加坚定中国化时代化的马克思主义这一坚强思想指引，从而有力实现党和国家事业发展的全面推进。

对理论创新与理论武装有机结合的高度重视，来源于对我们党百年来重大历史成就和实践经验的深刻总结与高度凝练，来源于我们党对社会主义革命、建设与改革历史经验的系统反思和科学总结，更来源于我们党对马克思主义中国化时代化历史规律性的科学把握与正确认知。中国共产党在百年来奋斗的历史进程中，始终坚持理论与实践的双向互动和双重创新，对于推进中国革命、建设、改革事业发展起到重大作用，从而使马克思主义理论深深扎根于中国实践，作用于广大人民群众的思想意识与行为指导过程中，从而使中国共产党在中国革命、建设、改革的实践过程中能够披坚执锐、乘风破浪，取得一个又一个举世瞩目的伟大成就。

马克思主义中国化时代化的历程不是从概念到概念的逻辑推演过程，而是一个同党的革命奋斗实践历程紧密联系在一起的理论创新和理论创造的过程。在中国马克思主义发展史上，有两种对待马克思主义的错误倾向：一种倾向是教条主义，不是从实际出发去创新发展马克思主义理论，而是固守马克思主义经典作家的个别观点、具体结论和行动纲领，一切照抄本本，照搬教条，理论脱离实际；另一种倾向则是经验主义，表现为满足于过往经验，忽视实际的新变化，轻视科学理论的指导作用，要么不重视马克思主义具有普遍指导意义的真理性内容，要么简单把马克思主义视为外来理论而加以无视。这两种倾向本质上都属于对待马克思主义的主观主义，事实证明是有害于中国的革命事业。正如毛泽东同志早在革命胜利前夕深刻指出的，党的历史上曾经存在过不止一种马克思主义，但是我们应当遵循的是"活的马克思主义"。回顾党的百年奋斗历程，特别是基于用马克思主义指导中国革命事业来看，这里的"活的马克思主义"实际所指的正是经过中国化和时代化的因而被赋予全新生命力的马克思主义。

中国共产党能够在马克思主义中国化时代化的持续推进中着力实现理论创新与理论武装的有机结合，究其根源还是在于马克思主义经典作家所构成的坚实理论根基以及中国化时代化的马克思主义所构成的科学理论指引。在建党一百周年之际，习近平总书记总结中国共产党百年历史经验指出："中国共产党为什么能，中国特色社会主义为什么好，归根到底是因为马克思主义行！"[①]这一科学结论深刻阐释了我们之所以持之以恒坚持马克思主义基本原理不动摇和坚持不懈推进马克思主义中国化时代化的根本原因。而"坚持和发展马克思主义，必须同中国具体实际相结合""坚持和发展马克思主义，必须同中华优秀传统文化相结合"[②]，即"两个结合"的重大命题提出，则从理论创新的角度进一步强调了矢志不移推进马克思主义中国化时代化的本质要求和实现路径。

在党的十九届六中全会精神专题研讨班的深入学习与贯彻中，习近平总书记对马克思主义何以成为我们的科学指导思想、何以在我国社会主义现代化的发展进程中始终构成我们风雨无阻的思想支柱的根本原因，进行了深入分析。这就是源于我们党能够结合时代和实践特征持续推进中国化时代化的马克思主义，并持续以中国化时代化马克思主义推进、指导、引领我国社会主义现代化建设的具体实践，从而丰富和深化了对马克思主义中国化时代化之科学性与先进性的有力论证。

---

① 习近平：《在庆祝中国共产党成立100周年大会上的讲话》，人民出版社2021年版，第13页。
② 《习近平著作选读》第1卷，人民出版社2023年版，第15页。

　　党的二十大报告立足于新的历史起点和新的历史阶段，进一步深化了对"马克思主义行"这一重大命题的深刻认识，历史性地提出了"中国化时代化的马克思主义行"这一全新命题，既强化和巩固了马克思主义理论的指导地位，筑牢和深化了马克思主义在社会主义现代化发展进程中的理论根基地位，又从理论创新与时代创新有机统一与高度结合的思维视域，对马克思主义理论与中国实践的良性互动关系进行了深度诠释。我国革命、建设和改革的成功实践充分证明，坚持马克思主义基本原理与推进马克思主义中国化时代化，从本质上讲是同一个问题的两个不可分割的方面。反之，中国革命、建设和改革的历史教训表明，割裂二者之间的联系，必然导致教条主义、经验主义的错误。

　　一言以蔽之，中国共产党在百年奋斗进程中坚持把马克思主义写在自己的旗帜上，以极具历史整体性视域和时代前瞻性思维的战略眼光，坚持不懈地推进马克思主义中国化时代化，始终坚持以马克思主义中国化时代的最新理论成果来武装全党、教育人民、指导工作，使得马克思主义的科学性在我国现实具体进程中得到充分彰显，使马克思主义的真理性在我国现代化开展过程中得到充分证明，使马克思主义的人民性在我国人民立场的始终坚持下得到充分贯彻，使马克思主义的实践性在踔厉奋发、守正创新的理论发展过程中得到充分应用，使马克思主义的开放性在我国改革开放的有序展开中得到充分体现，使马克思主义的时代性在马克思主义经典理论的持续时代构筑中得到充分彰显。马克思主义科学理论指导下的中国式现代化建设之所以能取得举世瞩目的伟大成就，关键就在于我们既能够从理论意义上激活了马克思主义的革命批判精神和现实观照力，又能够从实践层面向世界充分昭示，与伪善、狡黠的资本主义意识形态和始终坚持主体利益至上和效用主义的资本主义社会制度根本对立，社会主义意识形态和中国特色社会主义制度具有无与伦比的巨大优越性和强大生命力，从而使总体上的世界历史发展趋势持续发生有利于社会主义的根本转变。

中国特色社会主义进入新时代，社会主义现代化国家建设迈向新征程，立于新的历史起点，承接新的历史任务，肩负新的历史使命，我们就要敏锐感知当下世情、国情、党情所发生的深刻变化。唯有始终用先进科学并与时俱进的马克思主义作为理论武装，唯有高高仁立于新的历史方位把握历史发展规律，中国共产党才能真正引领全国各族人民着力实现民族复兴之历史伟业与自由而全面发展之终极社会指向。始终以马克思主义经典理论与中国化时代化的时代具体理论来武装全党并教育人民，是当今时代赋予我们党无上光荣的任务和无上艰巨的使命，只有不断明确新的时代、新的时期之下我们所要武装之基础理论的基本内涵、本质特征和实践要求，才能从根本意义上完成这一任务，实现这一使命。当今国际国内形势错综复杂、波谲云诡，持之以恒加强党的理论武装，特别是紧密结合党的十八大以来我国社会主义现代化建设事业所取得的一系列根本成就来巩固我们党的理论武装，尤其是结合时代和实践的具体内容与现实需要深入领会党的理论创新之精要，才是有效应对风险变化、实现事业稳步发展的重要保证。

第二，必须以明确新时代理论武装的科学内涵为基础推进新时代理论武装工作。深入贯彻落实理论武装之继承与发展这一实践要求，需要明确以下两点：其一，该要求的首要任务在于始终坚持马克思主义在意识形态领域的指导地位，其二，该要求的中心任务在于实现新思想同广大人民群众的紧密衔接与有机结合。质言之，着力实现新时代理论武装工作卓有成效地进行，本质上需实现理论自觉和理论自信的交融互通、双向作用。在该过程中，要从理论武装这一根本前提出发，立足于以我国社会主义现实发展过程和具体运行状况来坚决贯彻落实问题意识的指导意义，持之以恒推进理论与时俱进与思维创新。具体而言，一方面要将马克思主义在意识形态领域的根本指导地位确定为新时代进行理论武装的首要目的。马克思主义在我国社会主义现代化建设与发展的具体历史进程中呈现出高度的科学性、强大的先进性和空前的优越性，是我国推进和发展中国式现代化，实现国家强盛、民族兴盛、人民安乐之民族复兴历史伟业的核心理念和根本指导。中国共产党自成立之日起，就坚定地将马克思主义这面旗帜高高竖立在我们党引领广大人民群众开展现代化的前行之路上，从而团结带领全国各族人民在我国社会主义现代化的开创、发展与持续前进中取得了一个又一个彪炳史册、恢弘壮丽的伟大历史成就。对此习近平总书记在中国共产党成立 100 周年时深刻指出："马克思主义是我们立党立国的根本指导思想，是我们党的灵魂和旗帜。"① 从本质上讲，马克思主义在我国意识形态领域指导地位的坚实确立，无论是对于国家长治久安的根本维系，人民幸福安康的总体维持，党内兴衰成败的根本决定，还是民族复兴历史伟业的最终实现而言，都是必须首要遵循的重大实践原则。因此在新时期进行理论武装、把握政治方向、坚定不移走社会主义道路的过程中，必须牢牢把握这一根本思想前提。另一方面，新时代进行理论武装的工作重心在于扎实推动新思想和群众认知的有机统一和紧密结合，从而扎实立足于新时代背景下坚实巩固新思想的群众思想基础。自党的十八大以来，中国共产党紧跟时代发展脚步，立足于实践和理论高度结合，全面、系统地回答了中国特色社会主义进入新时代这一新的历史时期之下全党全国各族人民坚持和发展中国特色社会主义的本质内涵和实践要求，从而创造性地提出了习近平新时代中国特色社会主义思想。新思想不仅是对马克思主义经典理论，以及中国共产党既有重大理论成果的历史性继承和创造性发展，更是结合我国具体实践发展状况而对中国化时代化马克思主义所作出的最新诠释，是新的历史阶段全党全国各族人民以中国式现代化实现民族复兴历史伟业的根本行动指导和思想指南。

新时代扎实巩固理论武装，就要坚持不懈推进新思想的系统构建和理

① 《习近平谈治国理政》第 4 卷，外文出版社 2022 年版，第 9 页。

论创新，立足于中国化与时代化的实践导向扎扎实实做好理论武装工作。就具体实践原则而言，一方面要持续深化对新思想之基本特征的总体把握和本质内涵的深入理解。新思想具有极为丰富而系统的思想内涵，它不仅从"五位一体"、"四个全面"、治党治国治军等我国社会主义现代化建设的各个层面进行了提纲挈领而又微言大义的理论概括和战略指导，更立足于全人类共同命运和未来世界的发展趋势，以人类命运共同体和"一带一路"为核心理念为代表提出了具有举世开创性的战略谋划和前景规划。因此唯有系统理解和全面把握新思想的本质内涵和总体特征，才能坚实确保我国社会主义现代化建设的理论武装不断走向深处、走向实处。另一方面，要想真正实现理论实践有机统一之"知行合一"，就务必要在实际工作的具体开展中认认真真贯彻、扎扎实实贯彻落实新思想。过分强调纯粹性的理论，其结果只会得到死板、僵化、机械、教条的理论。唯有同现实状况和具体实践紧密结合的理论才具有强大的生机与活力，才能真金不怕火炼地经得起真理评价判断标准的检验。新思想作为对既有马克思主义经典理论深刻继承和坚实巩固，并在我国社会主义现代化具体运行状况和现实发展进程中不断进行实践创新的具有高度科学性的先进理论，只有继续毫不动摇地使该思想流淌于我国社会主义现代化建设的具体实践中，行驶于中国特色社会主义伟大征程之中，才能显示出其鲜活的生命力和强大的战斗力。因此，新时代扎实进行理论武装，就必须深入贯彻落实新思想，立足于中国化时代化马克思主义的鲜明特征和实践要求，持续致力于实现以新思想统一全党思想、统一全民意志、统一全党全国各族人民的行动，以踔厉奋发、守正创新、自立自强、求真务实的态度狠抓落实，在理论实践的现实发展过程中坚决摒弃形式主义、官僚主义、享乐主义等错误思想，扎扎实实推进理论武装工作，不断增强理论武装的政治认同度、理性认知度和情感归属度。

就新时代理论武装的基本要求而言，要以从社会主义现代化建设具体实践中逐渐生发出的高度的理论自觉，促使理论自信源源不断地得以现实生成，并以理论自信作为理论自觉自主生发的思维载体，从而实现理论自觉与理论自信的正向交互作用。中国共产党自成立至今的百余年来，在拥有坚实革命基础的理论中应运而生，在风雨兼程的艰苦实践中不断发展与创新，在社会主义现代化建设的理论与实践之高度结合中展现出了强大的理论自觉和坚定的理论自信。可以指出，中国化时代化马克思主义的开创、发展与演进的历史进程，就是中国共产党在马克思主义同我国革命、建设与改革的具体实践之紧密结合中持续推动理论自觉走向理论自信的历史过程。新时代、新起点、新阶段下我国的理论武装，必须始终扎实立足于中国特色社会主义的伟大实践之中，从而在理论自觉与理论自信的交互积极互动之中稳步前行。

具体而言，理论自觉构成理论自信主观生发和现实促成的思维前提。理论武装之根本在于"理论"，只有扎实巩固理论根基，并持续推进理论基础升华为理论自觉，才能进一步使得理论自觉在现实实践的持续推进中深化为理论自信，从而在理论自信这一积极思维导向的正确引导下有力开展理论武装，在具体实践的不断发展中深化和发展理论武装。实现理论自觉和理论自信的良性互动，一方面要着力实现理论自觉和理论自信的齐头并进、共同发展，在学懂、弄通、用好马克思主义经典理论及其中国化时代化发展理论的基础上，活学巧用马克思主义世界观与方法论来认识、分析与解决现实问题，对理论在现实应用过程中的错误思维导向要及时予以纠正，并结合实践发展的新趋势、新导向予以有效调整和摆正，从而在理论自觉和理论自信的集成合力之下实现对理论学习积极性的有效激发，对理论创新与创造热情的有力烘托以及对理论武装有效赋能的有劲开展，从而能够以更大的主观能动性、更大的理论方向感完成对历史条件的有力改变和现实状况的有力改善，实现对民族复兴历史伟业之前行征程上诸种风险与挑战的有力应对。另一方面，要紧密团结最广大人民群众实现理论自觉与理论自信的有机结合，扎实巩固理论自觉与理论自信的群众基础和现实根基。马克思在《1844年经济学哲学手稿》中指出，理论只有被群众所掌握，才能构成一种现实的物质力量。理论只有充分说服了人，才能掌握人，掌握人民群众。只有能够透彻地分析和阐发某一理论，才能切切实实地说服人。因此马克思主义在本质上，是借助话语和理论来"说服"和"争取"人民群众的一种理论，是一种能够通过语言和人民群众的有机结合来实现巨大物质力量的充分发挥的理论。因此，要想充分拥有对马克思主义理论的主观自觉，要想充分具有对马克思主义理论的主动、自信，就必须紧密团结人民群众，和人民群众想在一起，说在一起，干在一起，通过理论及其现实应用充分激发人民群众认识世界和改造世界的积极性和创造性，从而有力、有效地形成新时期的理论武装。

新时代理论武装的根本保障在于立足于中国特色社会主义伟大实践，着眼于社会主义现代化发展进程中的现实具体问题，有力促进新时代理论的深入贯彻、落实与发展。理论创新的契机和理论发展的源泉，在于伴随新时代所产生的全新问题，以及伴随新问题的切实解决所生发出的中国化时代化马克思主义理论及其社会主义现代化建设具体实践应用的现实发展。对此习近平总书记强调："这是一个需要理论而且一定能够产生理论的时代，这是一个需要思想而且一定能够产生思想的时代。"①中国特色社会主义进入新时代以来，无论是国际形势还是国内的现实情况，都在基于我国理论武装和理论创新之有机结合所取得的一系列举世瞩目的伟大成就的前提下发生了翻天覆地的巨大历史性变化。党的二十大的庄严召开，意味着我国面对着"两个一百年"之奋斗目标的重大历史交汇时期，面临着世界百年未有之大变局的复杂现实环境，将要迎接现代化发展过程中不断涌现出的一揽子新情况、新问题和新形势，以及随之持续增加的一系列不

---

① 习近平：《在哲学社会科学工作座谈会上的讲话》，人民出版社2016年版，第8页。

稳定性与不确定性，但这也为我们党持续推进理论武装与理论创新提供了不可忽视和不可多得的历史机遇和现实机会。因此我们更要牢牢把握马克思主义这一根本理论基础，坚定守住马克思主义这一根本思想立场，活学活用马克思主义世界观与方法论，来灵活判断社会复杂现实，深入回顾既往优秀历史，紧紧把握时代重大课题并以此作为理论创新的现实向导，同时学会灵巧把握时代发展的逻辑脉络和社会发展的客观必然性规律，从丰富多样的当今社会实践中挖掘出理论创新的有利资源，准确把握、定位与捕捉新时代背景下的理论与实践问题，从而深入推进既有理论向创新理论的发展和转化。这就要求全党全国各族人民要勇于突破思维认识的局限性、惯性与惰性，持续不懈地深化对关乎时代重大问题的客观规律性认知，从而积极开展全新理论成果的有力创造，加强全新理论成果的理论武装，进而实现新时代背景下理论武装在中国式现代化发展进程中的稳步推进和良性发展。

新时代背景下的理论创新既是理论武装得以有力实现的根本保证因素，也是理论武装能够卓有成效得以实施开展的关键要素和制胜法宝。基于中国特色社会主义伟大实践而不断从社会主义现代化现实发展进程中所实现的新时代之理论创新，着眼于对我国在推进中国式现代化发展过程中所面临的国际现实局势和国内当前形势的科学分析和深入把握，从而在新时代的广阔背景下形成了作为当代中国之马克思主义、二十一世纪之马克思主义的习近平新时代中国特色社会主义思想，从而为新时期、新阶段、新使命、新任务下的理论武装提供了强大有力的根本保证。这不仅充分彰显了中国共产党在思想科学引领和实践正确导向上的高度先进性和强大优越性，也极大程度地从思想意义上促进了我国在社会主义现代化发展道路中自我革命、自我调整和自我发展，更从世界意义上有效提升了中国在国际舞台上的引领力。从根本意义上来讲，理论创新是中国共产党进行理论武装之有力构筑的坚实柱石、中流砥柱和根本保障，而深化理论创新的总体实践要求，则在于立足于中国特色社会主义整体视域实现对新时代背景下的新问题、新发展的系统、全面和整体意义上的有机把握。

第三，理论武装的最终目的和根本落脚点，在于深入贯彻落实理论武装，从而根本实现"知行合一"即学深悟透与做实笃行的统一。中国共产党的理论武装具有广袤深厚的时代背景，新时代背景下的全新国际环境和国内形势，意味着我们党的理论武装，尤其是在学懂、弄通、做实的意义上必然要求生发出新的时代任务和实践要求。当前我国的社会主义现代化建设正处在"两个一百年"奋斗目标的历史交汇时期，这就代表着新时代背景下的理论武装必然要为着力实现"两个一百年"奋斗目标提供坚实而卓越的理论支撑，使得全党全国各族人民更能够以扎扎实实的先进理论迎接新的历史使命，完成新的历史任务，以更加强大的理论自信，更加深刻的理论自觉在社会主义现代化建设的全新历史时期稳步前进。党的十八大以来，习近平总书记曾多次强调进行新时代理论武装、巩固新时代理论基础、深化新时代理论指导的重要性和紧迫性。面对新时代背景下着力推进理论武装的发展过程中所存在的一系列新问题、新任务和新挑战，全党上下务必要使理论武装避免产生从理论到理论的抽象意义上的僵化轮回，务必要使理论武装避免理论和现实严重脱节的错误导向，务必要深入重视对现代化发展进程中具体实际问题的切实阐发，务必要在加强思想理论认识、强化理论思想认知上下大功夫、下苦功夫，把思想武装工作做深做实。这不仅是新时代背景下实现新的历史目标、完成新的历史任务的关键一环，还是着力化解"四大风险"和有效应对"四大考验"的题中之义和必然要求，更是坚实确保理论武装能够取得切实成效的坚强保障所在。

新时代理论武装工作卓有成效的发展与运行，离不开中国共产党对于一系列党内学习教育实践活动的着力开展。中国特色社会主义进入新时代以来，中国共产党人深刻考察、深入研究并进一步明晰了历史所赋予当前中华民族的伟大使命，在中国特色社会主义时代理论和伟大实践的有机结合中，扎实结合社会主义现代化建设各个历史时期所强调的工作重点和党内在不同历史阶段所存在的突出问题，有重点、有方向、有针对性地推进与开展以党内学习教育实践活动为代表的一系列理论武装工作，从而在理论武装、理论巩固与理论贯彻上取得了世所罕见的巨大成就。具体而言，我们党先是认真开展了事关全党马克思主义群众观点落实和群众路线教育贯彻的、以为民务实为主要内容的党内群众路线教育实践活动，以着力突出解决党内的"四风"问题。2015年在县处级以上领导干部之中所实施开展的"三严三实"专题教育活动，着重强调要重点关注领导干部中的"关键少数"，坚决制止各种歪风邪气、纠正各种不正之风，以实现以思想建设着力促进作风建设的根本目的。2016年在全党范围内有力开展"两学一做"学习教育实践活动，强调"学党章党规，学系列讲话，做合格党员"是全体党员干部都必须切实以身作则、努力实施落实的重大实践要求，从而在范围意义上推动党内教育从"关键少数"逐步扩大到了全体党员，在程度意义上推动党内教育从集中教育逐步扩大到了经常教育。2019年6月在全党范围内开展"不忘初心、牢记使命"主题实践教育活动，从而在全党全国各民族范围内掀起了全面学习、系统研究、活学巧用习近平新时代中国特色社会主义思想的广泛热潮。该次主题教育将"守初心、担使命，找差距、抓落实"作为思想引领和实践教育的总体要求，通过采取举办读书班、中心组学习、党委或党组理论学习等丰富多样的具体形式，从而将学懂、弄通、做实、搞会新思想作为根本目的，以此实现党内理论武装之创新实践的广泛推行与深入开展。随后在党的十九届四中全会上，我们党鲜明提出"建立不忘初心、牢记使命的制度"并致力于形成坚强有力、行之有效的体制机制，从而为新时代背景下开展党的理论武装提供了坚固稳健的制度保障。之后党的"四史"学习教育也于中国共产党成立一百周年之际在全社会范围内广泛有力地得以具体展开，致力于实现马克思主义基本原理的深入体悟、"四史"知识的深化学习以及党的创新理论的贯彻认知的高度有机结合，从而为我国最广大人民群众高度树立对党情、国情、民情、世情的系统了解提供了科学认识。

随着我国社会主义现代化建设进入新时代这一重大历史时期，我们党的理论武装在取得重大突破和巨大成就的同时，也随之进入新的发展阶段。因此在进一步强化和巩固党的理论武装的同时，也要紧密结合随着新的历史特点和时代特性所出现的新的问题加以实现创造性转化和创新性发展。当前中国共产党理论武装所存在的现实问题，以主观主义和形式主义为主要表现形式。所谓形式主义，意在强调深入强化与持续巩固党的理论武装，并非只是在表面上敲锣打鼓、在外在上轰轰烈烈就能从本质上实现其根本推进，也并非走走程序、贴贴标语、喊喊口号就能完成理论武装之本质要义的深入吸收与持续巩固。故而强调要深入其内在本质加以进一步把握党的理论的本质特征和核心内涵，而并非是简单地进行理论的机械重复和僵化巡回。该问题具体表现为，对于马克思主义经典理论以及在我国社会主义建设具体实践中总结出的既有理论的思维认知做不到足够深入、足够客观、足够理性，只是进行碎片化、片面性的信息吸收，在从事马克思主义经典理论和中国化时代化理论武装学习的过程中，严重缺乏学习的积极性和内生动力，心态浮躁、态度不端，从而不能科学看待新时代背景下进行理论武装的根本目的、不能正确对待新时代背景下从事党的理论武装的现实意义。使得理论武装与理论学习在社会主义理论之现实工作的具体展开当中只是入耳入眼，程序性地例行公事、应付差事、搞被迫任务，而不立足于马克思主义经典理论的本质内涵与时代化中国化马克思主义理论的总体要求做到入脑入心，不能实现将既有社会主义理论同建设社会主义现代化的主体之现实特性进行紧密结合，从而实现科学理论与思想实际的内在统一，因此不仅严重拖住我们党进行理论武装的行进脚步，还会加重基层单位的工作负担，变成转圈式、简单化的思想教育。所谓主观主义，意在强调理论同现实的严重脱节，主体与理论武装的严重断裂与分离。这代表着一种形而上学和理想主义的思维模式以及工作方式，最典型地表现为教条主义和经验主义的思维方式以及在现实中的行为取向。教条主义即在我们党的理论武装工作的实际开展之中，不能科学运用马克思主义理论对中国具体实际状况进行科学分析，不对中国实践所呈现出的各种问题进行正确判断，只是单方面地从理论字面意义上的表面视角出发，机械照搬党的理论和文件、讲话、报告、精神等既有材料，既不存在对于我们党的政策实质内容的深刻理解，也不存在对实际工作现实任务目标的精确思考，具有完全依靠理论的固化逻辑和思路框架来完成情况分析和问题解决的惯性思维，从而造成了理论内容和实践现状的高度分裂。具体比较而言，经验主义与教条主义是在感性与理性意义上的完全对立，在具体理论武装工作的现实进行中往往强调经验的绝对优先性，无视党的理论的本质内涵和在实际工作中的具体运用，单纯凭借个人的主观意志和个人经验来分析和解决问题，从而使具体工作的实际开展不能深刻体现党的理论内容之鲜明特征和显著优越性。而形式主义和主观主义作为社会主义现代化建设具体实践中所呈现出的代表性的典型问题，在我们党的思想理论与群众具体实践的有机结合中所产生出的消极影响和不利作用，为新时代背景下实现党的理论武装的稳步推进，以及实现中国化时代化理论稳步发展带来了不容忽视的诸多新问题与新挑战。

新时代背景下的党内理论武装，迫切需要实现武装艺术的着力创新。习近平总书记在主持中共十九届中央政治局第二十二次集体学习时，针对新时代党的理论武装之必要性作出深刻强调，指出我国的广大党员领导干部务必要深刻认识到加强以新思想为集中代表的马克思主义及中国化时代化马克思主义之理论武装的高度重要性。要深入掌握、学好用好马克思主义理论这一重大思想武器，对于马克思主义理论尤其是中国化时代化的马克思主义理论，广大党员干部要着力提高思想认识水平，以及在社会主义现代化建设具体实践中现实运用的具体手段、使用方式和运用能力，从而将我们党的理论创造性转化、创新性发展为实现民族复兴历史伟业的强大精神力量。这就意味着新时代背景下开展党的理论武装工作，务必要时刻紧跟理论创新的前进脚步。既要与时俱进地发展理论武装的主体内容，实现理论武装的守正创新，更要为适应新时代新阶段理论武装的现实需要，致力于升华理论武装的现实艺术。这其中最为关键的，就是要在党内的"关键少数"中，即党员领导干部的范围内着力加强理论武装。党内各级领导干部是新时代理论背景下充分发挥党的理论武装作用，深入巩固理论武装的主体力量。作为普遍受到过高等教育的施教者，他们在党的理论的吸收、转化与再创造的过程中发挥着举足轻重的重大作用，他们既是充分发挥党的理论武装力量的核心力量，也是党的理论武装能够深化与巩固的重大宣传口径。在强化理论武装的现实具体过程中，我们既要坚决纠正党的领导干部只是作为中央精神的宣传主体而存在的这一固化观念与思维定式，也要严肃认真地肃清党的理论武装的具体工作开展只是由下属级别部门负责、由下级机关单位承担的错误思想观念。具体而言，一方面要深入体悟、认真领会党的核心理论路线和各项方针政策，牢牢把握党的各项思想理论的本质内涵与重大原则，另一方面也要从根本上吸收、从本质上学习各项党的思想理论内容背后的思想实质，以及在新时代发展阶段下对于新的党内精神如何加以具体贯彻的实践要求，对于本地区、本部门的理论武装工作要充分做好、做足、做实，不能浮于表面、上下不相协调。与此同时，对于理论武装的具体形式而言，要时刻保持创新发展、与时俱进的先进观念和前进意识。对此习近平总书记曾深刻强调，针对党的理论武装的时代创新，我们要切实在传播手段和话语模式等方面着重入手，使得党的时代先进理论能够"飞入寻常百姓家"①。同时，深入、具体地进行理论阐发要结合百姓大众的具体实际，要能够充分接地气，从而"让马克思

---

① 《习近平谈治国理政》第 3 卷，外文出版社 2020 年版，第 313 页。

讲中国话，让大专家讲家常话，让基本原理变成生动道理，让根本方法变成管用办法"①。新时代新阶段的现实背景下，我们党能够充分发挥现代信息科技对于党的思想理论的传播作用与发散意义，通过灵活运用微博、微信、学习强国等新媒体平台，我们党的理论武装实现了传统与现代高度统一、既有与现实有机结合的全新话语模式转换，从而能够切切实实地用最广大人民群众听得明白、听得下去的语言来充分讲好中国故事、走好中国道路、强化中国力量，从而有力打通了新时代背景下党的理论武装的最后一环、关键一环。

深入加强理论武装、持续开展理论强化工作，既是新时代背景下中国化时代化马克思主义创新发展的基本经验和基本路径，也是中国共产党在理论上持之以恒巩固理论基础，强化理论指导，并在新的历史发展阶段下伴随时代特征不断实现创新发展这一优良传统的历史延续。中国共产党从成立之日起，就将马克思主义坚定镌刻在自身的旗帜之上，在指导思想的意义上无比坚定地选择了马克思主义。并在社会主义现代化建设的具体展开中牢记用马克思主义理论武装全党、教育人民，在我国社会主义革命、建设与改革的各个历史时期始终牢牢将思想建党摆在党的总体建设的首要位置，这既是我们党在社会主义现代化建设与发展历程中深刻总结出的革命经验，也是我们党能够取得社会主义现代化一个又一个举世瞩目的伟大成就的制胜法宝。对此习近平总书记在"不忘初心、牢记使命"主题教育中曾多次强调，要充分将新思想深入贯彻落实到中国特色社会主义伟大实践的各个层面，着力为中国共产党的广大党员干部培养忠诚、干净、担当的政治素养和政治品格。其中团结带领全国各族人民努力实现民族复兴之中国梦想的主题教育这一根本任务，从而使党的理论武装助力于广大人民群众之思想问题的深入聚焦，对于深入巩固全党团结奋斗的共同思想基础

---

① 《习近平关于社会主义文化建设论述摘编》，中央文献出版社 2017 年版，第 100 页。

具有不可忽视的重大作用。尤其是在当前以中国式现代化着力推进国家强盛、民族兴盛和人民安定之民族复兴历史伟业的全新历史阶段和时代背景下，着力实现党当前的这一发展社会主义现代化的中心任务，就必须始终坚持不懈、持之以恒推进思想建党、理论强党，矢志不渝地坚持以党的创新性理论武装全党上下，这也是从思想和理论层面巩固党、强化党、发展党的根本途径和核心内容。

马克思主义政党自诞生以来，始终致力于以具有高度科学性、显著先进性与鲜明优越性的理论来武装政党自身。对此马克思、恩格斯在《共产党宣言》中曾指出，自从原始社会解体以来，人类历史从来都是建立在阶级斗争基础上，以各个阶级最直接相关的阶级利益为根本出发点和最终落脚点的历史。统治者阶级通过将法律上升为绝对的国家意志来进一步巩固和强化阶级统治。阶级当中表现最为积极的先进分子，为了实现共同意义上的阶级利益或者是政治目的，尤其是为了取得政权和巩固政权基础而进一步组织成为政党，并通过具体政党纲领和政治路线的制定来巩固政党的思想基础和政治基础。由此可见，政党在形成、发展、确立和巩固的过程中，内在地包含有斗争的内容和手段，尤其是为了实现斗争的最终胜利和斗争胜利成果的坚实巩固而制定的纲领、路线、方针、政策。不同的政党选择的路线、方向与旗帜有所不同，根据总体路径所选择的指导思想不同，其政治路线、政治前途和政治结局都会大相径庭。政党的理论不够成熟、思想不够深入、指导基础不具科学性，就不能使现实符合社会历史发展的总体规律，也无法在利益交织、阶级角逐、政党林立之中看清人类社会发展的客观态势，更无法在自身的群众基础中找到改造社会、变革社会、发展社会的强大物质力量。从理论基础和指导思想的意义上来讲，马克思主义政党较之于其他政党更加先进、更加优越、更加科学的地方在于，它能够牢牢把握人类社会发展的客观规律和社会前进的必然方向，更加深刻意识到以先进的自我革命实现人与人、人与自然意义上的最终和解的终极使命。较之于其他政党在根本指导思想、先进理论基础上的左右摇摆、举棋不定截然不同，马克思主义政党尤其是中国共产党能够始终高举马克思主义这一伟大思想理论旗帜，着力实现在现实社会的深入批判与有力改造的基础上致力于构建真正意义上的未来社会。因此只有马克思主义政党，而再无别的什么其他政党能够在历史中自己完善自己、自己发展自己，从而从必然王国向自由王国坚实迈进。

具体到中国共产党的现实理论发展状况来看，牢牢把握思想建党，矢志不渝推进理论强党，是我们党自建党以来就始终坚持巩固和不懈努力推进的优良思想传统和强大政治优势。我们党在开创、发展和推进我国社会主义现代化的过程中始终强调思想建党、理论强党的意义，在于先进科学的马克思主义理论对于我们党的革命实践活动具有不可动摇的深刻指导性。在新民主主义革命时期，依靠马克思主义的坚实思想指导，通过独立自主的长期探索和艰苦卓绝的革命斗争，以毛泽东同志为主要代表的中国共产党人开拓出了一条具有先进开创性、独到探索性的农村包围城市、武装夺取政权道路。在大革命失败之际，在我国革命有生力量成功转移到农村之时，毛泽东深刻考虑到首要的任务就是要着重解决那些农村出生的干部、战士所存在的非无产阶级的阶级意识的问题。通过一系列的调查工作，我们党深入、全面而又系统地了解了各个阶级对当前我国革命形式和发展趋向的情绪动态和思想认知，从而切实改变了我国农村中根深蒂固、难以拔除的封建旧传统和小农意识等问题。对此毛泽东强调，从思想层面出发在农村深入开展革命工作，尤其要重视理论工作的实际发展状况，尤其是"要利用各种机会，把上述那些简单的口号，内容渐渐充实，意义渐渐明了起来"①。随后在延安整风运动中，毛泽东也在工作的具体展开和实际进行中深刻认识到了我们党思想建设工作当中所存在的以主观主义为代

---

① 《建党以来重要文献选编(1921—1949)》第4册，中央文献出版社2011年版，第129页。

表的深刻弊端，并强调指出这是党性不纯的鲜明表现。主观主义之问题解决的关键，在于以科学理论的深入指导所谓思想载体，实现主观与客观、理论与实践、思想与实际的有机结合。对此毛泽东指出，如果没有对于马克思列宁主义之理论和在实践中对其加以具体应用的主客观内在统一的思想态度，就是无党性或者党性不完整的显著表现。回顾中国共产党百余年来进行社会主义革命斗争的风雨历程，我们党之所以能够在千重困难、万重阻碍中一路披荆斩棘、乘风破浪、开拓进取、茁壮发展，从根本上正是凭借对思想建党和理论强党的高度重视，从而使全党保持思想观念的高度统一性和理论认知的高度一致性，从而使全党上下意志更加坚定有力、行动更加协调统一。新时代背景下，面对波谲云诡的国际形势和复杂多变的国内环境，要想着力实现以中国式现代化全面推进国家强盛、民族兴盛、人民安定之民族复兴历史伟业这一当前核心任务，就不仅要紧紧抓住经济、政治、军事等硬实力层面的国家发展方向，更要从理论武装、思想文化和精神文明建设出发对国家软实力层面加以牢牢把握。正如习近平总书记在庆祝中国共产党成立 95 周年大会上的讲话中所指出的，中国共产党的历史无数次坚定有力地证明，没有马克思主义这一先进的理论武装力量作为思想基础，没有马克思主义这一科学的理论武装动力作为精神支撑，我们就不可能一路战胜阻碍民族复兴历史伟业的各派反动势力，中华民族也将永远无法改变受奴役、受剥削、受压迫的历史命运，我们的国家也将无法坚定地走在社会主义的光明大道上一路紧密团结、繁荣富强。因此在当前这一历史时期，较之于从前的革命战争年代与改革初步开展时期，我们党的理论武装工作就更不能有丝毫放松和懈怠。具体而言，一方面，中国共产党党员的思想觉悟与党性修养将随着时代条件的变化发展面临更加严峻艰巨、复杂多样的挑战和任务；另一方面，变幻莫测的国际形势也使得当前的中国要积极应对当今世界进入新的动荡变革期。其中尤其需要着重加以防范的是，在西方资本主义国家以资本逻辑为核心内容的资本主义意识形态的持续渗透下，我们党如何能够以坚实的思想基础和坚定的党性修养守住初心、守住信仰、守住理想、守住信念。因此，继续持之以恒巩固马克思主义的理论基础地位，坚定马克思主义的思想指导地位，无疑将成为新的历史时期我们党和国家所面临的尤为艰巨的任务和挑战。持续不懈推进"不忘初心、牢记使命"党内主题教育，坚定不移开展"四史"学习教育的根本目的，就是要始终毫不动摇地坚持好思想建党、把握好理论强党这一党内精神文明建设的根本方向，学懂弄通、活学巧用新思想武装全党、教育人民，着力提高全党乃至全国各族人民的马克思主义之思想认知觉悟和理论认知水平，从而持续提升全党上下以先进的理念认识问题、以科学的观念分析问题、以系统的思维解决问题的能力和水平。

新的历史时期与新的历史阶段下中国共产党开展思想理论建设的本质要求和总体特征，决定了理论武装是开展我们党内理论建设工作的重中之重。思想理论的先进性与科学性之深刻呈现，正在于它对自身所处的社会现实状况与具体发展现实的深刻反映与生动呈现。唯有实现客观现实与主观反映之内在统一与高度结合的思想理论，才能对社会发展过程中的具体实践具有切切实实的现实指导意义，才能真正实现从认识世界的主观精神力量向变革世界的强大物质力量的转变。马克思主义和中国化时代化的马克思主义作为对无产阶级政党革命发展之客观历史的主观升华，始终以社会发展的必然性规律和时代发展的客观现实作为自身理论的现实基础。因此理论的生命力与优越性之本质体现，不在于理论开创者对自身坚持理论所进行的"放之四海而皆准"之万能性与普适性的虚假宣传与卖力欺骗，而在于该理论本身在现实具体的实际应用中所体现出的科学真理性与强大生命力，自身理论内在呈现出的随时代的发展而发展的与时俱进性，以及在发展导向过程中所呈现出的守住本来、面向未来的开创性。而理论的发展性和开创性，也并非主观随意地对现实具体状况所体现出的理论内容进行东拼西凑、任意粘连，而是在保有内在本质特征和核心内涵的基础上，将既有理论同时代特征和实际状况进行紧密衔接和有机结合，从而实现理论的能动性有机发展的辩证实现过程。基于理论和实际结合的不完全同步性和不平衡性，理论发展与创新的过程总体上并非是直线上升的，而是表现为一种波浪式前进、螺旋式上升的"否定之否定"的辩证运动过程。因此我们要守住既有理论基础，坚实巩固马克思主义的根本思想理论指导地位和在现实中的根本引领意义，同时要对马克思主义理论同时代和实际的具体结合和有机发展充满信心，始终胸怀坚定的理论自信和深厚的理论自觉，始终敢于同时代发生激烈碰撞，同时代完成紧密衔接，从而在理论主观与现实客观的交互作用中，在认识世界与改造世界的内在统一中实现理论武装与理论创新的紧密结合。

马克思主义作为科学揭示自然界和人类社会必然性规律的先进理论，在我国社会主义现代化历史进程中的指导地位是无可撼动和不可动摇的，它是我们党自成立以来就无数次加以反复强调的、构成我们党根本思想基础和根本精神力量的绝对核心。理论要在理论指导的意义上始终保持先进性，要在思想引领的意义上始终体现科学性，就务必要始终发挥理论自身随时代的发展而不断赋予其时代特性的发展优势。持之以恒推进党的思想和理论建设，就要紧密结合新的时代特点，持续为马克思主义输入新鲜血液和鲜活成分，从而始终保持马克思主义理论自身的鲜活生命力和强大战斗力。这不仅是巩固和深化马克思主义理论指导地位的必然要求，更是持续推进中国化时代化马克思主义自立自强、踔厉奋发、守正创新、开拓进取的必然需要。只有牢牢把握马克思主义的理论指导地位，坚持不懈推进马克思主义理论同本国社会主义建设之具体实际和现实实践的有机结合和发展创新，才能切切实实为我们党锻造坚强有力的思想肌体和扎实稳固的理论根基。立足于新的历史阶段，步入新的历史时期，迎接新的历史任务，面临新的历史挑战，矢志不移推进党的理论发展创新，是以中国式现代化全面推进国家强盛、民族兴盛、人民安定之民族复兴历史伟业的必然要求，但在着力推动中国化时代化马克思主义理论创新的同时，马克思主义既有理论的坚强武装也同样需要加以强化和巩固。只有坚持不懈地着力实现理论武装和理论创新的高度统一和有机结合，才能凭借更加坚强有力的理论武装、更加富有生机活力的理论创新来更具针对性、更具有效性地对我国社会主义现代化建设的具体实践做出有力指导。全球化时代背景下国际之间的竞争，不仅是单纯意义上的经济影响力和军事威慑力的彰显和呈现，更深入地表现在思想、文化、理论意义上的意识形态领域。这就意味着我们党在推进社会主义现代化建设的具体进程中既不能对马克思主义理论的创新与发展浅尝辄止、故步自封，而应始终在社会主义现代化建设的具体实践中确保理论自身的旺盛生命力和强大战斗力以及在指导实践意义上的时代性、创新性，也要谨慎防范当前经济与信息全球化背景下境外敌对势力对我国所进行的意识形态意义上的深入思想渗透。故而我们要始终立足于新的历史时期理论建设工作的总体特征和具体特点，深入开展理论武装工作，扎实巩固思想理论基础，建立起一支强大有力、无惧风雨的理论武装。综而论之，加强理论武装与理论创新的有机结合的关键之处，就是要始终立足于马克思主义根本指导地位和思想引领地位的坚实巩固，始终坚持以马克思主义之根本立场、总体观点、根本方法来审视、分析和判断当下我国社会主义发展之具体形势和现实状况，不断增强运用马克思主义来认识和推进社会主义现代化建设的能力和水平。中国共产党作为一支始终坚持以先进的正确思想、以强大的科学理论作为坚强武装的强大政治力量，在党和国家事业发展的历史进程中始终注重发挥思想建党、理论强党的强大精神指引作用，始终致力于充分发挥科学先进的社会主义正确思想路线的精神引领作用。正是基于坚持不懈加强理论武装这一我们党自创立以来的优良传统和本质特性，正是由于我们党始终能够在社会主义现代化建设的具体实践中检验和发展先进的马克思主义经典理论和中国化时代化马克思主义理论，实现以理论指导实践、以实践发展理论之主观与客观的有机结合和内在统一，我们才能在国家强盛、民族兴盛和人民安定之民族复兴历史伟业的光荣道路上一路踏浪前行、前进不止。具体到我国社会主义建设与发展的历史进程而言，无论是延安整风对党内错误思想的清算与纠正，还是真理标准问题大讨论对实践根本意义的历史性强调，抑或是改革开放以来我们党在党内数次开展的学习教育实践活动，正是由于我们党始终坚持理论武装和理论创新的交互作用，始终坚持主观与客观的内在统一，始终坚持认识世界与改造世界的有机结合，我们才能在全党上下坚实确保思想引领的高度统一、精神指引的有机统一、前进方向的根本统一、行动步伐的总体统一，我们才能在对社会主义正确思想路线矢志不渝地坚持中为党的总体建设和国家现代化事业创造生机勃勃、欣欣向荣的发展局面。

四、把指导思想创新作为理论创新的根本

从价值功能的意义上来讲，指导思想代表着一面对思想进行总体统摄、对行为进行具体规范、对力量进行整体凝聚、对方向进行根本指引的精神旗帜。正如毛泽东所指出的，"主义譬如一面旗子，旗子立起了，大家才有所指望，才知所趋赴。"① 马克思主义作为中国共产党人立党、立国、立民、立言、立身的根本指导思想和核心价值导引，始终坚持从根本指导的意义上推进马克思主义的理论创新，又始终坚持把随时代和实际具体而创新发展下的马克思主义理论作为自身的根本行动指南，从而构成马克思主义理论创新发展的本质特征、实践要求和基本原则，同时也是无产阶级政党能够在开展革命实践工作的过程中永葆生机活力的根本之所在。

① 《毛泽东早期文稿》，湖南出版社 1990 年版，第 554 页。

一部马克思主义发展史，就是马克思、恩格斯、列宁及其后继者，结合时代发展要求和实践发展状况，持续推进马克思主义理论创新发展的历史。19 世纪 40 年代，马克思、恩格斯基于自由资本主义的发展状况和资产阶级自身强大的经济和政治实力这一现实状况，创造性地提出了共产主义会在多个西欧资本主义国家同时取得胜利的科学结论。在 19 世纪下半叶，通过同以查苏利奇为代表的俄国民粹派思想家和革命家的思想交流，以及对于东方村社历史的深入研究，马克思又结合俄国社会主义建设与发展的未来可能性，独创性地提出了东方社会发展理论，以及俄国有可能在继承资本主义有益文明成果的基础上跨越资本主义卡夫丁峡谷而走上社会主义发展道路的伟大构想。随后列宁通过十月革命及苏联社会主义建设的一系列具体措施，证实了马克思对于东方社会发展道路的科学预见。列宁基于欧洲自由资本主义由垄断资本主义逐步迈向帝国主义的社会具体实际，以及俄国工人运动蓬勃发展的社会发展实际，及时抓住欧洲资本主义国家在第一次世界大战中所出现的薄弱链条，从而创造性地提出了社会主义"一国胜利论"这一历史性结论，并以此指导俄国的布尔什维克党取得了十月革命的伟大胜利，从而为无产阶级政党的社会主义革命与建设发展开辟了具有划时代意义的前行道路。这充分体现了马克思主义经典作家结合社会历史发展状况不断推进的理论探索与理论创新的重要性。

对党的根本指导思想的历史传承与开拓创新，是从总体意义上巩固和深化党的理论创新成果的最高表现形式。中国共产党在革命、建设、改革的实践发展历程中，始终致力于实现将马克思主义基本原理同中国具体实际相结合，同中华优秀传统文化的有机结合，不断推进马克思主义中国化时代化，使得马克思主义不断放射出灿烂的真理光芒和强大的精神力量。新民主主义革命时期，以毛泽东同志为主要代表的中国共产党人，深深扎根于我国革命发展的具体实践状况，创造性地提出了新民主主义革命理论，从而实现了马克思主义普遍真理和我国革命具体实际的高度有机结合，创立了毛泽东思想。通过延安整风，在党的七大上，中国共产党人将毛泽东思想确立为党的指导思想，为取得新民主主义胜利以及社会主义革命和建设的胜利奠定了思想基础。党的十一届三中全会以来，以邓小平同志为主要代表的中国共产党人，科学总结社会主义建设的历史经验，解放思想、实事求是，作出了将党和国家工作重心转移到社会主义现代化建设上来的重大历史决定，并确立了"一个中心、两个基本点"社会主义初级阶段的基本路线，深刻阐明了"什么是社会主义、怎样建设社会主义"等一系列重大理论和现实问题，从而创立了邓小平理论。党的十三届四中全会以来，以江泽民同志为主要代表的中国共产党人，在中国特色社会主义伟大实践的建设与发展的具体展开中，积累了一系列全面、系统、丰富、有机的治党治国的宝贵经验，深化了对"什么是社会主义、怎样建设社会主义"的认识，创造性地回答了"建设什么样的党、怎样建设党"的重大理论和现实问题，从而形成了"三个代表"重要思想。党的十六大以来，以胡锦涛同志为主要代表的中国共产党人，始终坚持以中国特色社会主义理论作为根本指导，并结合新的历史时期的具体发展要求，深刻回答了新形势下"实现什么样的发展、怎样发展"等重大问题，形成了以发展作为第一要义、以人本作为核心要义、以全面协调可持续作为基本要求的科学发展观，党的十八大将科学发展观确立为党的指导思想。包括邓小平理论、"三个代表"重要思想、科学发展观在内的中国特色社会主义理论体系，为改革开放和社会主义现代化建设奠定了思想基础。

党的十八大以来，以习近平同志为主要代表的中国共产党人，结合新时代新征程中国共产党所面临的新的历史任务和历史使命，"对关系新时代党和国家事业发展的一系列重大理论和实践问题进行了深邃思考和科学判断，就新时代坚持和发展什么样的中国特色社会主义、怎样坚持和发展中国特色社会主义，建设什么样的社会主义现代化强国、怎样建设社会主义现代化强国，建设什么样的长期执政的马克思主义政党、怎样建设长期执政的马克思主义政党等重大时代课题，提出一系列原创性的治国理政新理念新思想新战略"①，创立了习近平新时代中国特色社会主义思想。习近平新时代中国特色社会主义思想是对马克思列宁主义、毛泽东思想、中国特色社会主义理论体系的科学继承和创新发展，是马克思主义中国化时代化的最新理论成果。党的十九大将习近平新时代中国特色社会主义思想写入党章，"反映了全党全军全国各族人民共同心愿，对新时代党和国家事业发展、对推进中华民族伟大复兴历史进程具有决定性意义"②。

　　中国共产党百年奋斗的历史进程，充分证明中国共产党之所以能够取得举世瞩目的彪炳伟绩，根本原因就是在于我们党始终牢牢坚持马克思主义这一先进科学理论作为思想指导。百年来我们党的创新理论的每一次跟随时代与实践的发展，都做到了既坚持马克思主义基本原理和科学社会主义基本原则，又着眼于新的历史阶段和新的历史任务为马克思主义赋予符合本国实际状况的新的时代特征和现实特色，从而为马克思主义与时俱进谱写了一个又一个的全新篇章，实现了理论武装与理论创新、理论创新与实践创新的良性互动与交互融通。中国共产党始终不懈坚持用创新发展的马克思主义武装全党、教育人民、指导工作，为创新发展当代中国马克思主义、二十一世纪马克思主义积累了宝贵的历史经验和深刻的历史启示。

　　在科学社会主义看来，共产党的诞生之所以标志无产阶级争取自身权利的斗争进入新阶段，关键在于共产党是以科学理论作为行动指南的党，共产党人不同于一般无产阶级的地方就在于他们对无产阶级运动进程和规律的把握是以先进的、科学的、深刻的理论为基础，始终在革命开展进程中注重推进理论创新，因而这也成为了共产党的一项理论传统和思想

---

① 《中共中央关于党的百年奋斗重大成就和历史经验的决议》，人民出版社 2021 年版，第 25—26 页。

② 《中共中央关于党的百年奋斗重大成就和历史经验的决议》，人民出版社 2021 年版，第 26 页。

优势，从而使得社会主义和共产主义在不同的历史时期都能够焕发出强大的生机活力。而在推进理论创新的进程中，指导思想的创新又居于核心地位，是整个思想理论创新的动力之源。所谓指导思想就是能够对党的各项事业起到普遍性的指引作用的基本立场、基本观点和重大原则，指导思想的创新也就是最深层的理论创新。

以科学的世界观作为行动指南并结合时代条件的变化主动完善和创新指导思想，以新思想回应新问题指导新实践，是中国共产党在长期理论和实践探索中形成的一条重要经验和优势，也完全符合马克思主义经典作家的基本观点。恩格斯指出："我们党有个很大的优点，就是有一个新的科学的世界观作为理论的基础"①。中国共产党在革命、建设、改革各个历史时期，都始终坚持马克思主义指导思想，并立足于实践发展致力于实现指导思想的创新与发展，不断形成中国化时代化的马克思主义创新理论，对中国共产党的理论指导意义上的方向性统一以及我国经济社会发展的根本指引起到了领航前行的重大作用。

现代政党往往具有各自不同的党纲，而对不同世界观方法论的取舍以及自身党纲的理解反映着的是某一政党最深层的信念，这是任何一个政党都必须回应的问题，无论它自身对此是否有明确自觉的认知。中国共产党在指导思想上旗帜鲜明，始终坚持以马克思列宁主义为指导。之所以如此，根本原因在于马克思主义深刻揭示了自然界、人类社会、人类思维的普遍规律，始终占据人类真理和道义的制高点。中国共产党人始终站在真理的一边，站在人类正义的一边，以历史主动精神不断推进马克思主义理论创新，用中国化时代化的马克思主义指导实践，创造人民美好生活。

---

① 《马克思恩格斯文集》第 2 卷，人民出版社 2009 年版，第 599 页。

第 四 章

新时代中国马克思主义创新发展的基本路径

中国特色社会主义进入新时代以来，以习近平同志为核心的党中央不断推进马克思主义中国化时代化，创新发展当代中国马克思主义、二十一世纪马克思主义。习近平总书记指出："面对快速变化的世界和中国，如果墨守成规、思想僵化，没有理论创新的勇气，不能科学回答中国之问、世界之问、人民之问、时代之问，不仅党和国家事业无法继续前进，马克思主义也会失去生命力、说服力。"①

历史是最好的教科书，也是最好的清醒剂，新时代中国马克思主义创新发展以反思历史为前提，科学总结历史经验、把握历史规律，坚定历史自信、增强历史主动，不断增强马克思主义创新发展的预见性和自觉性。实践是理论创新发展的活水源头和动力源泉，新时代中国马克思主义创新发展以立足当代实践为根据，聚焦时代问题、反映时代精神，及时将新时代实践经验进行科学总结并且上升为新的理论成果，实现马克思主义中国化新的飞跃。问题是时代的声音，回答并且指导解决问题是理论创新的根本任务，新时代中国马克思主义着力解决新时代新征程中的问题，在解决时代问题过程中谱写马克思主义中国化时代化新篇章。

---

① 《习近平谈治国理政》第 4 卷，外文出版社 2022 年版，第 30 页。

一、反思历史是新时代中国马克思主义创新发展的前提

马克思、恩格斯曾经指出："一切划时代的体系的真正的内容都是由于产生这些体系的那个时期的需要而形成起来的。所有这些体系都是以本国过去的整个发展为基础的"①。习近平同志在 2011 年 9 月中共中央党校秋季学期开学典礼上的讲话指出："历史是一个民族、一个国家形成、发展及其盛衰兴亡的真实记录，是前人的'百科全书'，即前人各种知识、经验和智慧的总汇。"② 历史是"最好的教科书""最好的营养剂""最好的清醒剂"，他强调"只有在整个人类发展的历史长河中，才能透视出历史运动的本质和时代发展的方向"。③ 这些重要论述为新时代中国马克思主义创新发展提供了理论指导和基本遵循。

"以史为鉴，可以知兴替"，"欲知大道，必先为史"。学习历史、透析历史、反思历史、总结历史，从历史中不断汲取营养、涵养理念、自我完善、走向成熟，是中国共产党的优良传统和之所以能的基本经验。中国共产党人历来高度重视总结历史经验，在科学总结历史经验过程中不断推进马克思主义中国化时代化，推动马克思主义创新发展。早在延安时期，毛泽东就强调："如果不把党的历史搞清楚，不把党在历史上所走的路搞清楚，便不能把事情办得更好。"④ 延安整风总结了中国新民主主义革命的历史经验，破除了以王明为代表的教条主义的迷信，党的六届七中全会通过了《关于若干历史问题的决议》，为党的七大确立马克思主义中国化的第一大理论创新成果——毛泽东思想的指导地位奠定了基础。邓小平同

---

① 《马克思恩格斯全集》第 3 卷，人民出版社 1960 年版，第 544 页。
② 习近平：《领导干部要读点历史》，《学习时报》2011 年 9 月 6 日。
③ 《十九大以来重要文献选编》（上），中央文献出版社 2019 年版，第 423 页。
④ 《毛泽东文集》第 2 卷，人民出版社 1993 年版，第 399 页。

志在改革开放新时期指出："历史上成功的经验是宝贵财富，错误的经验、失败的经验也是宝贵财富。这样来制定方针政策，就能统一全党思想，达到新的团结。这样的基础是最可靠的。"①党的十一届六中全会上科学总结了社会主义革命和建设的历史经验，通过了《关于建国以来党的若干历史问题的决议》，正确评价了毛泽东同志和毛泽东思想，纠正了"左"右两种错误思想倾向，为马克思主义中国化的第二大理论创新成果——邓小平理论创立和形成奠定了思想基础。

　　党的十八大以来，以习近平同志为核心的党中央高度重视对于历史的学习，逐步确立完善以学习党史、新中国史、改革开放史、社会主义发展史为主要内容的"四史"学习教育总体思路。2019 年 11 月习近平总书记在上海考察以及 2020 年 1 月习近平总书记在"不忘初心、牢记使命"主题教育总结大会上都强调，要把学习贯彻党的创新理论，同学习党史、新中国史、改革开放史、社会主义发展史结合起来。2021 年 2 月 15 日，党中央印发《关于在全党开展党史学习教育的通知》。20 日，党史学习教育动员大会召开，习近平总书记发表重要讲话，要求全党学史明理、学史增信、学史崇德、学史力行，学党史、悟思想、办实事、开新局。2021 年 5 月，中共中央办公厅印发《关于在全社会开展党史、新中国史、改革开放史、社会主义发展史宣传教育的通知》。2021 年 6 月，《求是》杂志第 11 期、12 期先后发表习近平总书记重要文章《学好"四史"，永葆初心、永担使命》《以史为镜、以史明志，知史爱党、知史爱国》，为党史学习教育活动提供了理论指导和基本遵循。在庆祝中国共产党成立 100 周年大会上，习近平总书记指出："中国共产党和中国人民以英勇顽强的奋斗向世界庄严宣告，改革开放是决定当代中国前途命运的关键一招，中国大踏步赶上了时代！"②

---

① 《邓小平文选》第 3 卷，人民出版社 1993 年版，第 234—235 页。
② 《习近平谈治国理政》第 4 卷，外文出版社 2022 年版，第 6 页。

波澜壮阔的改革开放历史，是党领导人民推进社会主义制度自我完善和发展的实践史，是集中展现决定当代中国命运的关键抉择和实践探索的壮丽画卷。40余年春风化雨、春华秋实，"中华民族迎来了从站起来、富起来到强起来的伟大飞跃！中国特色社会主义迎来了从创立、发展到完善的伟大飞跃！中国人民迎来了从温饱不足到小康富裕的伟大飞跃。"①

在建党百年的重大时刻和"两个一百年"历史交汇的关键节点，中国共产党人开展党史学习教育，为开启新时代马克思主义创新发展具有十分深远的意义。围绕党史学习教育，习近平总书记提出了许多新理论、新论断，这些重要论述科学而深刻地阐述了"什么是党史学习教育、为什么要开展党史学习教育以及怎样开展党史学习教育"等关键问题，既是对历史唯物主义的继承和发展，也包括对我们党过去坚持和发展马克思主义一系列重要经验的深刻总结，以对党史的深刻反思不断推进中国马克思主义的创新发展也是中国共产党不断实现理论创新的一个重要法宝。深入学习领会习近平总书记关于党史学习教育的重要论述，特别是围绕如何坚持和发展新时代下的马克思主义的精辟论述，具有重要的意义。

习近平总书记在党史学习教育动员大会上，明确指出中国共产党的历史梳理过程，就是不断总结经验教训的学习过程，与此同时也是不断深化理论创新与创造的过程，在对历史的学习与梳理中，深刻运用马克思主义基本原理，并将其熔铸到国家建设与人民生活实际问题中，不断传承与弘扬中华优秀传统文化，这才是对历史最好的尊重与总结。在党史的不断学习中，深化对辩证唯物主义和历史唯物主义的理解和运用，不断以科学世

---

① 习近平：《在庆祝改革开放40周年大会上的讲话》，人民出版社2018年版，第19页。

界观和方法论来解答实际生活中不断出现的新问题，才能在与时俱进中将理论与实践结合得更加紧密，真正发扬马克思主义的真理性。我们必须在中国共产党的百年历程中深入领会坚持和发展马克思主义的重要性，正确掌握党的发展科学最新研究成果的重要内涵，完整理解与领会新时期中国特色发展理念。坚持和发展马克思主义，是我们党的一大政治优势，马克思主义是立党兴国的基础指导思想。

在中国共产党百年奋斗的历史进程中，中国共产党人把马克思主义基本原理同中国具体实际相结合，同中华优秀传统文化相结合，为引领我国革命、建设和改革提供理论指导和根本遵循。在新时期坚持和发扬马克思主义，我们必须深切意识到：马克思主义是科学世界观和方法论，为我们认识世界、掌握规律、追求真理提供了有力思想武器；马克思主义是党的学说，为我们建党兴党强党奠定了基本的理论依据；马克思主义开放发展的理论，为我们开创马克思主义中国化新境界，奠定了行动指南。实践告诉人们，中国共产党之所以能，中国特色社会主义之所以好，归根结底就是因为马克思主义行，是中国化时代化的马克思主义行。坚持和发展马克思主义，必须不断推进理论创新。新时代的坚持和发展中国特色社会主义，正面临着许多新情况新问题、出现许多新矛盾及新挑战，迫切需要我们以与时俱进的理论品格推进社会主义理论创新。习近平总书记指出，推进理论创新、进行理论创造是一个系统工程。党的十八大以来，习近平总书记围绕坚持和发展马克思主义发表了一系列重要论述。他强调指出，当代中国正经历着本国历史上最为广泛而深刻的社会变革，也正在进行着人类历史上最为宏大而独特的实践创新，因此必须把坚持马克思主义基本原理同推进实践基础上的理论创新统一起来，坚持不懈推动思想再解放、改革再深入、工作再抓实。

具体而言，通过反思历史实现新时代中国马克思主义创新发展主要体现在以下几个方面。

（一）通过党史学习教育，坚定党在新时代创新发展中国马克思主义进程中的核心地位

中国共产党的优良传统和政治优势，就在于始终强调从思想上建党，始终高度重视意识形态建设工作，党管意识形态是我们党自创建以来就十分注重的关键问题。加强意识形态的领导权、管理权、话语权实际也是党的建设的重要内容，而我们党掌握意识形态工作的主要方面就是巩固马克思主义在意识形态领域的指导地位。

中国共产党领导的新民主主义革命是一个复杂而漫长的过程，需要同帝国主义、封建主义、官僚资本主义的斗争，改变国家面貌需要克服重重困难。在这一过程中，党领悟到只有注重深挖思想意识领域的问题，才能够更好地联合广大人民群众，推进革命目标的实现。为此，党在思想意识领域开展了广泛的教育和宣传活动，普及革命诉求和马克思列宁主义的基本思想。党通过宣传喜闻乐见的做法和通俗易懂的方式及话语，在广大群众中培育和扩大革命影响力，使革命的各个阶段得到广泛的支持与人民群众的持续关注。为了在思想意识领域展开有效斗争，中国共产党人必须具备一定的理论素养。在新民主主义革命斗争过程中，要回应各种错误思潮的挑战，党需要弘扬伟大斗争精神，通过不断开展进行理论宣传与教育，让广大群众能够更好地理解并支持革命。中国共产党人通过宣传马克思主义基本原理，正确阐述革命的根本目标和追求的社会理想，增强了人民群众的斗争信心与革命积极性，同时也坚定了革命道路上的信念。为确保革命事业的胜利，中国共产党人也在不断探索和实践，领导中国新民主主义革命在不断取得胜利和革命力量的不断壮大。另外，中国共产党人在思想意识领域的斗争不仅局限于国内，还面临着国际反动势力的挑战。因此，在外交方面也要抓住各种机会为革命发声，争取国际社会的支持。中国共产党以对革命事业高度负责的态度，把统一思想意识领域的斗争作为必须

要实现的任务之一，其艰辛程度可见一斑。总而言之，思想意识领域的斗争在新民主主义革命中发挥了重要作用。中国共产党人通过传播马克思主义先进理论，掀起了一场反对帝国主义、封建主义、官僚资本主义等资产阶级反动思想的斗争，推进了中国新民主主义革命的全面发展。

新中国成立后，党领导广大人民群众建立、维护和巩固了社会主义政权，成为实现中国现代化和建设社会主义的基本前提。在社会主义革命和建设时期，中国共产党人一直把马克思主义作为党和国家的指导思想，把社会主义建设视为第一任务，同时在建设马克思主义意识形态理论体系和话语系统的实践中，也与时俱进地发展马克思主义。不论是从政治体制的改革还是经济结构的调整，党始终把意识形态建设作为改革开放和社会主义现代化建设的重要内容。针对中国社会的实际问题，中国共产党人不断发展和完善马克思主义理论体系，为构建无产阶级意识形态思想提供了科学的理论指导和政治支持。此外，还积极借鉴国外的先进经验，不断吸收有益的思想和理论，并且在坚持马克思主义基础上进行创新和拓展。改革开放以来，中国共产党高度重视普及人民群众的科学素质和文化教育，加强基础教育和职业技能培训，大力推广普及教育和终身教育，为构建社会主义现代化建设的人才队伍打下坚实的基础。在意识形态领域的建设中，还重视维护国家安全与社会安定稳定，大力推动加强文化安全和意识形态安全等工作。意识形态的影响力不仅来自政治制度和经济结构，更来自国家文化的传播和引领。因此，在传媒、文化、科技等领域的建设中，不但要推动中华优秀文化的发展和保护，还要抵制和打击各种损害国家和社会安全的行为和思想。中国共产党坚持意识形态领导权、管理权和话语权的统一，为社会主义建设事业创造了良好的舆论环境和思想氛围。在党报、党刊、广播、电视、互联网等各种媒体上传播党的主张，并且充分发挥意识形态的引导作用。此外，还鼓励和支持各类文化艺术创作，在音乐、戏剧、电影、出版等领域用艺术手法提高人民的文化素质，推动社会主义文化建设。只有不断推进马克思主义意识形态建设，扩大马克思主义理论的传播和实践，才能确保中国特色社会主义道路的长期走向，促进人类文明的发展。

党的十一届三中全会后，中国共产党坚持"解放思想、实事求是"的思想路线，通过拨乱反正推动党的意识形态建设工作重新步入正确轨道。一方面，恢复了中国共产党人实事求是的优良传统和思想路线，主动开启和推动改革开放的伟大进程，使社会主义现代化建设进入新时期，这也为党的理论创新提供了实践基础；另一方面，在改革开放的探索过程中，我们党以马克思主义为根本的指导思想和理论武器，同党内"左"、右两种错误思想认识进行斗争，同资产阶级自由化等各种错误思潮进行斗争，从而巩固了马克思主义在意识形态领域的主导地位，也使改革开放始终沿着正确方向和道路前进。

党的十八大以来，以习近平同志为核心的党中央高度重视意识形态工作，强调"经济建设是党的中心工作，意识形态工作是党的一项极端重要的工作"①。而"宣传思想工作就是要巩固马克思主义在意识形态领域的指导地位，巩固全党全国人民团结奋斗的共同思想基础"②。强调要建设具有强大凝聚力和引领力的社会主义意识形态，依据国情和时代的变化，进一步明确意识形态工作的战略定位和目标任务，从而将党对意识形态建设工作的主体地位提升到一个新的高度，而其核心就是不断巩固和完善党对意识形态工作的全面领导，从而使得我国意识形态形势发生全局性、根本性转变。党对意识形态工作的全面领导是习近平关于意识形态工作重要论述的核心原则，主要包括对于各类思想的传播工作，尤其是对于全国各类型媒体的管理。在这些工作之中，最直接最重要还是落脚在掌握意识形态领

---

① 《习近平谈治国理政》第 1 卷，外文出版社 2018 年版，第 153 页。
② 《习近平谈治国理政》第 1 卷，外文出版社 2018 年版，第 153 页。

导权、管理权和话语权的问题上。恩格斯就曾谈道，应当在国家级别的报刊之中不断传播自己政党的思想，这样做可以很大程度加强政党影响力，且可以回击种种对于自己党派的攻击。只有使党不断加强对于意识形态领域的管理，才能确保我国社会思想领域不变质，保持各类媒体与报刊的根本观点不被外来势力所渗透和腐蚀。

第一，从主体责任方面明确了党对意识形态工作的全面领导地位。以习近平同志为核心的党中央出台了《党委意识形态工作责任制实施办法》，明确了各个层次各个方面的责任要求，要求巩固党委的作用，厘清了意识形态工作的底线、红线，从而首次以党内法规形式在总体上与制度上对党委意识形态工作责任制作了明确规定，要求党委及其工作人员务必履行职责，并从六个方面明确了党领导意识形态工作的主体职责。具体而言就是，及时掌握国内社会思想动态及导向，传播主流思想价值观念；加强互联网以及新媒体和自媒体的宣传工作的职责，做好配套人员培训与相关队伍建设。

第二，强调加强对意识形态的阵地管理。巩固和扩大意识形态阵地是落实党对意识形态工作领导权、管理权、话语权的题中应有之义和必然路径。历史实践证明，思想舆论阵地，一定要有主动占领的意识，否则就会被其他错误思潮捷足先登。此外，应当明确属地责任，各地区的负责人对本区的思想阵地主要负有主要责任，不得推诿，对于造成不良影响的思想及时控制，设立奖惩机制，推动先进优秀文化思想在国内社会竞相发声，坚决抵制各类错误思潮传播和影响。

第三，强调要继续弘扬伟大斗争精神。敢于亮剑、善于斗争也是掌握意识形态工作领导权必须具备的能力。中国特色社会主义进入新时代，习近平总书记强调："在意识形态领域斗争上，我们没有任何妥协、退让的余地，必须取得全胜。"①必须同新自由主义、历史虚无主义以及种种攻

---

① 《习近平关于总体国家安全观论述摘编》，中央文献出版社 2018 年版，第 118 页。

击党和国家的错误思潮作坚决斗争。除了要敢于斗争之外，善于斗争也是必须时刻注意的方面。要将斗争精神与斗争艺术和斗争策略有机统一，"有理有利有节开展舆论斗争，帮助干部群众划清是非界限、澄清模糊认识"①。

第四，提高管理意识形态工作的科学性和准确性。这就涉及对舆情进行预警监测、科学研判并且快速处置。以立体式、综合式为特点的现代信息技术，将有可能引发炒作的热点敏感信息从杂多的海量信息中提前加以抓取，扎实做好预判工作。在舆情搜集基础上，使用科学分析思路，对于其思想来源、本质及回应对策做出合理应对，及时疏导。必须真正改变"瞒、拖、压"的处置方式"避免一些具体问题演变成政治问题、局部问题演变成全局性事件，避免出现大的意识形态事件和舆论漩涡"②。对于意识形态领域苗头性问题、突发事件，要及时发现快速处置。

（二）通过党史学习教育，明确坚持马克思主义基本原理与推进马克思主义中国化时代化相统一，是推进新时代创新发展中国马克思主义的基本方法

中国共产党作为一个以马克思主义为思想武装的先进政党，始终将马克思主义基本原理同中国具体实际相结合，把握意识形态工作的主导权，推动中国特色社会主义不断取得重大成就。中国共产党坚持马克思主义理论教育、社会主义核心价值观引导，推动党员干部和人民群众的思想觉悟提升，提高他们的科学文化素养和思想道德素质，增强党员干部和人民群众的政治领悟力、政治判断力和政治执行力。中国共产党在社会主义建设

---

① 《习近平关于网络强国论述摘编》，中央文献出版社2021年版，第50页。
② 《习近平关于总体国家安全观论述摘编》，中央文献出版社2018年版，第128页。

的过程中，始终秉持"以人为本"的发展思想，努力推进社会主义改革和现代化建设。随着中国的改革开放和现代化进程加快，中国共产党又不断深化了自己的意识形态工作，不断拓展新的思想宣传、文化传播和舆论引导等领域，不断创新意识形态工作的理论与实践，取得了意识形态建设的显著成果。意识形态工作是中国共产党的一项基本工作，它起着举旗定向、统一思想、凝聚力量的重要作用。正是由于中国共产党正确把握住意识形态工作的重要性，才能在一系列重大历史事件中取得胜利。毛泽东在《论新阶段》一文中提出"马克思主义中国化"的观点和重大判断，是对马克思主义理论创新的原创性贡献，具有重要的理论意义和现实意义。"马克思主义中国化"既强调马克思主义基本原理的普遍性，也强调马克思主义基本原理运用的民族性、时代性。事实上，中国共产党在革命、建设、改革发展的各个历史阶段，都紧密结合中国实际和时代特征推进马克思主义中国化时代化，从而丰富、深化和发展了马克思主义的意识形态理论。

以毛泽东同志为主要代表的中国共产党人对马克思主义理论创新作出了一些原创性的贡献。例如，实事求是的思想路线论、新民主主义革命性质论、农村包围城市的革命道路论、土地革命中心论、农民作为主要革命动力论、对于资产阶级一分为二和民族资产阶级两面性的辩证分析论、无产阶级革命战争的辩证法和认识论、人民民主专政论、和平改造社会主义论、关于社会主义社会基本矛盾和正确处理两类不同性质的矛盾论、人民群众主体论、独立自主的和平外交论、关于"三个世界"划分的理论，等等。毛泽东思想是马克思列宁主义在中国运用和发展的独创性成果，在实践经验总结与理论凝练的不断发展过程中被确立，是马克思主义中国化的第一次历史飞跃。

以邓小平同志为主要代表的中国共产党人在改革开放和社会主义现代化建设过程中，科学回答了"什么是社会主义、怎样建设社会主义"的重大理论和实践问题，创立了邓小平理论。以江泽民同志为主要代表的中国共产党人围绕进一步深化马克思主义在中国的运用，逐渐"加深了对什么是社会主义、怎样建设社会主义和建设什么样的党、怎样建设党的认识，形成了'三个代表'重要思想"①。以胡锦涛同志为主要代表的中国共产党人，"在全面建设小康社会进程中推进实践创新、理论创新、制度创新，深刻认识和回答了新形势下实现什么样的发展、怎样发展等重大问题，形成了科学发展观"②，继续坚守并创新中国特色社会主义的科学内涵。

党的十八大以来，以习近平同志为主要代表的中国共产党人，统筹中华民族伟大复兴战略全局和当今世界百年未有之大变局，紧密围绕"新时代坚持和发展什么样的中国特色社会主义、怎样坚持和发展中国特色社会主义，建设什么样的社会主义现代化强国、怎样建设社会主义现代化强国，建设什么样的长期执政的马克思主义政党、怎样建设长期执政的马克思主义政党"③等重大时代课题做出一系列科学回答，创立了习近平新时代中国特色社会主义思想。

习近平新时代中国特色社会主义思想强调"坚持把马克思主义基本原理同中国具体实际相结合、同中华优秀传统文化相结合，用马克思主义观察时代、把握时代、引领时代，继续发展当代中国马克思主义、21世纪马克思主义！"④习近平新时代中国特色社会主义思想提出并坚持"两个结合"，凸显了马克思主义中国化新飞跃的一个实质内容。"两个结合"是中国共产党人总结推动马克思主义创新发展的实践经验得出的重大论断，这个论断遵循"理论联系实际"这一马克思主义的基本原则。"两个

---

① 《中共中央关于党的百年奋斗重大成就和历史经验的决议》，人民出版社2021年版，第16页。
② 《中共中央关于党的百年奋斗重大成就和历史经验的决议》，人民出版社2021年版，第16页。
③ 《中共中央关于党的百年奋斗重大成就和历史经验的决议》，人民出版社2021年版，第25—26页。
④ 《习近平谈治国理政》第4卷，外文出版社2022年版，第10页。

结合"是对马克思主义的创新运用，是中国特色社会主义理论体系的核心理论之一。其提出与不断的实践运用，为中国面临的问题提供了有效的解决之道，在推动中国特色社会主义事业的发展过程中，发挥了重要的推动作用。

充分体现马克思主义与时俱进的特点，不断回应时代之问，是构建中国意识形态理论体系和话语体系的基本要求。话语体系以系统化和理论化的方式表达和把握一定时代经济社会发展方式和文化传统，作为能动反映一定社会存在的特定范畴概念和话语体系，它必然随社会存在发展变化而变化。在新民主主义革命时期，"革命"是中国马克思主义理论创新和话语体系建设的核心范畴，中国共产党意识形态建设创新革命的理论和话语，为开展土地革命、抗日战争、解放战争提供理论指导、精神动力和舆论支撑。从新民主主义时期的实践经验中，中国共产党人创新发展出一整套的革命理论，科学揭示出属于我国革命独特的本质、方法、阶段、动力、领导、前途等内涵，形成本土化的革命话语体系，标志对中国革命获得真理性认识。社会主义革命和建设时期，建立、巩固、维护和发展社会主义制度，成为中国共产党马克思主义理论建设的首要任务。伴随社会主义改造顺利完成，社会主义制度的建立，中国共产党人突出了社会主义革命与社会主义建设的理论内容和话语方式。进入改革开放和社会主义现代化建设新时期，随着党和国家工作重心向经济建设的转移，中国共产党的主要任务转为全面推进经济社会发展，深入探索中国特色社会主义建设规律以实现社会主义现代化，因而这一时期马克思主义意识形态理论体系和话语体系建设主要围绕改革开放和社会主义现代化建设而展开。其中一系列代表性范畴和观点如，"解放思想　实事求是""实践是检验真理的唯一标准""走自己的路，建设有中国特色的社会主义""以经济建设为中心""一个中心　两个基本点""社会主义初级阶段""社会主义市场经济""小康社会""社会主义现代化""社会主义民主政治""社会主义精神文明""社会主义和谐社会""三个代表""科学发展观"等等，充分彰显改革开放和社会主义现代化建设的主基调。

党的十八大以来，以习近平同志为核心的党中央高度重视话语体系建设，强调要"不断增强意识形态领域主导权和话语权"，特别是根据新时代中国经济社会发展的实际，即以我国日益走近世界舞台中央为标志的我国综合国力的提升，提出要构建具有中国特色、中国风格、中国气派的哲学社会科学学科体系、学术体系、话语体系。具体而言就是，要立足中国特色社会主义伟大实践，具有主体性、原创性的理论观点一定是以中国的实际为建构起点才能获得牢固的地基，特别是要构建以马克思主义为指导、具有自身特征的学科体系、学术体系、话语体系。再者要继续发扬敢于斗争精神，面对各类非马克思主义或者反马克思主义的错误思潮要敢于亮剑、彻底批判以澄清理论是非、凝聚价值共识。而在国际层面，要善于围绕全世界人民共同需要应对的论题，独创性地展现属于中国自己的价值回答与解决之策，彰显中华文化的独有魅力塑造和提高新时代的国家文化软实力。而在形式层面要创新丰富话语方式，体现出与时俱进的中国如何对世界难题进行回答与负责。党的十八大以来，中国共产党中央高度关注中国特色话语体系的建设，不断弘扬中国价值观，传达中国主张，展示中国形象，宣扬中国智慧，体现中国担当，推动构建人类命运共同体，致力于打造出充满新时代气质的中国话语，并初步构建以当前为依托，面向未来，走向世界的中国特色话语体系。

（三）通过党史学习教育，坚定在反对错误思潮中实现新时代中国马克思主义的创新发展

中国共产党推进马克思主义理论创新，是在同党内"左"与右两种错误思想倾向以及各种错误思潮进行斗争的过程中实现的。正如习近平总书

记指出的："对待马克思主义，不能采取教条主义的态度，也不能采取实用主义的态度。如果不顾历史条件和现实情况变化，拘泥于马克思主义经典作家在特定历史条件下、针对具体情况作出的某些个别论断和具体行动纲领，我们就会因为思想脱离实际而不能顺利前进，甚至发生失误。"①

　　在中国革命、建设和改革实践中，中国共产党人弘扬斗争精神，重视对各种错误思潮特别是党内"左"与右两种错误思想倾向的批判和斗争。左倾教条主义虽然主张用马克思主义指导中国革命和建设，但它却固守"本本"，在遇到问题时僵化地、机械地寻求马克思主义经典作家的个别论断或观点，而不是创造性地运用马克思主义基本原理分析和解决现实具体问题。正如习近平总书记指出的："什么都用马克思主义经典作家的语录来说话，马克思主义经典作家没有说过的就不能说，这不是马克思主义的态度。同时，根据需要找一大堆语录，什么事都说成是马克思、恩格斯当年说过了，生硬'裁剪'活生生的实践发展和创新，这也不是马克思主义的态度。"②这就是在启发我们在日常学习和生活中要特别注意马克思主义的应用和态度问题。在马克思主义的理论体系中，有汗牛充栋的经典作家文献，这些文献对马克思主义的发展和推广起到了重要作用。然而，有些人在运用马克思主义的时候，却出现了一些不恰当的做法，比如"什么都用马克思主义经典作家的语录来说话"，或者强调"马克思主义经典作家没有说过的就不能说"，这种做法实际上是对马克思主义的误解和扭曲。

　　首先，马克思主义是科学的整体的理论体系，它的发展需要不断地结合实践进行创新和完善。马克思主义科学揭示了自然界、人类社会、人类思维发展的客观规律，马克思主义基本原理无疑是正确的，我们必须毫不动摇地坚持。但是，马克思主义基本原理的实际运用，"随时随地都要以

---

① 习近平：《在哲学社会科学工作座谈会上的讲话》，人民出版社2016年版，第13页。
② 习近平：《在哲学社会科学工作座谈会上的讲话》，人民出版社2016年版，第13—14页。

当时的历史条件为转移"①。马克思主义理论的科学性和理论指导性，不是仅仅依靠机械套用经典作家的个别语录和观点就能够实现的，需要我们以马克思主义的基本立场、观点和方法为理论指导，结合实际情况进行科学分析和深入研究。

其次，根据需要找一大堆语录来支持自己的观点，或是把所有的问题都解释为马克思主义的经典作家当年所说的，是一种实用主义的态度。这种做法不考虑实际情况和时代背景的变化，原则在先、结论在先，调查研究在后，实际上是恩格斯在《反杜林论》中批判过的主观先验主义方法论。事实上，马克思主义是一个不断发展的开放的理论体系，需要在实践中不断验证、发展和完善。马克思主义从来不是一成不变的教条，而是根据不同历史阶段和实践情况的变化而不断发展的动态理论与实践体系。因此，要真正理解和应用马克思主义，必须从实际出发，根据具体情况进行分析和判断。简单地把一些语录套在某些问题上，是不符合马克思主义的科学精神的错误做法。

再次，马克思主义经典作家并不是一成不变地回答了所有问题，而是提出了一种解决问题的科学世界观和方法论。因此，如果仅仅局限于经典作家的语录而不进行创新和发展，就会失去对时代和实践的敏锐洞察力和灵活应变能力，也就难以适应当今复杂多变的世界和不断变化的社会需求。马克思主义是在实践中不断发展和完善的，实践是检验真理的唯一标准，也是马克思主义发展的动力源泉。因此，真正的马克思主义者必须密切关注当代社会发展的新变化，深入调研和分析，勇于创新和实践。只有在实践中不断探索，把实践中的矛盾转化为理论问题，才能不断推进理论创新发展。

新民主主义革命时期，党内出现过以王明为代表的"左"倾教条主义，

---

① 《马克思恩格斯选集》第 1 卷，人民出版社 2012 年版，第 386 页。

其把马克思列宁主义教条化，把俄国十月革命的经验和共产国际的指示神圣化，结果使得思想领域出现混乱。以毛泽东同志为主要代表的中国共产党人，在中国革命实践中并没有僵化地、机械地照搬照抄马克思主义经典作家针对具体情况的个别论断和观点，没有简单复制俄国十月革命的经验，而是根据中国社会农民占大多数、农业经济相对独立且在国民经济中占据主导地位、敌我力量对比等客观实际，走出了一条以农村包围城市、武装夺取政权的新民主主义革命道路。

党的十一届三中全会召开前夕，面对党内存在的"两个凡是"的错误思想路线，以邓小平同志为主要代表的中国共产党人旗帜鲜明反对"两个凡是"，支持真理标准大讨论，肯定实践是检验真理的唯一标准，强调解放思想、实事求是的思想路线和科学态度。1992年春天邓小平同志在武昌、深圳、珠海、上海等地发表重要谈话，强调要进一步解放思想、改革开放，防止错误观点阻碍改革的顺利推进，"左"同右一样都可以葬送社会主义。中国要警惕右，但当时的重点是防止"左"。同时，针对在改革开放过程中出现的"全盘西化"的资产阶级自由化的右的错误倾向，以邓小平同志为主要代表的中国共产党人在特别注重反对否定四项基本原则、主张全盘西化的资产阶级自由化思潮的批判。资产阶级自由化思潮主张全盘照搬西方的宪政民主制度和市场经济理论等，认为西方文明走在世界历史前列，是各国开展社会建设的模板，并主张将西方的价值理念"嫁接"到中国，大肆宣扬全盘西化，而不顾中国社会的客观实际。资产阶级自由化思潮严重干扰改革开放路线，导致对改革开放方向的误导。在党的十五届五中全会上，江泽民同志就明确指出，一方面对马克思主义经典作家著作的学习和运用，不能搞照抄照搬的教条主义、本本主义，同时对国外包括西方国家东西的学习和借鉴，也要采取分析的实事求是的态度，也不能搞照抄照搬的教条主义、本本主义。

中国特色社会主义进入新时代，面对当今百年未有之大变局加速演进、世界进入新的动荡变革期的时代境遇，中国共产党人必须更加紧密地团结在以习近平同志为核心的党中央周围，严守政治纪律和政治规矩，认真贯彻习近平新时代中国特色社会主义思想，并自觉运用于中国特色社会主义实践之中。学习贯彻习近平新时代中国特色社会主义思想，就必须坚持理论联系实际，不断深化对实际问题的研究和思考。只有通过深入实践、系统总结、科学分析，才能加深对问题的理解和认识，更好地提出解决问题的方案和对策。在坚持理论联系实际的学风同时，也要弘扬解放思想、与时俱进的科学精神，进一步推动经济社会各领域的改革和发展。解放思想是为了突破思想领域的禁锢，科学认识新时代规律和人民群众的现实需要，科学解答中国之问、世界之问、时代之问、人民之问。只有这样，才能更好地应对国内外的挑战，把中国特色社会主义事业不断推向前进。

总之，中国共产党的意识形态建设始终坚持与各种错误思潮作斗争，集中批判了以西教条、儒教条和"左"教条为主要代表的教条主义，"反对主观主义、教条主义、形式主义，防止空对空、两张皮"①，并在批判错误思潮的过程中坚持和发展马克思主义，牢牢掌握马克思主义意识形态话语权，这是党在其百年奋斗史中不断推进马克思主义向前发展的重要经验，也是在新时代创新发展马克思主义的基本路径。

二、立足实践是新时代中国马克思主义创新发展的根据

实践范畴是马克思主义哲学最核心、最基础的范畴。只有在实践基础上，马克思主义哲学才超越了以往唯心主义和旧唯物主义哲学，实现了唯

---

① 习近平：《在全国党校工作会议上的讲话》，人民出版社 2016 年版，第 16 页。

物论与辩证法、唯物辩证的自然观与历史观、本体论与认识论的高度统一。马克思正是从物质资料生产实践即生产劳动出发，找到了理解全部人类社会历史发展的"钥匙"。实践性是马克思主义的本质特征，是马克思主义区别于其他社会历史理论、学说、思潮最显著的标志。[①] 马克思主义的科学实践观告诉我们：全部社会生活在本质上是实践的，人类社会存在的基础和发展的动力是以物质生活资料的生产为根本的实践活动，人类社会历史的真正发源地和"秘密"只能到实践中去探求，而不是在"天上"或者抽象"思辨的云雾"中寻找；人类社会的一切矛盾和"问题"都是在实践中发生的，解决这些矛盾和问题也只能通过革命的、批判的"变革的实践"，而不能仅仅停留于合理地"解释世界"；人的认识是否具有客观的真理性，这不是一个理论问题，而是一个实践的问题，检验真理的标准只能是社会实践，离开实践的思维的现实性或非现实性的争论是一个"纯粹经院哲学的问题"[②]。马克思以其在《关于费尔巴哈的提纲》一书中的名言"哲学家们只是用不同的方式解释世界，而问题在于改变世界"[③]作为自己在英国伦敦北郊墓碑上的墓志铭。

马克思主义强调和维护最广大人民群众的根本利益，认为社会的变革不是通过哲学思辨可以实现的，而必须通过真正的实践行动才能推进社会的进步和发展。马克思主义理论是以解释和认识世界为起点，但其目的是要改变世界，让社会变得更加公正、平等和繁荣。在马克思主义视域下，人类历史是一个自然历史过程，也是人民群众能动创造的过程。社会变革的推动力量是人民群众自身的力量，而不是某些先知或强权的力量。因

---

① 参见袁银传、秦红：《21 世纪中国马克思主义的创新发展路径》，《思想理论教育》2016年第 9 期。

② 袁银传、秦红：《21 世纪中国马克思主义的创新发展路径》，《思想理论教育》2016 年第 9 期。

③ 《马克思恩格斯选集》第 1 卷，人民出版社 2012 年版，第 140 页。

此，马克思主义主张人民群众要掌握自己的命运，就必须积极参与社会变革。马克思主义并不是一种抽象的书斋理论，而是以变革世界的使命。马克思在其《关于费尔巴哈的提纲》一书中强调了理论和实践的密切关系，表明了以往哲学家们在探究世界的本质和规律时，只是通过不同的方式对现实进行了解释，而真正的问题在于如何改变社会现实，为人民谋求福利，阐释了马克思主义的实践导向和社会变革的重要性。

（一）新时代中国马克思主义理论创新与解决新时代中国实践问题是内在统一过程

"坚持问题导向是马克思主义的鲜明特点。问题是创新的起点，也是创新的动力源。"① 在中国革命、建设、改革的实践中，中国共产党人充分认识到了把马克思主义与中国具体实际相结合，解决中国革命、建设、改革各个历史时期的问题，才能把马克思主义不断推向前进。

经济文化比较落后的国家如何建设、巩固和发展社会主义，是马克思主义发展史上的高难度课题。而如何正确认识中国社会主义的发展阶段，是中国特色社会主义建设的一个重大理论和现实问题。马克思在《哥达纲领批判》中阐述了他对于未来社会阶段的发展估计，指出了共产主义社会是需要经历不同程度的阶段才能得以实现，但受制于当时的历史条件，共产主义第一阶段是否还可以分阶段的问题还未有具体阐述。列宁领导的十月革命胜利使得社会主义由理论变为现实，他在《国家与革命》中明确提出社会主义建设的阶段性问题，并认为在不同的社会主义国家，社会主义到底需要多长时间才能建成以及分为几个阶段尚需实践的进一步探索。所以他总结说，马克思的理论"所提供的只是总的指导原理，而这些原理的

---

① 习近平：《在哲学社会科学工作座谈会上的讲话》，人民出版社 2016 年版，第 14 页。

应用具体地说，在英国不同于法国，在法国不同于德国，在德国又不同于俄国"①。也就是说想要在一个国家实现社会主义，那么离开国家现实情况而空谈是毫无意义的事。

在苏联社会主义建设发展历程中，对本国社会性质和发展阶段的判断是一个十分重要的问题。在斯大林时期，苏联社会主义建设取得了举世瞩目的成绩，但由于采取高度集中的计划经济模式，体制机制日益僵化，造成社会主义建设缺乏不断增长的活力。此外，苏联的文艺、媒介、教育等较为落后的领域也成为制约苏联发展的重要因素。在意识形态建设方面，苏联意识形态建设在列宁主义之后始终在教条主义与修正主义之间摇摆。列宁主义强调在建设社会主义的过程中要运用马克思主义的基本原理，但是在斯大林时期，苏联内部的思想却开始出现偏差，注重的是"形式主义"，深陷了教条主义的泥沼。而在赫鲁晓夫之后的"疏散政策"时期，苏联则开始出现修正主义思潮，彻底放弃和解构马克思主义。这一时期的改变，极大地影响了苏联的政治、经济和社会状况，并在一定程度上导致了苏共亡党、苏联解体的结局。由此可见，正确科学地认识本国社会发展阶段，是坚持和发展科学社会主义的关键，也是决定社会主义建设成败的基本因素。

由于社会主义建设缺乏经验，加之国际复杂形势的影响，导致对于中国社会主义建设发展阶段的认识发生摇摆，党的八大之后出现"大跃进"的冒进错误和"文化大革命"全局性错误，使得中国社会主义建设出现挫折。改革开放和社会主义现代化时期的中国共产党人，重新确立解放思想、实事求是的思想路线，立足中国基本国情和实际，科学判断我国正处在社会主义的初级阶段。党的十三大报告还在方法论层面指出，正确认识我国社会现在所处的历史阶段，是建设有中国特色的社会主义的首要问

①　《列宁选集》第1卷，人民出版社2012年版，第274—275页。

题，是我们制定和执行正确的路线与政策的根本依据。之后，有关社会主义初级阶段论断的一系列的基本理论、路线及纲领开始产生深远影响。正是立足社会主义初级阶段基本国情，我国社会主义改革开放实践才能够始终沿着正确方向前进，直接推动了中华民族伟大复兴的历史大势，与此同时诞生了马克思主义在中国化的第二大理论成果，即中国特色社会主义理论体系。

（二）新时代中国马克思主义理论创新成果本身彰显鲜明的实践特征

习近平新时代中国特色社会主义思想基于中国特色社会主义进入新时代，在以习近平同志为核心的党中央领导全党和全国各族人民应变局、开新局的伟大实践斗争中，基于经济全球化、世界多极化、社会信息化、文化多样化的世情，在我国建设社会主义社会与国家的长期历史实践中吸收现实经验教训，紧密把握我国在不同发展环境的新情况与新机遇，科学解答了中国自己发展、时代共同发展以及人民现实需求发展的一系列重大时代课题。习近平新时代中国特色社会主义思想"是当代中国马克思主义、二十一世纪马克思主义，是中华文化和中国精神的时代精华，实现了马克思主义中国化新的飞跃"①。

习近平总书记在党的二十大报告中指出："中国共产党为什么能，中国特色社会主义为什么好，归根到底是马克思主义行，是中国化时代化的马克思主义行。"②中国特色社会主义进入新时代，我们应当清醒认识到当

---

① 《中共中央关于党的百年奋斗重大成就和历史经验的决议》，人民出版社 2021 年版，第 26 页。

② 习近平：《高举中国特色社会主义伟大旗帜　为全面建设社会主义现代化国家而团结奋斗——在中国共产党第二十次全国代表大会上的报告》，人民出版社 2022 年版，第 16 页。

今面临的时代机遇与全球形势加速变动的挑战，将其不断融入我国的社会发展与建设中。面对新时代新阶段出现的一系列新矛盾新问题，我们必须积极面对，唯有通过实践勇敢地闯和大胆地试，才能科学解决这些问题。党的十八大以来，以习近平同志为核心的党中央以敏锐的洞察力观察与思考中国特色社会主义进入新时代向全党提出来的重大问题，形成了许多具有原创性的新理念、新思想、新战略，诸如中国梦、社会主义核心价值观、新发展理念、供给侧结构性改革、全过程人民民主、高质量发展、乡村振兴、人类命运共同体等等。

第一，准确掌握中国社会主要矛盾的新变化。党的十九大报告明确将两个"没有变"和一个"变"有机统一，这个"变"即社会主要矛盾已经转化为人民日益增长的美好生活需要和不平衡不充分的发展之间的矛盾。我国社会主要矛盾的新变化，是党和国家新时代的着力点与关切点。这就要求我们把握社会主义初级阶段基本国情，必须以社会主要矛盾新变化为前提，反对主观随意性。首先，要清晰地认识到我国所处的社会主义初级阶段是一个长期的历史过程，在这一较长时期之中必然会出现不同程度的生产力情况，主要矛盾也必然呈现出不断发展变化的特点。其次，应当更新对于不同发展时期的着力点，关注每一时期的发展科学内涵，牢牢把握社会主义初级阶段这一主线。因为中国式现代化仍是一个尚在展开的进程，一定是持续性和阶段性的统一。纵观社会主义初级阶段的发展过程，从社会主义基本制度确立与完善，再到现实中社会发展与国家富强的不断迈进情况，可以看到社会主义初级阶段的具体发展状态始终处于变化。这些发展经验告诉我们需要不断关切我国社会中出现的发展变化，根据这些新实际问题来判断与把握基本国情。因而，需要以一种更加全面系统的视野看待新时代我国经济社会发展的一系列新的阶段性特征，以动态视野实事求是面对改革发展实际，从而制定科学方略。

第二，准确理解社会主义初级阶段的基本路线。社会主义初级阶段这一重大历史判断将长期存在，并非会随着社会主要矛盾的变化就随时动摇，因此，"我们要坚持党的基本路线，把以经济建设为中心同坚持四项基本原则、坚持改革开放这两个基本点统一于新时代中国特色社会主义伟大实践，长期坚持，决不动摇"①。对于我国社会主要矛盾的新判断，也是当前我国在基本路线的坚持过程中所必须的新要求，例如以经济建设为中心就要求我们关注人民群众实际生活需求，在经济社会进步的过程中逐步推进供给侧结构性改革；改革开放就要求全方位地关注社会在经济、政治、文化、社会、生态等多领域的建设成就，与此同时坚持四项基本原则，坚定不移坚持习近平新时代中国特色社会主义思想，展现出中国特色社会主义制度不同于西方国家的种种优势。总之，要将蓝图变为美好现实必须要始终明确"社会主义并没有定于一尊、一成不变的套路"②，同本国国情相结合，不断探索总结提出中国化马克思主义的新论断新观点。植根于中国独特的历史文化传统和现实基本国情，是走好中国特色社会主义道路必须时刻坚持的一个原则，"不能全盘照搬别国的政治制度和发展模式，否则的话不仅会水土不服，而且会带来灾难性后果"③。

第三，精准把握马克思主义与时俱进的理论品质。马克思主义理论绝不是一成不变的教条，而是在实践中不断丰富和发展的科学理论。恩格斯强调指出："它提供的不是现成的教条，而是进一步研究的出发点和供这种研究使用的方法。"④ 中国共产党百年奋斗的历史经验证明，"坚持解放思想、实事求是、与时俱进、求真务实，坚持把马克思主义基本原理同中

---

① 《习近平谈治国理政》第 3 卷，外文出版社 2020 年版，第 184 页。

② 《习近平谈治国理政》第 3 卷，外文出版社 2020 年版，第 76 页。

③ 习近平：《出席第三届核安全峰会并访问欧洲四国和联合国教科文组织总部、欧盟总部时的演讲》，人民出版社 2014 年版，第 45 页。

④ 《马克思恩格斯选集》第 4 卷，人民出版社 2012 年版，第 664 页。

国具体实际相结合、同中华优秀传统文化相结合"①，是中国马克思主义创新发展并科学指导实践取得成功的重要法宝。

党的十八大以来，以习近平同志为核心的党中央高度重视对中国特色社会主义实践经验的科学总结，并且在对实践经验的科学总结中发展新时代的科学理论。2015 年 1 月 23 日，中共中央政治局就辩证唯物主义基本原理和方法论进行第二十次集体学习时，习近平总书记指出："要根据时代变化和实践发展，不断深化认识，不断总结经验，不断进行理论创新，坚持理论指导和实践探索实现理论创新和实践创新良性互动"②。在 2016 年 5 月 17 日主持召开的哲学社会科学工作座谈会上的讲话中，习近平总书记指出："我国哲学社会科学的一项重要任务就是继续推进马克思主义中国化、时代化、大众化，继续发展二十一世纪马克思主义、当代中国马克思主义。"③ 在庆祝中国共产党成立 100 周年大会上的讲话中，强调"用马克思主义观察时代、把握时代、引领时代"④。在党的二十大报告中，习近平总书记强调指出："实践没有止境，理论创新也没有止境。不断谱写马克思主义中国化时代化新篇章，是当代中国共产党人的庄严历史责任。"⑤

从党的十八大以来新时代中国特色社会主义十年奋斗历程看，以习近平同志为核心的党中央团结带领全党全国各族人民，弘扬马克思主义实践的、革命的批判精神和与时俱进的理论品质，自觉坚持和运用马克思

① 《中共中央关于党的百年奋斗重大成就和历史经验的决议》，人民出版社 2021 年版，第 66—67 页。
② 《习近平关于社会主义文化建设论述摘编》，中央文献出版社 2017 年版，第 65 页。
③ 习近平：《在哲学社会科学工作座谈会上的讲话》，人民出版社 2016 年版，第 9—10 页。
④ 习近平：《在庆祝中国共产党成立 100 周年大会上的讲话》，人民出版社 2021 年版，第 13 页。
⑤ 习近平：《高举中国特色社会主义伟大旗帜 为全面建设社会主义现代化国家而团结奋斗——在中国共产党第二十次全国代表大会上的报告》，人民出版社 2022 年版，第 18 页。

主义的科学世界观和方法论，科学分析和研究解决国家出现的一系列重大理论和现实问题，推动中国特色社会主义建设取得辉煌成就，推动中国马克思主义理论的创新发展。

第四，准确理解马克思主义人民群众实践的本质特征。在历史唯物主义看来，社会实践归根到底是人民群众的实践，人民群众是历史创造的创造者和社会变革的决定性力量。习近平新时代中国特色社会主义思想的核心要义和根本价值立场是人民性，深刻彰显了"以人民为中心"的发展思想和"人民至上"的价值取向，充分体现了真理性与价值性的有机统一。这一思想坚持辩证唯物主义和历史唯物主义的世界观与方法论，将人民幸福与国家富强、民族复兴有机统一起来，并以坚持"发展为了人民、发展依靠人民、发展成果由人民共享"为根本指南，指导和引领中国特色社会主义建设方向，体现社会主义的本质和核心价值。同时，推动社会生产力的提升与经济水平提高，实现全体人民的共同富裕，展现出习近平新时代中国特色社会主义思想的人民立场，使中国特色社会主义事业不断蓄积人民群众创造历史的磅礴伟力。

（三）新时代中国马克思主义创新发展的实践路径体现了知行合一

中国哲学知行观以整体性观念重视思想与行动相统一。习近平新时代中国特色社会主义思想始终坚持马克思主义立场观点方法，同时借鉴吸收了中国传统哲学的这一优秀传统，又联系全球大势与我国现实情况，对知行合一这一哲学理念做出独创性阐释，表达了要将理论学习与实践躬行、学以致用以及知行合一的科学态度和精神。习近平新时代中国特色社会主义思想充分展现出科学认识世界和能动改造世界的高度统一，对推进新时代马克思主义中国化时代化、推动中国马克思主义创新发展方面，作出了引领性和示范性的原创性贡献。

"知行合一"中国传统哲学思想中的一种精神态度，它表现出知与行紧密结合的寓意，意味着思想和行动的一致性。随着社会的发展和进步，"知行合一"这一精神理念也被赋予了时代性的价值和含义。首先，"知行合一"体现出当代社会需要的适应性和变革性。当代世界百年未有之大变局加速演进，不确定性风险和挑战增加，要求人们要有一种适应性和变革性的态度来应对前所未有的问题。尤其在中国式现代化进程中，面对前现代、现代、后现代各种矛盾交织，农业社会、工业社会、信息社会各种问题重叠，要求我们在思想上对中国式现代化的复杂性有更加深入的理解和认识，同时在实践中要有更加积极有效的行动，从而完成以中国式现代化全面推进中华民族伟大复兴目标的实现。其次，"知行合一"表现出现代社会需要的全球化视野和多元文化的认同。在全球化的背景下，不同国家和地区之间的文化交流和互动日益增多。这就要求人们在知识的获取和行动的实践中，要有开阔的全球化的视野和跨越文化差异的认同。在这种情况下，"知行合一"成为了一种有效的跨文化交流的精神指导，它要求人们在对不同文化进行深入研究的同时，更好地应对不同文化价值的共存和交流。再次，"知行合一"体现出现代社会需要的社会责任感和对社会价值的理解。在当代社会中，社会责任感和对社会价值的理解成为了人们关注的重点，尤其是在面临越来越复杂和严峻的经济、环境和文化问题的情况下。"知行合一"要求人们要有良好的社会责任感和社会价值的理解，在实践中要有更加高效和有效的行动，推动社会的进步和全面发展。

中国共产党人把坚持马克思主义基本原理与推进马克思主义中国化相统一，将马克思主义伟大真理力量充分展现出来。党栉风沐雨的历史进程创造的辉煌成绩，充分展示了真理的强大生命力，体现了科学理论对实践的巨大指导作用，体现了要将中国特色社会主义道路信念与高远的共产主义崇高理想相结合。正如习近平总书记深刻指出："共产党人要把读马克思主义经典、悟马克思主义原理当作一种生活习惯"①，更要融入平时的实际工作中与人民群众伟大实践之中。党的十八大以来，以习近平同志为核心的党中央，在正确把握国际国内大势的基础上，以强大的历史主动精神带领全体人民创造出了举世瞩目的建设成就。在这一伟大历史进程中，以习近平同志为主要代表的中国共产党人以坚定的政治信仰、深厚的为民情怀、顽强的意志品质，充分展现了马克思主义对中国社会主义现代化建设的巨大指导作用。

党的百年风雨进程，特别是党的十八大以来推进马克思主义中国化时代化的历史，就是一部坚持知行合一、以鲜活的实践为基础的历史；是运用马克思主义并指导中国革命、建设和改革伟大实践的史书。在推进社会主义现代化强国建设的新征程上，更加需要真理性科学性的理论体系进行引领，更加需要坚持和发展马克思主义推进党的理论创新，实现马克思主义创新发展与中国社会主义现代化建设创新良性互动。而在推进社会主义现代化建设进程中也离不开领导核心发挥中坚作用，特别体现为坚决捍卫"两个确立"、做到"两个维护"。实践已经并将继续证明，坚定维护习近平同志党中央的核心、全党的核心地位，全党的力量就能够实现有效集聚，我们党领导下的社会主义现代化建设事业就有了明确的方向和持久的东西，始终坚持以习近平新时代中国特色社会主义思想为指导，我们党就能够在百年变局和世纪疫情相互叠加、世界进入动荡变革期的复杂国内外形势面前，始终保持正确的社会主义建设方向，以坚定的战略定力科学应对国内国际各类风险挑战，把建设社会主义现代化国家的事业不断推向前进。紧密团结在以习近平同志为核心的党中央周围，以实际行动维护党的团结统一，踔厉奋发推进全面建设社会主义现代化国家新征程，一定要在知行统一的视角上对当前这个世界环境，对于全人类的共同期待，对于

---

① 《习近平谈治国理政》第3卷，外文出版社2020年版，第75页。

历史大势的准确把握，走出属于中国自己的现代化之路，不断推进中华民族伟大复兴这一历史伟业。

（四）新时代中国特色社会主义实践充分证明习近平新时代中国特色社会主义思想的真理性和科学性

实践是理论创新的源头活水，也是检验认识正确与否的唯一标准。理论本身无法在自身的范围内证明其是否具有真理性，因为真理是主体对客体本质和规律的正确反映，只有实践才能发挥联系主客观的中介作用。正如马克思在《关于费尔巴哈的提纲》中所指出的，"人应该在实践中证明自己思维的真理性"[①]。从这个意义上讲，马克思主义理论发展史本身也就是马克思主义理论通过实践检验并不断得到丰富和发展的历史。中国特色社会主义进入新时代，在党的十八大以来这极不平凡的十年我们取得辉煌成就和历史新变革，向世界充分展示了中国特色社会主义的显著优势。从理论与实践的良性互动视角看，新时代的中国特色社会主义实践是习近平新时代中国特色社会主义思想的创立、发展、运用及其检验的基础。反过来从真理对实践的指导作用看，实现三种属性统一即宏观上的顶层规划上的科学性、价值引领上的科学性以及行动指南上的合理性的结合，是回答中国特色的理论何以能够持续推进中国各项社会事业不断发展进步的重大因素。

从真理对实践的指导作用来看，在实现宏观顶层规划的科学性、价值引领的科学性和行动指南的合理性的三种属性统一方面，具有重要意义。作为新时代中国特色社会主义的理论基础，实现这三种属性的统一是实现中国特色社会主义伟大事业不断发展的重大因素。首先，宏观上的顶

---

① 《马克思恩格斯选集》第 1 卷，人民出版社 2012 年版，第 134 页。

层规划的科学性是实现三种属性统一的基础。中国特色社会主义的发展需要有一个统一的发展规划和方向，这需要科学性的顶层规划。在当前世界百年未有之大变局加速演进的情况下，中国特色社会主义要在复杂多变的国际形势中取得成功，必须有一个高度科学、稳定、可持续的中长期发展规划。在中国共产党领导下，中国未来的宏观规划是以"两个一百年"的目标为基础的，这个长远目标是有力指导中国社会各个方面发展的重要基础。其次，价值引领的科学性是实现三种属性统一的必要条件。价值引领的科学性体现在引导社会发展的核心价值观以及构建现代社会体制和新型市场经济体系等内容的科学性上。这些科学的核心价值观是中国特色社会主义事业不断发展进步的重要保障。在中国特色社会主义理论基础的指导下，中国共产党努力保障人民幸福和实现公正，推动实现生态文明和绿色发展，这些都是必要条件。最后，行动指南的合理性是实现三种属性统一的灵魂所在。在实现中国特色社会主义进程中，必须建立起行之有效、合理可控的行动指南。在执行这些行动指南时，要严格把关程序、结果和矫正机制等保障性措施。而这些，必须得到全民的广泛支持和参与，这样才能确保实现中国特色社会主义这一重要事业目标，真正推动社会进步。总之，实现三种属性的统一，是顶层规划、核心价值观体系、行动指南有机融合的结果。这一结果为中国特色社会主义伟大事业不断发展进步，提供了深刻而丰富的理论支撑和实践保障。

中国共产党领导人民成功走出中国式现代化道路，这一伟大实践充分说明，定于一尊的现代化模式和所谓放之四海而皆准的现代化标准是不存在的。中国式现代化不仅反映现代化的普遍规律，更是体现基于本国国情的中国特色，即以人口规模巨大为基本特点，以全体人民共同富裕为价值目标，同时更要实现物质文明和精神文明协调发展、人与自然和谐共生、走和平发展道路实现现代化，从而达到现代化普遍性与特殊性的有机统一。习近平总书记在庆祝中国共产党成立 100 周年大会上，进一步将把中国式现代化新道路与人类文明新形态联系起来，指出："我们坚持和发展中国特色社会主义，推动物质文明、政治文明、精神文明、社会文明、生态文明协调发展，创造了中国式现代化新道路，创造了人类文明新形态。"①这清楚地表明了我国所走出的现代化发展道路，打破了现代化对于西方化的迷思，为广大发展中国家实现现代化提供了中国智慧和中国方案。

中国是一个拥有五千年悠久文明的国家，自古以来就有着独特的文化传统和哲学思想。近代以来，中国经历了帝国主义的蹂躏，经济发展和社会建设都遭受了严重的破坏。但是在中国共产党的领导下，中国人民始终团结一致坚持不懈地探索适合中国国情的中国特色社会主义发展道路，迎来了从站起来、富起来到强起来的伟大历史飞跃。

首先，中国特色社会主义道路，坚持以人为本、全面协调可持续发展为目标，通过科学技术进步和体制机制创新，实现了中国经济的高速增长、社会的稳定和文化的发展。这条道路强调了人的主体性，注重发挥人的创造性和创新能力，是符合中国国情的现代化发展道路。其实践成果和发展经验，已经被其他国家视为宝贵的财富和经验，为其他发展中国家提供了宝贵的借鉴和启示。其次，中国特色的一系列制度体系，包括政治制度、经济制度、文化制度和社会制度等各个方面，也展现出了独特的中国风格。中国特色社会主义制度体系，是中国发展道路的重要保障和支撑，这些制度创新和成功经验，为其他国家提供了一份非西方的发展模式和参考。再次，中国在精神层面的深刻发展，主要表现在思想文化领域。中国的文化血脉源远流长，自古以来就有"中华文化"的称谓，而在中国特色社会主义的发展进程中，十分强调文化自信和对文化的传承。中国积极推进中国特色社会主义文化建设，大力弘扬社会

---

① 《习近平谈治国理政》第 4 卷，外文出版社 2022 年版，第 10 页。

主义核心价值观，不断加强中华优秀传统文化和社会主义先进文化的交融和传承，培育良好的价值观念和道德风尚。这些文化特点和价值观的传播，已经被其他国家所重视，中国所推广的"一带一路"倡议也得到了广泛的认可和支持。

在世界全球化加速发展的背景下，各国都在寻找适合自己的发展道路。西方传统的发展模式已经遇到了瓶颈，需要寻找新的发展模式和路径。而中国所走出的科学发展道路、制度体系和精神层面的深刻发展，提供了一个真实可行的非西方发展道路，不仅为发展中国家提供了重要的借鉴和启示，也让西方国家意识到，世界上并不只有一种发展模式。这种非西方道路，充分体现了不同文化和社会制度之间的多样性，不同国家可以在保持本国特色的前提下，共同追求可持续发展和人民幸福的目标。这也让世界更加多元、开放和包容，让各国在保持本国特色的前提下，共同推动人类社会的繁荣和发展。

总之，纵观党的百年奋斗历程，党既为中国人民谋幸福、为中华民族谋复兴，也将为人类谋进步、为世界谋大同，世界发展的趋势和格局也因为中国共产党坚持和发展中国特色社会主义而获得了新的面貌，出现了"东升西降"的发展趋势。特别是党的十八大以来，以习近平同志为核心的党中央从战略高度上认清我国所处的国际大背景，深刻分析国内形势新变化，以人民为中心不断实现社会主义现代化建设事业进程，走出属于中国自己的现代化新道路，为世界其他国家弘扬符合全世界人民的共同价值体系，以维护世界秩序与和平为己任，以身作则朝着有利于全体人类根本利益方向不断前进。这一伟大实践也是以习近平同志为主要代表的中国共产党人坚持用马克思主义立场观点方法观察和把握时代以及时代问题的经验总结，其中蕴含的对当今世界百年未有之大变局的深刻解读，提出的共同应对全球性重大问题的重大倡议，无不展现了社会主义中国作为负责任大国的中国智慧、中国情怀和中国力量。可以说，当代中国马克思主义、二十一世纪马克思主义的形成正是新时代中国马克思主义创新发展的必然结果。

三、解决问题是新时代中国马克思主义创新发展的动力

　　理论创新只能从问题开始。从某种意义上说，理论创新的过程就是提出问题、分析问题和解决问题的过程。所谓"问题"就是理论与现实之间的矛盾、理论与理论之间的矛盾以及理论内部的矛盾。实践是理论创新的源头活水，是理论创新的动力源。理论创新与实践创新是一个双向互动的辩证关系，理论创新的特点就是把实践中的矛盾上升为理论上的矛盾，把实践中的问题变成理论问题、学术问题，通过实践问题倒逼理论创新，通过理论创新使得问题得以解决[1]。马克思曾深刻指出："主要的困难不是答案，而是问题。""问题就是公开的、无畏的、左右一切个人的时代声音。问题就是时代的口号，是它表现自己精神状态的最实际的呼声。"[2]习近平总书记在哲学社会科学工作座谈会上的讲话中，强调指出："只有聆听时代的声音，回应时代的呼唤，认真研究解决重大而紧迫的问题，才能真正把握住历史脉络、找到发展规律，推动理论创新。"[3]在党的二十大报告中习近平总书记明确指出："今天我们所面临问题的复杂程度、解决问题的艰巨程度明显加大，给理论创新提出了全新要求。"[4]党的十八大以

---

① 参见袁银传、秦红：《21世纪中国马克思主义的创新发展路径》，《思想理论教育》2016年第9期。

② 《马克思恩格斯全集》第40卷，人民出版社1982年版，289—290页。

③ 习近平：《在哲学社会科学工作座谈会上的讲话》，人民出版社2016年版，第14页。

④ 习近平：《高举中国特色社会主义伟大旗帜　为全面建设社会主义现代化国家而团结奋斗——在中国共产党第二十次全国代表大会上的报告》，人民出版社2022年版，第20页。

来，以习近平同志为主要代表的中国共产党人，不断推进马克思主义理论创新和中国特色社会主义实践创新，科学回答中国之问、世界之问、人民之问、时代之问，创立了习近平新时代中国特色社会主义思想。这一理论创新成果科学回答了关于坚持和发展中国特色社会主义、社会主义现代化强国建设、马克思主义执政党建设等重大时代课题。

（一）新时代"坚持和发展什么样的中国特色社会主义、怎样坚持和发展中国特色社会主义"问题的科学解答

习近平新时代中国特色社会主义思想作为马克思主义中国化时代化的最新成果，科学回答了"新时代坚持和发展什么样的中国特色社会主义、怎样坚持和发展中国特色社会主义"这一重大时代课题。坚持和发展中国特色社会主义的根本任务就是全面推进社会主义现代化、实现中华民族伟大复兴。在当前及今后很长时期的工作重心与主题，就是如何坚持和发展中国特色社会主义，以中国式现代化推进中华民族伟大复兴。

中国特色社会主义进入新时代，我们突破了传统计划经济模式，实行社会主义市场经济体制，国内外出现了"中国特色社会主义是否是社会主义"的疑问，我们必须进行科学回答。习近平总书记开宗明义地强调："中国特色社会主义是社会主义而不是其他什么主义，科学社会主义基本原则不能丢，丢了就不是社会主义。"①这就极大丰富和揭示了中国共产党人的理论深度，澄清了围绕这一问题的种种误解和模糊认识。中国特色社会主义是社会主义绝不是所谓各种形式的资本主义，经济基础上的公有制的主体地位以及政治上的中国共产党全面领导，从根本上决定了资本逻辑绝不是中国特色社会主义的属性，科学社会主义基本原则才是它的本质特征。

① 《十八大以来重要文献选编》（上），中央文献出版社 2014 年版，第 109 页。

同时中国共产党人也深刻认识到，在社会主义初级阶段，在社会主义市场经济体制下，社会生产力发展仍然需要是调动各类生产要素也包括资本要素的促进作用，使它们成为社会主义市场经济的巨大推动力，对于资本的科学合理运用也是助力生产力发展的极大动力。但是，中国共产党人也十分重视，规范和约束的资本与生俱来的逐利本性，最大限度避免其给经济社会发展带来的潜在危害。所以，习近平总书记强调，对于资本的认识问题，"既是一个重大经济问题、也是一个重大政治问题，既是一个重大实践问题、也是一个重大理论问题"[①]，既要"促进各类资本良性发展、共同发展"[②]，又要"规范和引导各类资本健康发展"[③]。以习近平同志为主要代表的中国共产党人，超越了资本逻辑，坚持马克思主义的劳动人本逻辑，健全并发展了社会主义市场经济体制。

坚持和发展中国特色社会主义，要通过全面深化改革不断发展和完善中国特色社会主义制度，从而满足人民群众不断增长的美好生活需要。中国特色社会主义是中国共产党领导下的一种全新发展模式，是中国特有的且在中国特殊的历史条件下逐步形成的。在中国特有的历史背景下，中国共产党在领导中国革命和建设的过程中，总结了自己的经验和教训，逐步形成了中国特色社会主义的理论和实践。坚持和发展中国特色社会主义，是中国的历史任务和使命，也是中国共产党的执政使命。中国特色社会主义的道路，必须根据中国特殊的国情和人民群众的需要，不断地适应和发展。全面深化改革是实现这一目标的关键所在。改革开放以来，中国特色社会主义制度已经发生了巨大的变化和发展，但是仍然存在许多问题和不足。只有不断深化改革，才能进一步完善和发展中国特色社会主义制度，满足人民群众的不断增长的美好生活需要。全面深化改革要求我们在

① 《习近平谈治国理政》第 4 卷，外文出版社 2022 年版，第 217 页。
② 《习近平谈治国理政》第 4 卷，外文出版社 2022 年版，第 219 页。
③ 《习近平谈治国理政》第 4 卷，外文出版社 2022 年版，第 219 页。

政治、经济、文化、社会等各个方面进行改革，要不断推进制度创新和改革。政治体制改革是全面深化改革的核心和关键所在，必须按照中国特有的情况，积极探索符合国情的政治体制改革道路，进一步完善和发展中国特色社会主义政治制度。经济体制改革是全面深化改革的重点构成内容，必须坚持市场化、法治化、国际化的方向，推进经济体制转型和结构调整，打造适应市场经济发展的中国特色社会主义经济制度。文化改革是全面深化改革的重要组成部分，必须坚持中国特色社会主义文化发展道路，加强文化体制改革，推动文化创新和文化产业发展。社会体制改革是全面深化改革的必然要求，社会建设是中国特色社会主义制度的重要组成部分，是推进人民全面发展的必要条件。中国必须加强教育、文化、卫生、体育等方面的建设，提高人民群众的文化素质和身体健康水平。必须加强社会管理和服务体系建设，完善社会保障制度，提高人民群众的获得感和幸福感。中国特色社会主义制度的不断发展和完善也离不开法治建设的支撑。法治是现代社会的基石，是保证国家长治久安和人民幸福的必要条件。中国必须加强法治建设，营造法治化的社会环境，使人民群众在平等、公正、法治的环境下生活和工作。全面深化改革的过程是一个持续发展的过程，需要不断探索和实践。正是因为不断深化改革，近年来，中国在坚持和发展中国特色社会主义方面取得了显著的进展。中国特色社会主义制度是以人民为中心，以发展为第一要务，为了不断满足人民群众的美好生活需要，而必须不断完善和发展的必由之路。全面深化改革是中国特色社会主义制度的重要支撑和保障。改革的本质是解放和发展社会生产力，推动中国经济发展进入新阶段。在过去的几十年里，中国通过深化改革不断提高经济效率和社会生产力，为人民群众创造了更加美好的生活条件。在推进中国特色社会主义制度的发展和完善过程中，中国还需要加强国际交流与合作。在经济全球化和社会信息化的时代背景下，各国之间相互依存和交流日益增多。中国必须积极参与国际合作，借鉴其他国家的先进经验，不断推进中国特色社会主义制度的发展和完善，为人民群众提供更加美好的生活条件。

自中华人民共和国成立以来，中国共产党领导下建立的社会主义制度经历了不断的变化和发展，逐渐形成了自己的中国特色。通过持续地全面深化改革，不断发展和完善中国特色社会主义制度，我们能够与时俱进地满足人民群众不断增长的美好生活需求。当前，中国特色社会主义制度已经成为我国发展的重要支撑和基础，为我国发展积累了丰富的历史经验。然而，在社会主义市场经济的条件下，中国特色社会主义制度也面临着诸多挑战，需要采取有效的措施完善中国特色社会主义治理体系，持续完善和提升制度的效能，以更好地服务人民群众需求。一方面，要加强和完善社会主义制度和法治体系。在深化改革的同时，应强调法治和法律的权威性，完善社会主义市场经济体制，让法治化建设深入人心。另一方面，要完善社会治理体系，深入推进体制机制创新，为人民群众提供更加优质更加公平的公共服务。因此，在教育、卫生、住宅等方面，政府必须继续拓展政府能力，促进城乡居民人均收入的稳定增长，为广大百姓提供更好的生活条件。此外，中国特色社会主义制度的核心是人民当家作主。对此，我们应该在全面深化提高人民群众的政治参与程度，让人民群众更好地参与社会主义建设，让人民群众亲身感受到制度优势。社会依靠全体人民构成，改善生活质量也涉及全体人民，让人民参与到社会主义建设中来，让每个人都能够切身感受到社会主义制度的优势，才能切实实现中国特色社会主义制度的价值目标。

总之，通过全面深化改革，我们将迎来一轮新的制度变革的时代，迎接新的发展机遇。只有不断强化制度保障和提升治理效能，才能够更好地服务人民群众需求，将中国特色社会主义制度完善到更高水平。具体来说，就是要通过推动高质量发展、实施科教兴国战略、发展全过程人民民主、推进全面依法治国、推进文化自信自强、增进民生福祉、推动绿色发展等，来实现人民群众日益增长的美好生活需要。

中国的发展离不开世界，世界的发展需要中国，推动构建人类命运共同体是中国特色社会主义建设的重要内容。改革开放四十多年，中国经济创造了世界奇迹，在促进全球经济发展与文化交流中也扮演重要角色。当前中国正在积极融入全球市场和全球治理，同时，也在与国际社会进行密切合作和交流，以推动全球经济和社会发展的可持续性。世界的发展也需要中国的支持和参与，中国作为世界上最大的发展中国家，拥有广泛的资源和庞大的市场，在世界舞台上扮演着越来越重要的角色。中国也不断发出有利于全世界人民的种种倡议，如"一带一路"倡议，可以强化国际合作，促进世界经济繁荣和社会稳定发展。推动构建"人类命运共同体"，是中国近年来在外交场合提及次数较多且意义重大的理念，这个倡议宣扬着全球化进程中的人类命运共同体思想，大力追求和平、稳定和发展。这个构想是建立在全人类共同利益以及世界各国的共同利益平等的基础上，真正能够推进全球经济的可持续发展，提高公正性和民主性，同时，使全球治理体系更加平等、公正、合理和有效。中国作为一个富有活力的经济体，不断以自身实际行动为世界共同发展做出努力。推动构建人类命运共同体，有助于强化中国与全球国际社会的联系，让中国能够在与世界人民共同建设美好未来的同时，在全球治理体系的建设中发挥着越来越重要的推动作用。通过推动多边主义和开展国际合作，中国将能够集聚全球经济和社会力量，用前瞻性和可持续的方法来解决当前和未来的各种挑战，为全球治理注入新的活力和动力。

总之，推动构建人类命运共同体这一构想提醒着我们，中国的发展离不开全球性合作，在世界范围内促进经济、社会和文化的共同发展，反过来对中国的自身发展也是极大助力。中国将继续积极参与全球治理，以促进全球受益，并通过建设人类命运共同体的行动，加强国际社会的合作，铸造更加和谐的世界。习近平总书记指出："认识世界发展大势，跟上时代潮流，是一个极为重要并且常做常新的课题。"① 党的十八大以来，以习近平同志为核心的党中央积极应对当今世界百年未有之大变局、世界进入新的动态变革期的复杂局面，立足于时代主题的科学判断和时代规律的科学把握，科学回答了"世界怎么了，我们怎么办"这一具有生存和发展意义的重大课题，全面而深入论述了推动构建人类命运共同体的重要思想，深化和发展了马克思主义的世界历史理论。

习近平总书记指出："一个国家要发展繁荣，必须把握和顺应世界发展大势，反之必然会被历史抛弃。"② 世界大势是世界历史发展规律所支配呈现出来的发展潮流和基本趋势，它由社会基本矛盾决定、影响和制约。马克思、恩格斯不被历史浮云和社会表象所遮蔽，而是走向历史的深处，以深广的世界历史眼光深刻揭示了人类社会发展规律，特别是科学揭示了资本主义基本矛盾运动规律，得出了资本主义必然为共产主义所代替的科学结论，为世界无产阶级和广大劳动群众摆脱资本主义的剥削和压迫、实现无产阶级和人类解放指明了方向和道路。列宁继承和发展马克思主义，运用马克思主义的立场、观点和方法科学分析俄国经济、政治和文化等基本国情，基于帝国主义和无产阶级革命时代世界经济政治发展不平衡的规律，领导俄国无产阶级和劳动人民成功取得十月社会主义革命伟大胜利，打破了资本主义一统天下的局面，开辟了人类历史的新纪元，实现了社会主义从理论到现实的飞跃，深刻改变了世界历史发展进程和人类文明前进方向。

人类社会进入 21 世纪，这个时代仍是社会主义与资本主义这两大制度共存的时代，并且这两者之间互相竞争与合作，但历史的趋势是社会主义制度不断取得更大的自我完善成果，并且不断赢得与资本主义竞争的比

---

① 《习近平谈治国理政》第 2 卷，外文出版社 2017 年版，第 442 页。

② 《习近平谈治国理政》第 1 卷，外文出版社 2018 年版，第 266 页。

较优势，也就是说"尽管我们所处的时代同马克思所处的时代相比发生了巨大而深刻的变化，但从世界社会主义 500 年的大视野来看，我们依然处在马克思主义所指明的历史时代"①。21 世纪金融信息技术跨国垄断和军事干预手段频繁是资本主义发展的新趋势。当代发达资本主义国家充分利用其高科技优势和金融霸权，不断在全球取得跨国垄断地位，其目的始终是采用各种手段对其他国家进行掠夺，不论是金融领域还是原材料或人口领域的多方面掠夺，甚至不惜采取金融信息技术战争以满足扩张的欲望。而中国特色社会主义发展到新时代，不断丰富并更新马克思主义的真理力量，不断取得资本主义难以取得的举世瞩目成就，这就"使世界范围内社会主义和资本主义两种意识形态、两种社会制度的历史演进及其较量发生了有利于社会主义的重大转变"②。

当今世界，和平与发展作为时代主题仍然没有改变，"一方面，和平、发展、合作、共赢的历史潮流不可阻挡，人心所向、大势所趋决定了人类前途终归光明。另一方面，恃强凌弱、巧取豪夺、零和博弈等霸权霸道霸凌行径危害深重，和平赤字、发展赤字、安全赤字、治理赤字加重，人类社会面临前所未有的挑战"③。与此同时，时代主题的内涵和外延都呈现出了新的变化。和平问题的内涵不再局限于传统意义上国家之间的大规模正面冲突，由于感受到周边国家和地区的地缘政治压力而不断采取行动巩固自身安全无形中给世界和平稳定带来不确定性，则成为当代和平问题的新的表现形式。换言之，一种感受到安全受到威胁的生存压力逐渐成为新的安全问题。除此之外，对于在全球处于弱势地位的国家而言，还存在着更

---

① 《习近平谈治国理政》第 2 卷，外文出版社 2017 年版，第 66 页。

② 《中共中央关于党的百年奋斗重大成就和历史经验的决议》，人民出版社 2021 年版，第 63—64 页。

③ 习近平：《高举中国特色社会主义伟大旗帜　为全面建设社会主义现代化国家而团结奋斗——在中国共产党第二十次全国代表大会上的报告》，人民出版社 2022 年版，第 60 页。

多的挑战，那就是如何以自身并不强大的国力在世界发展中不被非公正的方式对待。众所周知，对于发达国家而言采取金融、信息、科技等方式打压与剥削弱小国家已经是默认行为，在这样的弱肉强食规则下，如何真正实现全球国家之间的互惠互利，才是真正需要解决的问题。即是说，合作与共赢的问题是人类今后需要更加注重的方面。也正是基于此，我国倡导加快推动构建人类命运共同体以致力于实现全球各国共同发展互利共赢。其中特别将新型国际关系的核心确立为合作共赢。正如习近平总书记指出的，当今世界，"各国相互联系、相互依存的程度空前加深，人类生活在同一个地球村里，生活在历史和现实交汇的同一个时空里，越来越成为你中有我、我中有你的命运共同体"①。不仅如此，我国也一直以来也高举合作共赢的旗帜身体力行推进助力人类命运共同体的建设。所以习近平总书记指出："中国始终坚持维护世界和平、促进共同发展的外交政策宗旨，致力于推动构建人类命运共同体"②，强调合作共赢应该成为各国处理国际事务的基本政策方向，成为处理国际关系的共同价值理念和正确方向。

（二）新时代"建设什么样的社会主义现代化强国、怎样建设社会主义现代化强国"问题的科学解答

要坚持和发展中国特色社会主义，必须推进中国式现代化，建设社会主义现代化强国，实现中华民族伟大复兴。习近平新时代中国特色社会主义思想科学回答了"建设什么样的社会主义现代化强国、怎样建设社会主义现代化强国"这一重大理论和实践问题，从而将中国式现代化与中国特

---

① 《习近平谈治国理政》第 1 卷，外文出版社 2018 年版，第 272 页。

② 习近平：《高举中国特色社会主义伟大旗帜 为全面建设社会主义现代化国家而团结奋斗——在中国共产党第二十次全国代表大会上的报告》，人民出版社 2022 年版，第 60 页。

色社会主义建设有机统一起来，发展了马克思主义关于社会主义建设的理论。

深化对社会主义现代化强国建设目标的理解，是实现现代化目标体系的首要任务。富强是社会主义现代化经济建设目标，意味着经济实力、军事实力、科技实力世界一流，综合国力居于世界前列，成为世界主要科学研究中心和创新高地。民主是社会主义现代化政治建设目标，意味着人民当家作主和依法治国切实实现，意味着我国民主制度的有效性程度之高，意味着全过程人民民主的可行性之强。文明是社会主义现代化文化建设目标，一个国家的文明程度是体现其文化发展水平的重要指标，中国不断开创人类文明新形态，引领世界文明发展潮流和方向。和谐是社会主义现代化社会建设目标，要求社会公平正义全面体现，人民群众的获得感、幸福感、安全感稳步提升，使人人得以过上安居乐业的幸福生活。美丽是侧重社会主义现代化生态建设目标，也是社会主义现代化强国建设的整体目标，意味着人与自然和谐共生，不断满足人民群众日益增长的美好生活需要。

以中国式现代化实现中华民族伟大复兴、推动社会主义现代化强国建设，是对怎样建设社会主义现代化强国的科学回答。中国式现代化通过对资本逻辑主导的以物为本、殖民扩张、两极分化、社会对立、生态破坏的西方现代化道路的反思和批判，在人口规模巨大的东方大国中国，开辟出全体人民共同富裕、物质文明和精神文明相协调、人与自然和谐共生、走和平发展道路的中国式现代化新路。具体体现在：中国式现代化将人的现代化与物的现代化有机统一起来，避免了人为物驭的西方现代化困境；正确处理效率与公平、做大蛋糕与分好蛋糕的关系，物质富足与精神富有相得益彰；以生态文明建设为基础，将人与自然和谐共生的关系贯穿始终，在更高的物质文化满足领域内加入优质生态产品实现人与自然协调统一；坚持走和平发展道路，打破"修昔底德陷阱"，颠覆了"对内剥削、对外掠夺""强必霸"的西方现代化逻辑。总之，"中国式现代化为人类实现现代化提供了新的选择，中国共产党和中国人民为解决人类面临的共同问题提供更多更好的中国智慧、中国方案、中国力量"①。

　　社会主义现代化强国离不开现代化人民军队的保驾护航，国防和军队建设是社会主义现代化强国建设的重要内容。面对世界百年未有之大变局给我国带来的新的外部挑战以及维护我国合法国际权益的强烈现实需求，习近平新时代中国特色社会主义思想科学回答了国防和军队建设系列问题，即"建设一支什么样的世界一流人民军队、怎样建设世界一流人民军队"，从而形成了习近平强军思想，拓展和深化了中国马克思主义军事理论。习近平强军思想强调要按照"听党指挥、能打胜仗、作风优良"的总要求推进新时代人民军队建设。党对军队的绝对领导是中国特色社会主义的内在要求，人民军队的建军之本、强军之魂也正在于党的领导，由此形成我们党和国家的重要政治优势。而坚持党对人民军队绝对领导的根本实现形式则是中央军委实行主席负责制，总之党中央拥有对人民军队的最高领导权和指挥权。人民军队的重要使命和职责就是坚决维护中国主权、安全和发展利益，尤其是人民群众的生命安全的根本权益。以全面推进"政治建军、改革强军、科技强军、人才强军、依法治军"为着力点不断开拓中国特色强军之路。政治建军就是坚持党对人民军队的绝对领导，坚决保卫人民安全，将群众路线落到实处，重视官兵的理论武装，以党和军队每一阶段的工作任务为中心不断发挥人民军队的积极作用，作为官兵应当带头坚守纪律及各项规定，不畏艰难，积极投身保卫人民安全及财产的工作之中。同时，在军事核心技术方面实现原创能力的突破，占领军事科技制高点，确保"打得赢"军事目标的实现。人才强军就是始终将军事人才看

① 习近平：《高举中国特色社会主义伟大旗帜　为全面建设社会主义现代化国家而团结奋斗——在中国共产党第二十次全国代表大会上的报告》，人民出版社 2022 年版，第16 页。

作是建设世界一流军队的主动性关键因素，在各个岗位最大限度发挥相应人才的相应作用。依法治军的核心要义就是发挥法治体系在军队建设中的重要作用，在治军方面系统性提升运行效率，建设法治化的高效军队。

社会主义现代化强国不仅体现在经济、军事等硬实力方面，同时体现在文化软实力方面。核心价值观是文化软实力的核心和灵魂，是一个社会中主导性的价值观，能够起到指引社会发展、指导社会治理、规范人们行为的重要作用。习近平总书记指出："人类社会发展的历史表明，对一个民族、一个国家来说，最持久、最深层的力量是全社会共同认可的核心价值观。核心价值观，承载着一个民族、一个国家的精神追求，体现着一个社会评判是非曲直的价值标准。"① 通过社会主义核心价值观凝聚社会价值共识，用社会主义核心价值观引领多样化社会思潮，为社会主义现代化强国建设提供智力支持和精神动力，是社会主义现代化强国建设的重要任务。

实现多元社会治理主体之间的和谐关系状态，第一个要解决的问题就是如何使得全社会形成统一的认识，尤其是在社会价值理念多样的情况下如何进行协调。价值观念多元化是现代社会的一个普遍特征，也是社会未来发展的必然趋势。对此我们必须实事求是地予以承认，客观全面地加以研究和考察。视而不见，或者一味利用单一手段甚至强制力量都很难在长期上形成真正的社会共识，无助于社会力量的凝聚，以及各类各级社会主体的团结。就我国而言，随着社会主义市场经济的深入发展和西方价值观渗透，社会利益多样化以及价值观念的冲突不可避免。以什么样的态度对待价值观的多样化是我们应对这一现象时必须首先解决的问题。价值观多元化并非完全就是洪水猛兽般破坏性的存在，因为它在一定程度上显示了整个社会的整体开放程度，表明了人民对于社会现状的不同认知，代表着

① 《习近平谈治国理政》第 1 卷，外文出版社 2018 年版，第 168 页。

社会文明的发展与进步，并非一定会造成社会混乱的情况，因此多元认识所带来的益处也是不能不予以承认的。也就是说，真正值得警示和需要加以避免的其实是价值观的过度多元化、碎片化，以及有害的价值观的萌发。这也是构建核心价值观的一个重要依据。缺乏核心价值观来有效统领的，仅仅放任不同种类的思想随意演化与传播，则有可能使得社会思想领域出现不稳定的情况，不利于社会整体发展与稳定。鉴于社会中出现的多种多样的价值认知，必须客观地认识并预防其不良结果的出现，以预警与管控的方式不断进行思想调整与引领，才能使得思想领域长期有效发展进步下去，这也是为什么如今国内的思想领域常常出现一些不好解决的问题。事实上，当前中国社会治理过程中遇到的多种难题，一定意义上都可在价值观不统一这一问题上找到根源。因而，全社会培育和践行核心价值观就显得尤为重要。在我国，这种核心价值观就是社会主义核心价值观，它集中反映社会主义的本质属性，凝聚当代中国价值共识，是全体人民团结奋斗的共同思想基础，是实现社会主义现代化强国目标的内在要求和精神动力。

（三）新时代"建设什么样的长期执政的马克思主义政党、怎样建设长期执政的马克思主义政党"问题的科学解答

习近平新时代中国特色社会主义思想特别关注中国特色社会主义建设的领导主体问题，科学回答了新时代"建设什么样的长期执政的马克思主义政党、怎样建设长期执政的马克思主义政党"的重大问题，丰富和发展了马克思主义的党的建设理论，深化了人们对于共产党执政规律的认识。中国共产党是一个勇于进行自我革命的现代无产阶级政党，不断自我革命是中国共产党保持先进性和纯洁性的根本政治保障，也是破解"历史周期率"的成功之道。习近平总书记指出："一百年来，党外靠

发展人民民主、接受人民监督，内靠全面从严治党、推进自我革命，勇于坚持真理、修正错误，勇于刀刃向内、刮骨疗毒，保证了党长盛不衰、不断发展壮大。"①

党的十八大以来，面对改革开放、市场经济和外部环境的严峻考验，以及党长期执政面临的精神懈怠、能力不足、脱离群众和消极腐败等危险，习近平总书记指出"打铁还需自身硬"，强调必须采取一系列切实可行的措施加强党的自身建设、巩固党的执政基础，要求全党在不断增强"四个意识"、坚定"四个自信"和切实做到"两个维护"等原则问题上，必须旗帜鲜明、绝不含糊。习近平总书记创造性地提出以党的政治建设为统领推进党的建设新的伟大工程，深入推进反腐败斗争，确保党不变质、不变色、不变味，以党的自我革命引领伟大社会革命，确保党始终成为中国特色社会主义建设的坚强领导核心，找到了一条中国共产党在长期执政条件下解决自身存在的问题以及把党建设得更加强大的成功道路。对此，习近平总书记在党的二十大报告中强调："全面建设社会主义现代化国家、全面推进中华民族伟大复兴，关键在党。我们党作为世界上最大的马克思主义执政党，要始终赢得人民拥护、巩固长期执政地位，必须时刻保持解决大党独有难题的清醒和坚定。"②

以勇于自我革命精神提升党的建设质量，使党成为能够经受住各种风险挑战和人民群众衷心拥护并且始终走在时代前列，是新时代马克思主义执政党建设的重要任务。始终走在时代前列就是要求紧跟风云变幻的国内外形势，把握时代本质、时代特征和时代主题，同时保持战略定力，坚守共产主义远大理想，善于引领时代潮流，贡献中国智慧和中国力量。而使

---

① 《习近平著作选读》第2卷，人民出版社2023年版，第588页。
② 习近平：《高举中国特色社会主义伟大旗帜　为全面建设社会主义现代化国家而团结奋斗——在中国共产党第二十次全国代表大会上的报告》，人民出版社2022年版，第63页。

人民群众衷心拥护则要求牢牢把握一切为了人民的基本方向，不忘初心，牢记使命，不断加强党的自我革命，给人民群众展现一个勇于自我改善的负责任大党的精神面貌，不断推进反腐败斗争与打击各种违纪违法行为。经得起各种风险挑战就是要求不但要以坚定信念面对国际国内来自于经济社会发展方方面面的新问题新情况，善于化风险为机遇，始终保持朝气蓬勃的精神面貌，使旺盛生命力和强大战斗力以及青春活力在党内永远保持下去。

而要使我们党的执政地位能够长期保持下去更要求形成战略思维能力，善于总揽全局、协调各方，使国家治理各领域各方面各环节都能贯彻党和人民的意志。以制度建设推进不忘初心、牢记使命入脑入心，内化为心外化为行。特别是要善于利用制度安排维护党中央权威和集中统一领导的优秀传统，将两个维护落到实处。不断完善党中央重大决策落实机制，进一步强化党中央决策议事协调机构职能作用。健全党的全面领导制度，首先是要将党的领导覆盖全部领域，各级各类组织都要将完善党的领导、提升党的领导能力作为一项重要工作，扎实确保党的领导作用能够在各级各类组织中都能够充分发挥。

要建设长期执政的马克思主义政党，必然要求将自我革命的伟大实践贯穿始终。全面从严治党是党永葆生机活力、走好新的赶考之路的必由之路。要确保我们党在世界形势深刻变化的历史进程中始终走在时代前列，在应对国内外各种风险挑战的历史进程中始终成为全国人民的主心骨，必须通过不断自我革命，永葆党的先进性和纯洁性。

总之，习近平新时代中国特色社会主义思想作为新时代中国马克思主义创新发展最新成果，正是牢牢立足国内外形势的发展新变化，聚焦中国之问、世界之问、人民之问、时代之问的科学回答，不仅深刻表明了着眼解决问题是推动新时代中国马克思主义创新发展的有效路径，而且从根本上彰显了马克思主义的科学性与人民性的有机统一。

第 五 章

新时代中国马克思主义创新发展的历史意义

新时代中国马克思主义理论创新，形成了马克思主义中国化的最新理论成果——习近平新时代中国特色社会主义思想，在马克思主义发展史、社会主义发展史和中华民族复兴史上，具有重要意义。习近平新时代中国特色社会主义思想，坚持马克思主义基本原理同中国具体实际和新时代特征相结合，用马克思主义世界历史眼光观察时代、把握时代、引领时代，科学回答了当代中国和当代世界发展的重大时代课题，为推进马克思主义中国化时代化作出了原创性贡献，是当代中国马克思主义、二十一世纪马克思主义，是全面建设社会主义现代化国家、实现第二个百年奋斗目标的行动指南。在世界百年未有之变局与中华民族伟大复兴战略全局同步交织、相互激荡的时代背景下，深刻领会、精准把握、自觉运用新时代中国马克思主义创新发展规律，全面贯彻落实和实践习近平新时代中国特色社会主义思想，对于推进全面建设社会主义现代化国家新征程，推动中华民族伟大复兴中国梦的顺利实现，具有重要的理论意义和现实意义。[①]

---

① 参见袁银传、饶壮:《习近平新时代中国特色社会主义思想是当代中国马克思主义、21世纪马克思主义》,《思想理论教育》2022 年第 8 期。

一、马克思主义原创性理论成果

习近平新时代中国特色社会主义思想是当代中国马克思主义、二十一世纪马克思主义。其中，当代中国马克思主义指称习近平新时代中国特色社会主义思想是运用马克思主义解决当代中国实际问题而产生的最新理论成果，同马克思列宁主义、毛泽东思想、邓小平理论、"三个代表"重要思想、科学发展观一脉相承，符合中国马克思主义创新发展的一般规律。二十一世纪马克思主义主要指的是习近平新时代中国特色社会主义思想作为当代中国马克思主义，始终坚持在二十一世纪的当今世界高举马克思主义的伟大旗帜，是二十一世纪最具有影响力的马克思主义。

（一）习近平新时代中国特色社会主义思想是当代中国马克思主义

当代中国马克思主义是一个历史性概念，在不同的历史时期具有不同的指代。最早正式使用当代中国马克思主义这一概念是在党的十五大，具体使用的是"当代中国的马克思主义"。党的十五大报告指出："在当代中国，只有把马克思主义同当代中国实践和时代特征结合起来的邓小平理论，而没有别的理论能够解决社会主义的前途和命运问题。邓小平理论是当代中国的马克思主义，是马克思主义在中国发展的新阶段。"[①] 总体上，当代中国马克思主义可以理解为运用马克思主义解决当代中国问题形成的最新理论形态。

党的十八大以来，中国特色社会主义进入新时代。如何在新时代坚持

---

① 《中国共产党第十五次全国代表大会文件汇编》，人民出版社 1997 年版，第 10 页。

和发展中国特色社会主义，推进党和国家的事业更加稳定更为健康地持续向前发展，是中国共产党人在新的历史时期面临的主要任务。新时代中国马克思主义创新发展，立足于新的历史方位，把握新的发展形势，着眼于解决一系列新的时代课题。在这一新的历史时期，习近平总书记结合新的时代条件和要求，运用马克思主义解决当代中国的理论和实践问题，创新发展出一系列具有时代特点的原创性思想观点和方法。从马克思主义基本原理的层面进行把握，主要包括以下方面：

在马克思主义世界观和方法论层面，开辟当代中国马克思主义哲学的新境界，集中体现为创造性地提出了"六个必须坚持"。任何一种科学的思想理论都蕴含着深厚的哲学理念，集中反映这个时代的精神精华。中国共产党人始终坚持马克思主义的世界观和方法论，运用马克思主义的立场观点方法观察、分析和解决问题，不断创造出符合时代要求的理论成果。党的十八大以来，以习近平同志为核心的党中央，对于理论创新的认识达到了一个全新的高度，高度凝练了党的创新理论所蕴含的哲学理念，创新性发展了马克思主义的世界观和方法论。

坚持人民至上，体现了人民群众是历史的创造者这一马克思主义基本观点。坚持人民至上作为哲学理念，体现在党和国家事业的方方面面，主要包括坚持以满足人的需要为社会主义生产目的，把满足人民日益增长的美好生活需要作为发展的目标指向；坚持为人民服务的执政理念，把人民的满意度，以及获得感、幸福感、安全感作为执政能力的根本衡量标准；发展全过程人民民主，保证人民当家作主；强调以人民为中心的发展思想等。坚持自信自立，是对马克思主义辩证唯物论的新时代运用，体现了实践第一的马克思主义基本观点。理论一旦脱离实践就会失去活力，甚至会阻碍现实的发展。马克思主义在中国的创新和发展是中国共产党人一步一步走过来的，依靠中国人民自身的力量实践出来的，运用马克思主义取得的一系列成果归根到底是由于马克思主义中国化时代化。自信自立的提出是对中国共产党带领人民群众团结奋斗的百年历史实践的高度提炼，强调中国的实际、中国人的自主性，既是方法也是原则。坚持守正创新，是对辩证唯物主义认识论的新时代运用，体现了真理具有绝对性和相对性、坚持理论和实践辩证统一等马克思主义基本观点。守正创新是推进理论创新、进行理论创造的根本要求，既要守正、培元固本，又要创新、与时俱进，前者是防止迷失方向，后者是为了把握时代和引领时代。党的十八大以来，以习近平同志为核心的党中央，高度重视思想建党、理论强党、制度治党，大力推进马克思主义指导地位制度化，强调科学社会主义原则不能丢。同时，坚持在"如何运用"马克思主义基本原理上下功夫，强调以科学的态度对待马克思主义，防止以实用主义、教条主义、经验主义的态度对待马克思主义，警惕修正主义的各种错误观点，以自我革命引领社会革命，始终走在时代发展前列。坚持问题导向，是对马克思主义矛盾论的新时代运用，体现了问题是时代的声音这一马克思主义基本观点。每个时代都有自身的问题。时代呼唤理论的出场，党的创新理论就是在观察问题、分析问题和解决问题中不断发展出来的。坚持问题导向，强调正视矛盾、解决矛盾，敢于面对问题，善于从繁杂问题中把握主要问题和要害问题，包括影响经济社会发展的长期性根本性问题、事关促进改革发展稳定的大问题、涉及广大人民群众根本利益的核心问题等。矛盾和问题是社会发展的动力，在解决问题中就能够把社会不断推向前进。新时代中国特色社会主义事业的新发展立足于着力解决深层次体制机制问题、发展的动力问题、发展的不平衡不充分问题、共同富裕的问题、党的建设面临的突出问题、国际变局中的重大问题等。坚持系统观念，是对马克思主义唯物辩证法的新时代运用，体现了事物是普遍联系的、事物是不断发展变化的等马克思主义基本观点。习近平总书记强调："系统观念是具有基础性的思想和工作方法。"①

————————————

① 《习近平谈治国理政》第 4 卷，外文出版社 2022 年版，第 117 页。

进入新时代以来，以习近平同志为核心的党中央坚持系统观念，体现在治国理政的方方面面，包括提出"十个明确""十四个坚持"，统筹"两个大局"、统揽"四个伟大"、全面推进"五位一体"总体布局、协调推进"四个全面"战略布局，贯彻新发展理念、构建新发展格局、坚持总体国家安全观、构建人类命运共同体等，这些都是具有前瞻性、全局性和整体性的理念和举措，推进党和国家事业取得了历史性成就和历史性变革。坚持胸怀天下，是对马克思主义为人类求解放的世界历史观的新时代运用，体现了为人类求解放、为人类谋进步的马克思主义基本观点。中国共产党人始终坚持以世界视野和眼光关注人类发展的前途和命运，坚持从人类发展的大潮流、大趋势，以及世界变化的大格局上思考中国和世界的发展。人类命运共同体的理念，正是体现了中国共产党人胸怀天下的总观点，把人类共同的发展和进步放在心上，为人类和平与发展事业作贡献。

在政治经济学原理方面，推动中国特色社会主义政治经济取得新的飞跃，创造性地提出了中国特色社会主义政治经济学的重大原则、以人民为中心的经济发展思想、新发展理念，经济发展新常态，新发展格局等。其中，中国特色社会主义政治经济学重大原则，坚持社会主义初级阶段和社会主要矛盾发生转变的辩证统一；以人民为中心的经济发展思想，立足唯物史观，维护人民群众根本利益，集中体现了马克思主义政治经济学的立场，充分反映了中国特色社会主义政治经济学的发展逻辑对资本逻辑的批判和超越；新发展理念，作为经济发展进入新发展阶段阐发出的新理念和新举措，引领经济发展方式转变、经济结构调整，促使经济发展向着高质量迈进；经济发展新常态，坚持实事求是，运用历史发展的阶段性原理，基于对国内外经济发展形势的判断，对我国经济发展的阶段性形态进行了科学定位；新发展格局，运用社会发展变革要调整生产关系以适应生产力发展新要求的原理，着眼于解决经济循环畅通中的难点和堵点问题，拓宽和优化中国的经济发展空间。

　　在科学社会主义原理方面，进一步深化认识了党和社会主义国家的关系、党的领导和社会主义现代化的关系、党领导的社会革命和党的自我革命的关系，尤其深刻揭示了自我革命与跳出历史周期率的关系，即全面从严治党，坚持自我革命，是确保党不变质、不变色、不变味的重要举措，也是以习近平同志为核心的党中央继毛泽东"延安窑洞问"回答之后，对于如何跳出治乱兴衰的历史周期率的"第二个答案"。在深化社会主义建设规律的认识上，以习近平同志为核心的党中央，进一步深化对社会主义社会的发展阶段、现代化和社会主义的关系等问题的认识。其一，对于社会主义社会的发展阶段具有了新的认识，提出了新发展阶段，细化了社会主义初级阶段的历史时期。新发展阶段的提出以社会主要矛盾的转变为主要依据，对中国发展历史方位进行了更为准确更为细致的把握，在理论判断上表明了社会主义初级阶段内部发生了向着更高阶段发展的部分质变。其二，对于现代化和社会主义的关系具有了新的认识，以中华民族伟大复兴为主题，强调中国共产党人对社会主义的认识同推进现代化建设是同步的过程，在对中国特色社会主义新认识的基础上更是提出了人类文明新形态这一重大论断。在深化对人类社会发展规律的认识上，以习近平同志为核心的党中央，深化了对人类社会现代化发展道路的认识，从中国式现代化道路的成功开辟探讨人类社会现代化道路的多样性问题；深化了对人类社会发展共同利益的认识，积极构建人类命运共同体；深化对人类共同价值追求的认识，主张全人类共同价值，倡导不同文明交流互鉴。

（二）习近平新时代中国特色社会主义思想是二十一世纪马克思主义

　　二十一世纪马克思主义是一个历史性概念，同十九世纪马克思主义、二十世纪马克思主义一起才能更为准确地理解这一概念。从十九世纪马克思主义到二十世纪马克思主义，再到二十一世纪马克思主义，马克思主义在不同的世纪面临和解决的问题各有不同。十九世纪是自由竞争资本主义时代，是资本主义发展和无产阶级力量不断壮大的时代。二十世纪是垄断资本主义的时代，是帝国主义发展、殖民地半殖民地国家民族革命和无产阶级革命的时代。二十一世纪是金融垄断资本主义的时代，是资本主义和社会主义两种制度竞争合作的时代。从二十世纪下半叶开始，就进入了资本主义和社会主义两种制度并存竞争的时代，但随着苏联解体、冷战结束，社会主义运动陷入历史的低潮时期。从世界社会主义的发展史来看，二十一世纪人类社会的发展，仍然处在马克思主义所指明的历史时代。二十一世纪马克思主义，是立足于二十一世纪人类社会发展的马克思主义，着眼于二十一世纪人类发展的前途和命运、时代发展的潮流、世界进步的大势等深层次问题，深刻影响着整个人类社会以及科学社会主义的发展。习近平新时代中国特色社会主义思想作为当代中国马克思主义是二十一世纪最具有影响力的马克思主义，是二十一世纪马克思主义。

如何推进世界社会主义的发展是社会主义国家需要思考的问题。党的十八大以来，以习近平同志为核心的党中央，为二十一世纪世界社会主义的发展提供一系列新的思考，包括把握二十一世纪资本主义演进的特点和趋势，把握两种制度的力量对比的新变化和新态势，把握世界社会主义发展的方向。

其一，把握二十一世纪资本主义演进的特点和趋势。习近平总书记高度重视对当代资本主义变化新特点的研究，强调要正确对待当代世界马克思主义思潮。习近平总书记指出："当代世界马克思主义思潮，一个很重要的特点就是他们中很多人对资本主义结构性矛盾以及生产方式矛盾、阶级矛盾、社会矛盾等进行了批判性揭示，对资本主义危机、资本主义演进过程、资本主义新形态及本质进行了深入分析。这些观点有助于我们正确认识资本主义发展趋势和命运，准确把握当代资本主义新变化新特征，加深对当代资本主义变化趋势的理解。"①

其二，把握两种制度的力量对比的新变化和新态势。毋庸置疑，苏联解体、东欧剧变，对世界社会主义的发展造成了沉重的打击，两种制度的力量对比朝着有利于资本主义制度的方向倾倒。当时，在国际社会舆论场中，甚至出现了"社共产主义失败论""历史终结论"甚嚣尘上。但是，随着中国特色社会主义的发展，尤其是中国特色社会主义进入新时代，国际社会纷纷关注中国创造的发展奇迹，科学社会主义在二十一世纪的中国焕发出强有力的生命力。《中共中央关于党的百年奋斗重大成就和历史经验的决议》指出："世界范围内社会主义和资本主义两种意识形态、两种社会制度的历史演进及其较量发生了有利于社会主义的重大转变。"②

其三，把握世界社会主义发展的方向。党的十八大以来，以习近平同志为主要代表的中国共产党人，坚持"两个必然"的马克思主义基本观点，从世界社会主义 500 年的历史发展视野出发，强调二十一世纪的当下仍然处在马克思主义所指明的历史时代；坚持"两个决不会"的马克思主义基本观点，从两种制度长期共存的历史发展大势出发，提出推动构建人类命运共同体的设想，为人类社会发展提供具有前瞻性的构想。

作为二十一世纪马克思主义，习近平新时代中国特色社会主义思想回答了"中国之问、世界之问、人民之问、时代之问"这些事关马克思主义发展的根本性问题。首先，回答了"怎么实现中华民族伟大复兴"的中国之问。以中国式现代化推进中华民族伟大复兴，明确了中国式现代化的理论体系，为世界现代化的发展作出巨大的贡献，为后发国家想要实现经济快速发展且保持自主性提供了全新的选择。其次，回答"世界怎么了，我们怎么办"的世界之问。经历了 20 世纪两次世界大战和长期的冷战，维

---

① 《习近平谈治国理政》第 2 卷，外文出版社 2017 年版，第 67 页。

② 《中共中央关于党的百年奋斗重大成就和历史经验的决议》，人民出版社 2021 年版，第 63—64 页。

护世界和平是 21 世纪的共识。但是，当前世界形势波诡云谲，单边主义和霸权主义抬头，冷战思维和集团政治回潮，局部冲突事件此起彼伏。少数国家依仗自身发展优势，滥用单边制裁以及长臂管辖，破坏对边贸易体制，破坏以联合国宪章和国际法为基础的国际秩序，严重威胁着国际公平正义。对此，构建人类命运共同体为世界的发展提出了中国智慧和中国方案，旗帜鲜明反对一切形式的威胁世界和平与发展的思想行为，引导国际社会共同塑造更加公正合理的国际新秩序。再次，回答了"怎么实现美好生活"的人民之问。美好生活，既是长期以来人类对理想社会的追求，又是当下经济社会发展的重要目标。以人民为中心的发展思想，坚守人民立场、维护人民根本利益，推进改革成果更公平地惠及全体人民，积极满足人民对美好生活的需要。最后，回答了"怎么始终走在时代发展前列，引领时代发展"的时代之问。习近平新时代中国特色社会主义思想强调，把握时代发展大势、顺应时代发展潮流，始终站在时代发展的前列，不断推进理论创新和实践创新，善于运用马克思主义的立场、观点、方法观察时代、把握时代、引领时代。

作为二十一世纪马克思主义，习近平新时代中国特色社会主义思想为人类文明发展注入新的理念。

第一，揭露文明史观的唯心主义本质，用唯物史观替代文明史观。文明史观是关于人类文明研究的重要成果，也是众多文明理论的哲学基础，从进步意义上讲，文明史观冲击了欧洲中心论的固有观念；超越民族国家的分析单位而进行更为整体性的研究；超越了历史研究中追求纯粹客观性的"科学主义"倾向，但同时也存在从欧洲中心论转向了西方中心论、缺少对历史主流主线的把握而陷入对文明图式的虚构、过度伸张对历史的主观阐释等不足。更为重要的是，文明史观本质上是唯心史观的一种表现形式，例如汤因比试图赋予每一种文明生命史，论争 21 个人类主要文明只有基督文明保持活力，认为宗教是人类文明产生的力量源泉、人类文明发展则是由少数"超人"推动等等。"把人类文明史归结为所谓的宗教史、文化史。它掩盖了文明进步的真正动力和文明发展的客观矛盾，否定了评价文明进步的客观依据。所谓'文明史观'引领下的文明研究，或只见树木不见森林，或痴迷现象不及本质，或故弄玄虚哗众取宠，或回避矛盾混淆视听，实在无科学性可言。其要害在于企图努力维护'西方文明优越论'。"

第二，揭露文明输出的霸权主义逻辑，用文明结合替代价值输出。资本逻辑主导的现代化及其相伴而生的文明奉行价值输出的霸权主义逻辑，而中国式现代化创造的人类文明新形态则反对价值输出的行为。在文化战略频出的当下，文化交融似乎总是在冲突之下的被动融合或消极融合，然而，一旦把握住文明结合的方式方法，就能实现不同文明之间相互滋养、和谐共生。马克思主义中国化的历程则是人类文明交往融合的成功范例，从方法论上看，文明结合的核心实质是对话语逻辑的体认，在理解的基础上实现对自身文明更深层次的把握，概言之，人类不同文明之间的交往，不该是特定价值观念的霸道输出，而是向他人文明呈现自身的文明特点，不是文化内容的强制认同，而是文明逻辑的相互了解。谋求和而不同、美美与共，才是人类文明融合可持续发展的正道。文化是民族之本，是文明生成的根脉；方法是文化之源，是文明结合的基础。坚持在发展马克思主义的过程中注重在马克思主义与中国的结合上下功夫、在对马克思主义的运用上下功夫，是中国式现代化创造人类文明交往新形态的宝贵经验。党的二十大后，习近平总书记赴延安和安阳考察时指出："中华优秀传统文化是我们党创新理论的'根'，推进马克思主义中国化时代化的根本路径是'两个结合'。"文明结合不是守着自己的观点自说自话或者强迫他人沿用自己的理论和话语体系，只有把他人文明思想精髓同自身本土文化精华贯通起来、同人民群众日用而不觉的共同价值观念融通起来，才能在自身文化传统和基础中形成对自身文明更高层次的认同，发挥其强大的凝聚力和引领力。习近平新时代中国特色社会主义思想之所以成为中华文化和中国精神的时代精华，就是因为推动马克思主义立场观点方法中国化时代化，以坚持人民至上、自信自立、守正创新、问题导向、系统思维、胸怀天下，揭示了当代中国马克思主义的价值立场、精神气质、发展逻辑、实践品格、思维方法和世界历史视野，从世界观和方法论的高度推进马克思主义中国化时代化是习近平总书记对马克思主义创新和运用规律的原创性贡献，也是将马克思主义这一"外来文明"与中华文明相互结合、相互成就的完美典范。总体而论，二十一世纪马克思主义为建构人类文明互鉴共生的美好样态贡献了中国智慧。

党的十八大以来，以习近平同志为核心的党中央，从促进人类发展和进步的视野和高度，主张不同文明间应当坚持相互借鉴、和谐共生的原则，倡导不以意识形态划线、搞冷战思维，提出构建人类命运共同体的理念，超越了民族中心论、文明冲突论等各种观念，为维护人类文明多样性、促进文明间对话提供了中国方案。其一，提出了促进人类文明发展和进步的价值准则。习近平总书记指出："和平、发展、公平、正义、民主、自由，是全人类的共同价值，也是联合国的崇高目标。"全人类价值共识，高度凝练了人类文明发展以来的全部思想精华，生动描画了人类美好生活的应有图景。不同于西方"普世价值"，以自我价值理念捆绑和凌驾于其他国家之上，打着"普世价值"的幌子维护自身的利益，在本质上还是西方中心主义，全人类共同价值则是立足于人类发展的共同需要，为不同文明间的和谐共生提供科学的理念遵循。其二，提出了促进人类文明发展和进步的实践路径。构建人类命运共同体不仅是促进文明发展的重要理念，更是拓展人类文明进步的重要实践方式。自提出以来，就在实践中不断推进，包括："中国—东盟命运共同体""中拉命运共同体""中非命运共同体""亚太命运共同体"等区域合作式共同体方案；"网络空间命运共同体""海洋命运共同体""核安全命运共同体""人类卫生健康共同体"等领域合作式共同体方案。其三，打开了两种制度和平共处的新的空间。两种制度长期并存是当前发展的客观趋势。如何对待两制并存，在历史上有多种解决方案，包括搞军备竞赛的对抗思维、搞和平演变的同化思维、搞统一战线的合作思维等，这些都是 20 世纪两制相处遗留下的产物。当今世界仍然处于资本主义主导的历史时代，也可以说是马克思主义所指出的"两个决不会"的时代，两制共存长期存在。人类命运共同体理念，超越了意识形态和社会制度的差异，为两制共存提供了新的解决方案。

二、中华文化和中国精神的时代精华

文化是一个民族一个国家的灵魂和精神支柱，是民族国家身份认同的精神标识，是民族生命延续的精神纽带，是民族传统传承的精神基因，是民族安身立命的精神支撑，是民族前进发展的精神动力。中国特色社会主义文化源自于中华民族五千多年文明历史所孕育的中华传统文化，熔铸于党领导人民在革命、建设、改革过程中创造的革命文化和社会主义先进文化，植根于中国特色社会主义伟大实践，积淀着中华民族最深层的精神追求，代表着中华民族独特的精神特质，是中华民族和中国人民胜利前行、自立于世界民族之林的强大精神力量。习近平新时代中国特色社会主义思想是马克思主义中国化创新发展的最新理论成果，植根于广袤中国大地和中华民族历史，是中华文化和中国精神的时代精华。

（一）习近平新时代中国特色社会主义思想是中华文化的时代精华

马克思主义在中国的传播和发展为古老的中华文明和中华优秀传统文

化提供了创新发展的机会。自从马克思主义传入中国，中华优秀传统文化的创造性转化、创新性发展与中国马克思主义创新发展是同一历史过程，体现了中华优秀传统文化与社会主义先进文化的双向互动。中华优秀传统文化源远流长、博大精深，是中华文明的智慧结晶，"同科学社会主义价值观主张具有高度契合性"①。中国共产党是中华优秀传统文化的忠实传承者和弘扬者，新民主主义革命时期，面临国家蒙辱、人民蒙难、文明蒙尘，中国共产党人高举马克思主义伟大旗帜，发时代先声，使得中国人的精神由被动变为主动，推进中华优秀传统文化与新民主主义革命伟大实践结合起来，创造出具有鲜明科学性、民族性、人民性的新民主主义革命文化。毛泽东同志在《新民主主义论》中对新民主主义文化的定位这样说道："就整个社会来说，我们现在还没有形成这种整个的社会主义的政治和经济，所以还不能有这种整个的社会主义的国民文化。由于现时的中国革命是世界无产阶级社会主义革命的一部分，因而现时的中国新文化也是世界无产阶级社会主义新文化的一部分，是它的一个伟大的同盟军；这种一部分，虽则包含社会主义文化的重大因素，但是就整个国民文化来说，还不是完全以社会主义文化的资格去参加，而是以人民大众反帝反封建的新民主主义文化的资格去参加的。"②这一阶段，新民主主义革命文化作为中华文化的时代精华，汇聚起中华儿女"敢教日月换新天"的磅礴合力，成为新民主主义革命的精神前进动力。

在社会主义革命和建设时期，中国共产党人着力推动社会主义先进文化建设。面对经济和文化发展的迫切需要，以毛泽东同志为主要代表的中国共产党人提出"百花齐放、百家争鸣"的文艺发展方针。"双百方针"

---

① 习近平：《高举中国特色社会主义伟大旗帜　为全面建设社会主义现代化国家而团结奋斗——在中国共产党第二十次全国代表大会上的报告》，人民出版社 2022 年版，第18 页。

② 《毛泽东选集》第 2 卷，人民出版社 1991 年版，第 705 页。

与中华优秀传统文化结合，形成了一批人民群众喜闻乐见的革命文化成果。这一时期，伴随着社会主义革命与建设实践的蓬勃开展，文化建设的中心向社会主义革命和建设文化转变。改革开放和社会主义现代化建设新时期，我们党坚持物质文明和精神文明"两手抓、两手都要硬"的方针。伴随着社会主义市场经济体制的建立，产生了对与之相适应的社会主义文化建设的要求，包括发扬民族文化的优秀传统、革命文化的优秀传统，积极吸收借鉴世界一切有利于社会主义文化发展的文明成果，推动社会主义先进文化更深入人心等。总的来看，这一时期我们党更加重视文化建设的整体性推进，在马克思主义创新发展的过程中不断探索中华优秀传统文化、革命文化和社会主义先进文化的内在联系。新时代以来，习近平总书记高度重视中华优秀传统文化"根和魂"的奠基性作用，整体把握文化建设的定位、内涵、资源、方法，整体把握中华优秀传统文化、革命文化与社会主义先进文化的内在统一。习近平同志对新时代文化建设进行谋划布局和指导推动，尤其强调文化自信之于一个国家、民族深远持久的影响力。强调要科学阐释中华优秀传统文化的特质与精神，阐明了在中华民族伟大复兴战略全局和世界百年未有之大变局之间同步交织、相互激荡的背景下，只有讲清楚优秀传统文化的历史发展脉络以及基本内容，尤其是从中充分地挖掘中华优秀传统文化仁爱、民本、诚信、正义、和合、大同的价值观念，才能在世界文化交流、交融、交锋中站稳脚跟。

习近平新时代中国特色社会主义思想是中华文化的时代精华，既坚持以中华优秀传统文化的根基，又坚持文化发展体现社会主义性质，是中华文化创造性转化创新性发展的生动写照。例如，习近平总书记在谈到共产党人的初心使命时，既引用了"大贤秉高鉴，公烛无私光""得众则得国，失众则失国""反听之谓聪，内视之谓明，自胜之谓强"等典故，也讲述了王进喜、焦裕禄等共产党人为了社会主义建设率先垂范的事迹，阐明人为什么要保持初心、保持什么样初心、怎样保持初心的问题。在论述坚定马克思主义信仰的问题时，习近平总书记既引用"志不立，天下无可成之事""先天下之忧而忧，后天下之乐而乐""位卑未敢忘忧国""苟利国家生死以，岂因祸福避趋之""鞠躬尽瘁，死而后已"等典故，也讲述了彭湃、左权等共产党人在革命时期通过树立信仰坚定革命信心的事迹，阐明人为何要有信仰、有什么样信仰、怎样贯彻信仰的问题。在论述共产党员对党忠诚的问题时，习近平总书记既引用了"天下至德，莫大乎忠""我自横刀向天笑，去留肝胆两昆仑""砍头不要紧，只要主义真""诚既勇兮又以武，终刚强兮不可凌。身既死兮神以灵，魂魄毅兮为鬼雄"等典故，也讲述了陈树湘、张富清等革命战士对祖国和人民忠诚无畏的事迹，阐明什么是忠诚以及为何和如何对国家、对人民、对党忠诚等问题。在论及领导干部的责任担当问题时，习近平总书记既引用了"为官避事平生耻，心底无私天地宽""为政之要，惟在得人""育材造士，为国之本"等典故，也讲述了南仁东、钟南山逆行出征挺身担当的事迹，阐明什么是担当、担当什么以及如何担当的问题。在谈到绿色发展的问题时，习近平总书记既引用了"万物并育而不相害，道并行而不相悖""天行有常""应之以治则吉""取之有度，用之有节"等典故，也讲述了陈彦娴、张利民、郭志睿三代塞罕坝人建林场，把荒原变成林海的事迹，阐明了人与自然如何和谐共生的问题并提出"绿水青山就是金山银山"的重要论断。在谈到共享发展问题时，习近平总书记既引用了"不患寡而患不均，不患贫而患不安""治国有常，而利民为本""道虽迩，不行不至；事虽小，不为不成"等典故，也讲述了闽宁镇从无到有、从穷到富的扶贫协作事迹，阐明了为什么要共享发展、如何实现共享发展的问题，并提出"扎实推进共同富裕"的重要论断。

没有中华五千年文明，就没有中国特色；没有中国特色，就没有成功的中国特色社会主义。习近平总书记强调："我们要特别重视挖掘中华五千年文明中的精华，把弘扬优秀传统文化同马克思主义立场观点方法结合起来，坚定不移走中国特色社会主义道路。"①中国共产党自成立以来所取得的一系列重大成就，无一不是以中华优秀传统文化为根基，对中华优秀传统文化中对社会主义现代化发展具有建设性意义的内容和形式加以改造，主要体现为依照时代特点与现实需求，对中华优秀传统文化的内涵加以丰富发展、形式加以更新扩展，使其焕发出时代生机和活力，从根本上讲是坚持了培元固本与守正创新相统一的原则，把马克思主义基本原理与中华优秀传统文化相结合。

（二）习近平新时代中国特色社会主义思想是中国精神的时代精华

人无精神不立，国无精神不强，民族精神是一个国家和民族的脊梁。中华 5000 多年文明发展孕育出中华优秀传统文化，在中国共产党百年奋斗历程中创造了丰富的革命文化和社会主义先进文化，积淀中华民族最深层的精神追求，代表中华民族独特的精神标识。习近平新时代中国特色社会主义思想既是中华文化的时代精华，也是中国精神的时代精华，深刻反映中华民族自古以来的理想价值追求和中华民族伟大复兴梦想，凝结着中国人民的伟大奋斗精神、伟大创造精神、伟大团结精神和伟大理想精神。

文化自信是更基本、更深沉、更持久的力量。20 世纪 20—30 年代，面对西方文化的入侵，国内思想舆论界出现中国精神崩溃论的悲观论调，即民族的自尊心与自信力已然消失。鲁迅先生在《中国人失掉自信力了吗》中指出："我们有并不失掉自信力的中国人在。我们从古以来，就有埋头苦干的人，有拼命硬干的人，有为民请命的人，有舍身求法的人……虽是

---

① 《习近平谈治国理政》第 4 卷，外文出版社 2022 年版，第 315 页。

等于为帝王将相作家谱的所谓'正史'，也往往掩不住他们的光耀，这就是中国的脊梁。"① 在中国封建社会长期两千多年的统治中，儒家在中华传统文化中居于正统地位，儒家讲"修身、齐家、治国、平天下"，体现一种入世的精神，这种精神是儒家对待世界的态度和认知取向，极大程度上塑造着中国人的文化心理结构。鲁迅先生笔下埋头苦干、拼命硬干、为民请命、舍身求法的精神，是儒家入世精神的鲜明写照。鸦片战争之后，中华民族及其文化遭受到前所未有的磨烂。面对国家蒙辱、人民蒙难、文明蒙尘的悲惨局面，先进的中国人奋起抗争，展开了一系列救亡图存运动，太平天国运动、戊戌变法、义和团运动、辛亥革命，都表达了先进的中国人不屈服于帝国主义践踏和封建主义压迫的顽强抗争精神。但是，这些运动和革命最后都是以失败而告终，而失败的根本原因就是缺乏先进思想作为理论指导和先进组织作为政治领导。对此，毛泽东同志总结道："自从中国人学会了马克思列宁主义以后，中国人在精神上就由被动转入主动。"②"自从有了中国共产党，中国革命的面目就焕然一新了。"③ 马克思主义在中国的传播唤醒了沉睡的中华民族，激活了古老的中华文明和中华文化。

其一，在革命的根本方式上，马克思主义关于无产阶级革命的观点和中国传统的修心觉悟精神有着根本不同。马克思主义深刻揭示了资产阶级必然灭亡和无产阶级必然胜利的历史趋势，社会变革不能指望资本家的善心和福利，只能由无产者组织起来成为独立的阶级，通过暴力革命取得政权，建设社会主义国家。而中华传统文化中的儒家思想，则是强调通过教化，实现修心觉悟，完成社会问题下君臣关系、主奴关系的和解。对这个问题，五四运动时期的一些知识分子具有切身体会和感受。以陈独秀的思

---

① 鲁迅：《且介亭杂文》，江西教育出版社 2019 年版，第 86 页。
② 《毛泽东选集》第 4 卷，人民出版社 1991 年版，第 1516 页。
③ 《毛泽东选集》第 4 卷，人民出版社 1991 年版，第 1357 页。

想转变为例，五四运动爆发之前，陈独秀认为伦理道德是根本问题而政治问题则次之，但是在五四运动爆发以后，他在《我的解决中国政治方针》中强调："我们正要站在社会的基础上，造成新的政治，新的政治理想。"① 并在此之后表示"用革命的手段建设劳动阶级（即生产阶级）的国家，创造那禁止对内对外一切掠夺的政治法律，为现代社会第一需要"②，从"伦理觉悟"转向"政治革命"。陈独秀的这种思想转变当时并不是个案，而是经历了五四运动的大多数知识分子共同的心路历程。中共早期领导人之一的罗章龙就曾经回忆道："在五四时期，在反对旧道德、旧文化、旧思想和反帝反军阀的万丈光芒中，还闪耀出一道灿烂的红光普照神州大地，这就是马克思列宁主义在中国的传播。"③ 马克思主义的传入和中国共产党的诞生，变革了沉浸于伦理变革的革命方式，将社会革命运动树立于现实物质利益之上，将最广大人民群众彻底动员起来。

其二，在革命的方向趋势上，马克思主义关于社会主义革命和建设的观点和沿着新儒学的道路重构中国精神文化家园有着根本不同。近代以来中国伦理精神的转型，也是在围绕"中国向何处去"的问题，由此而产生三种路径，分别是新儒学道路、西方资本主义的道路和马克思主义的社会主义革命建设道路。现代以来，新儒学经历了以梁漱溟、张君劢为代表的第一代发展、以冯友兰、钱穆为代表的第二代发展、以唐君毅、牟宗三的第三代发展，坚持"返本开新"的原则，试图从强调民族性、到强调融通性、强调创造性等方面，实现对中华文化、中国精神的重建。新儒学始终认为中华民族近代以来备受西方列强欺辱的事实是由文化起着深层次的作用，民族危机本质上是中西文化碰撞和中华文化自身发展中的文化危机。

① 《陈独秀文集》第 2 卷，人民出版社 2013 年版，第 22 页。
② 《陈独秀文集》第 2 卷，人民出版社 2013 年版，第 39—40 页。
③ 中国社会科学院近代史研究所编：《五四运动回忆录》（上），中国社会科学出版社 1979 年版，第 410 页。

这一定位，使得他们在谈及社会变革的方向趋势上，将目光聚焦于"内圣外王"，一方面继承儒家之学，另一方面通过主体的转型"开新"出民主与科学。新儒学提出的发展进路将论域置于文化层面，难以回应现实社会革命所涉及的"物质利益难题"。事实上，五四运动就已经完成了对中国革命的双重启蒙，不仅深化了对中华传统文化的批判和反思，还破除了对西方科学民主精神的迷信，推动中国革命从"以西为师"向"以俄为师"的转向。中国在确立了无产阶级领导的新民主主义革命和社会主义革命道路后，革命的方向趋势与主题主线就从文化层面或单一的制度层面落实到建立以工人阶级领导的、以工农联盟为基础的社会主义国家、进行社会主义三大改造、建立社会主义制度等一系列现实任务上。

任何精神都是所处时代社会实践运动的反映，是在实践活动过程中产生和形成的。中国精神的时代精华形成于新民主主义革命、社会主义革命与建设、改革开放与社会主义现代化建设、新时代中国特色社会主义建设的实践过程之中。新民主主义革命时期，迫切需要为民族独立、人民解放开辟新道路。这一时期，涌现出一批先进革命勇士献身革命，形成了为人民服务的张思德精神、厚植家国情怀磨炼顽强意志的杨靖宇精神、坚定信念不屈不挠敢于担当勇于奉献的刘胡兰精神、"三不相信"的杨根思精神等英雄模范精神；在革命过程中，面对艰难险阻，中国共产党人在克服困难、开辟革命道路的过程中，形成了红船精神、井冈山精神、古田精神、遵义精神、长征精神、红岩精神、吕梁精神等系列精神。在社会主义革命和建设时期，迫切需要对新中国进行社会主义建设。这一时期，一大批先进的社会主义建设者涌现出来，形成了雷锋精神、铁人精神、焦裕禄精神等社会主义建设者精神；在建设实践过程中，形成了"两弹一星"精神、抗美援朝精神、万隆精神、西迁精神等系列精神。在改革开放和社会主义现代化建设新时期，需要不断解放思想、发展生产力，为中国发展提供充满活力的物质条件和发展环境。这一时期，一大批锐意进取的中国共产党人率先垂范，走在时代的前列，形成了女排精神、扬善洲精神；在改革开放过程中，形成特区精神、抗洪精神、抗击"非典"精神、抗震救灾精神、载人航天精神等系列精神。党的十八大以来，面对百年未有之大变局和中华民族伟大复兴战略全局同步交织、相互激荡的形势，中国共产党人进行伟大斗争、建设伟大工程、推进伟大事业、实现伟大梦想，形成了伟大抗疫精神、脱贫攻坚精神、航空报国精、探月精神、载人深潜精神、新时代北斗精神、"三牛"精神、志愿者精神、科学家精神、企业家精神、愚公移山精神、李保国精神、"两路"精神、丝路精神、莫高精神、右玉精神等中国精神在新时代中国特色社会主义阶段的生动体现。

首先，中国精神的时代精华以"坚持真理、坚守理想"为基础。中国精神在当代焕发强大引领力和凝聚力的基本前提，就是坚持以马克思主义为指导思想。坚定马克思主义信仰和共产主义理想信念，是共产党人安身立命的根本。中华传统文化以儒家伦理和入世精神为安身立命的根本，西方资本主义则以新教伦理和资本主义精神为安身立命的根本，两者一方面是民本主义精神，另一方面是人本主义精神，即使带有浓厚的人文关怀和竞争精神，但都没有超出"单个人"或"抽象的人"而非"每个人"范畴，都无法解决现实存在的无产阶级贫困问题，无法整体推进对大同社会的实践追求。坚持真理、坚守理想的精神既是将马克思主义作为指导思想的基础，也是把践行中国特色社会主义共同理想和坚定共产主义远大理想统一起来的体现，是中国共产党百年发展风华正茂的动力源头。

其次，中国精神的时代精华以"践行初心、担当使命"为核心。为中国人民谋幸福的初心使命，是中国共产党性质宗旨、奋斗目标的集中体现，为中华文化和中国精神的发展确立了历史主题和时代课题，使最广大人民群众前所未有地成为历史的主体、国家的主人。实现中华民族伟大复兴是近代以来先进中华儿女的夙愿。只有胸怀中华民族伟大复兴的战略全局，才能明确中国共产党在领导中华民族走向复兴的进程中举什么旗、走什么路、以什么样的精神状态、朝着什么样的目标继续前进，才能在各种危机中育新机、在变局中开新局，即使面对资源短缺、技术落后、全面封锁等极端困难依旧能够汇聚合力、勇毅前行。

再次，中国精神的时代精华以"不怕牺牲、英勇斗争"为动力。共产主义不是轻轻松松敲锣打鼓就能建成的，在进行社会主义革命、建设、改革的过程中，总会遇到各式各样甚至是要流血牺牲的阻力，也正是如此多的艰难险阻和考验，才练就了中国共产党"为有牺牲多壮志，敢教日月换新天"的魄力和气概。每当困难挑战来临，中国共产党不怕牺牲、英勇斗争的精神，发挥着强大有力的精神引领作用。2020年初，新冠肺炎在全球肆虐，疫情发生后，党和政府及时成立中央应对疫情工作领导小组，制定疫情防控战略策略，各级党组织和广大党员干部在抗击疫情斗争中发挥先锋模范作用，让党旗在防疫一线高高飘扬。整个过程实现了横向到边、纵向到底的总体抗疫，汇聚了460多万个基层党组织形成抗疫堡垒，近500万名工作者基层社区连天值守，两万多名优秀分子火线入党，近5000多万党员奋斗在抗疫一线。天下为公行大道。抗击新冠疫情斗争的伟大实践，铸就了生命至上、举国同心、舍生忘死、尊重科学、命运与共的伟大抗疫精神。抗疫精神不是既成的，而是生成于艰苦卓绝的抗疫实践。不怕牺牲、勇于斗争的精神发挥着集中且持久的力量，面对汹涌疫情，党领导十四亿多中国人民聚合磅礴抗疫之力，彰显广阔的人民视野、务实的治理逻辑、深厚的前进定力。

最后，中国精神的时代精华以"对党忠诚、不负人民"为宗旨。习近平总书记在谈到对党员干部的要求时曾多次提出，党员干部要遵从"忠诚、干净、担当"这一基本要求，这其中又着重把"忠诚"放在首位。可见，对党忠诚，对于一个党长期健康发展和永葆先进性纯洁性来讲，是极其重要的。2015年1月12日，习近平总书记在中央党校县委书记研修班学员座谈会上指出："共产主义决不是'土豆烧牛肉'那么简单，不可能唾手可得、一蹴而就，但我们不能因为实现共产主义理想是一个漫长的过程，就认为那是虚无缥缈的海市蜃楼，就不去做一个忠诚的共产党员。"①中国共产党领导下的新中国，坚持党性与人民性的统一，忠诚于党和忠诚于人民相统一是中国精神的鲜明特征。对党忠诚、不负人民的精神是一条准绳，要求当前一切理论和实践都要围绕最广大人民群众的现实利益展开，解决人民群众的"急难愁盼"问题，努力提升人民群众的获得感、幸福感、安全感。"过去的一切运动都是少数人的，或者为少数人谋利益的运动。无产阶级的运动是绝大多数人的，为绝大多数人谋利益的独立的运动。"②只有紧紧依靠人民、奉献人民，才能为实现社会主义现代化和中华民族伟大复兴提供坚实的精神依托。

习近平新时代中国特色社会主义思想是以伟大建党精神为源头的中国共产党精神谱系的时代产物，是新时代中国共产党人的精神标识，是中国共产党带领中国人民和中华民族从站起来到富起来再到强起来伟大飞跃的精神动力，是当代中国的精神脊梁。

三、马克思主义中国化时代化新的飞跃

党的十八大以来，以习近平同志为核心的党中央坚持把马克思主义基本原理同中国具体实际相结合、同中华优秀传统文化相结合，"对关系新时代党和国家事业发展的一系列重大理论和现实问题进行了深邃思考和科学判断，就新时代坚持和发展什么样的中国特色社会主义、怎样坚持和发展中国特色社会主义，建设什么样的社会主义现代化强国，怎样建设社会

---

① 《习近平谈治国理政》第 2 卷，外文出版社 2017 年版，第 142 页。
② 《马克思恩格斯文集》第 2 卷，人民出版社 2009 年版，第 42 页。

主义现代化强国，建设什么样的长期执政的马克思主义政党、怎样建设长期执政的马克思主义政党等重大时代课题，提出一系列原创性的治国理政新理念新思想新战略"①，创立了习近平新时代中国特色社会主义思想，实现了马克思主义中国化时代化新的飞跃。

（一）新时代坚持和发展中国特色社会主义的科学回答

习近平新时代中国特色社会主义思想关于新时代坚持和发展中国特色社会主义的科学回答，主要围绕中国特色社会主义进入新时代的科学理解、坚持和发展什么样的中国特色社会主义、怎样坚持和发展中国特色社会主义这三个问题展开。

1. 习近平新时代中国特色社会主义思想科学回答了"怎样理解中国特色社会主义进入新时代"的问题

中国特色社会主义进入新时代，是以习近平同志为核心的党中央运用大历史观和正确党史观作出的重大论断。这一论断基于对党的十八大以来取得的历史性成就和变革的判断、对我国发展的新的历史方位判断、对我国发展的新的历史条件的判断、对我国社会主义所处阶段的判断、对新时代我们党历史使命的判断、对新时代要进行的伟大斗争的历史特点的判断、对中国共产党在中国发展历史进程的判断、对"两个一百年"历史交汇期的判断、对中国特色历史文化传统和历史文明的判断、对中国特色社会主义历史任务的判断。具体而言：

第一，新时代是中国改革开放和社会主义现代化建设取得历史性成就

---

① 《中共中央关于党的百年奋斗重大成就和历史经验的决议》，人民出版社 2021 年版，第 25—26 页。

的时代。党的十八大以来，以习近平同志为核心的党中央，全方位多领域采取一系列重大战略部署和安排，取得一系列历史性成就，体现新时代的鲜明特征。在经济建设方面，有序推进供给侧结构性改革走向深入，推动经济区域、城乡间协调性发展等。在政治建设方面，发展全过程人民民主，坚定不移推进全面依法治国，有效推进党的领导制度化进程以及国家治理体系和治理能力现代化。在文化建设方面，党对意识形态工作的领导得到贯彻落实，社会主义核心价值观得到广泛培育和弘扬。在社会建设方面，全面建成小康社会彻底结束了几千年的绝对贫困问题，教育事业和民众就业明显加强，社会治理体系得到更加完善。在生态文明建设方面，生态治理覆盖着全方位多层次，逐步完善推进生态文明制度体系建设。在国防外交方面，开创强军兴军新局面，推进形成中国特色大国外交。在全面从严治党方面，全党范围内"四个意识"显著增强，形成"两个维护"和"两个确立"，党中央权威和党的领导能力得到空前巩固和提升。党的十八大以来取得的历史成就，推动中国特色社会主义的层次水平有了整体性的提升。

第二，新时代是我国发展进入新的历史方位的时代。只有准确评判历史方位，精准把握时空背景、时代方位，才能增强历史主动。新时代作为一个新的历史坐标，是中国特色社会主义进入新时代。新时代是在改革开放和社会主义现代化建设新时期之后的新阶段，与之并列的新的历史阶段。这一重大判断是基于世情、国情、党情的综合考量，包括我国社会主要矛盾发生重大转变、经济发展进入新常态、改革进入攻坚期和深水区、国际地位和国际环境的重大转变等。面临我国发展的历史条件发生的巨大变化，如何在变局中开新局、在危机中育新机，既给当代中国发展提出严峻挑战，也为中国特色社会主义实现更高层次的发展、引领中国不断走近世界舞台中央提供重大战略机遇，这些是新的历史阶段迫切需要解决的重大现实问题。同时，需要注意的是，从社会主义发展的大的历史进程中看，新时代中国特色社会主义仍处于社会主义初级阶段，必须要明确新时代是中国进入新时代，不是对整个世界发展方位进行的判断。当前世界仍是"一球两制"的时代，是社会主义与资本主义之间交流、交融、交锋的时代。

第三，新时代是党带领人民更加接近于完成实现中华民族伟大复兴历史使命的时代。新时代是中国大踏步赶上时代，从追跑到并跑同时积极领跑的时代。习近平总书记指出："今天，我们比历史上任何时期都更接近、更有信心和能力实现中华民族伟大复兴的目标。"①新时代中国特色社会主义发展程度推动中华民族伟大复兴实现的程度和进程，全局性、整体性成为新时代的一个显著特征。新时代处于"两个一百年"历史交汇期。"两个一百年"自此成为新时代的一个显著话语标识。新时代是"两个一百年"历史交汇期的时代，意味着中国特色社会主义面临的时代任务是，从全面建成小康社会到全面建设社会主义现代化国家，以中国式现代化全面推进中华民族伟大复兴。

第四，新时代是现实斗争体现出新的历史特点的时代。当前世界形势波诡云谲，世界进入新的动荡变革期。面对西方反共反社会主义势力对社会主义中国的西化分化、和平演变、遏制打压的战略图谋，我们必须旗帜鲜明捍卫中国共产党领导和马克思主义在意识形态领域的指导地位；面对西方世界经济保护主义、政治孤立主义、文化民族主义、社会民粹主义、生态帝国主义，我们必须进行维护国家主权、安全、发展利益和能力的斗争；面对国内社会主要矛盾的新变化以及发展过程中不平衡、不充分以及各种系统性风险挑战，我们必须进行全面深化改革、破除利益藩篱、冲破思想束缚的斗争；面对全球动荡源和风险点增多、百年未有之大变局持续

---

① 习近平：《决胜全面建成小康社会　夺取新时代中国特色社会主义伟大胜利——在中国共产党第十九次全国代表大会上的报告》，人民出版社 2017 年版，第 15 页。

演进的新特点，我们必须进行防范化解各种风险条件、防范战略性颠覆性错误的斗争；必须面对思想僵化、能力不足、精神懈怠的境况，我们必须加强学习、进行自我革命。

第五，新时代是更加焕发历史文化传统和中国精神的时代。中华民族五千多年的文明孕育了中华优秀传统文化，是中国特色社会主义建设的丰富文化精神资源。近代以来中华民族的发展历史证明，固守封建传统文化救不了中国，靠西方资本主义文化更不能给中国人民带来幸福和民族复兴，只有马克思主义和中国共产党才能肩负起中华民族伟大复兴的历史重任。但马克思主义要在中华大地立地生根和繁荣发展离不开中华优秀传统文化的丰富沃土和思想资源。新时代是更加凸显中华文化和中国精神的时代，是中华优秀传统文化焕发出社会主义性质，不断走向中国现实、不断拥抱时代条件、不断推动民族复兴的时代。

2. 习近平新时代中国特色社会主义思想科学回答了"坚持和发展什么样的中国特色社会主义"的问题

以习近平同志为核心的党中央，反思历史、立足现实、着眼未来，指出："中国特色社会主义，是科学社会主义理论逻辑和中国社会发展历史逻辑的辩证统一，是根植于中国大地、反映中国人民意愿、适应中国和时代发展进步要求的科学社会主义，是全面建成小康社会、加快推进社会主义现代化、实现中华民族伟大复兴的必由之路。"[1] 从新时代中国特色社会主义的内涵来看，新时代坚持和发展什么样的中国特色社会主义，具有以下丰富而深刻的内涵。

第一，要坚持和发展中国特色社会主义。一段时间以来，国内外思想界、学术界、舆论界曾发出一些别有用心、混淆视听的声音，质疑中国特

---

① 《十八大以来重要文献选编》（上），中央文献出版社 2014 年版，第 118 页。

色社会主义是"资本社会主义""中国特色资本主义""国家资本主义"等等，这些"噪音""杂音"一定程度上干扰了人们对于中国特色社会主义的正确认识。习近平总书记强调指出："中国特色社会主义是社会主义而不是其它什么主义"，旗帜鲜明地反驳了各种形形色色的关于中国特色社会主义的误读。中国特色社会主义始终一以贯之地坚持科学社会主义基本原则。首先，在政治制度上，科学社会主义强调无产阶级专政，中国共产党领导就是中国特色社会主义最本质特征和最大优势，是最高政治领导力量，符合科学社会主义基本原则。其次，在国体和政体上，科学社会主义要求建立无产阶级专政的国家，中国特色社会主义坚持实行人民民主专政和人民代表大会制度，符合科学社会主义基本原则。再次，在基本经济制度上，科学社会主义要求要在生产资料公有制基础上组织规模生产，以满足全体社会成员的需求为社会主义生产的目的，以公有制为主体的社会主义基本经济制度，符合科学社会主义这一基本原则。此外，在意识形态方面，用先进的马克思主义思想理论武装无产阶级和人民群众，始终坚持理论说服教育广大人民群众。

第二，坚持和发展的中国特色社会主义要立足中国国情。20 世纪七八十年代，舆论界产生了一些不同的声音，"公有化程度越高才越符合社会主义"的观念在一部分人那里根深蒂固，也有一部分人看到市场经济的活力，提出向资本主义市场化的转向。对于这些两种不同声音和错误倾向，党的十一届六中全会明确提出"我们的社会主义制度还是处于初级的阶段"，1987 年 4 月，邓小平在会见外宾时指出："现在虽说我们在搞社会主义，但事实上不够格。只有到了下世纪中叶，达到了中等发达国家水平，才能说真的搞了社会主义，才能理直气壮说社会主义优于资本主义。"长期以来，在思想界对待中国特色社会主义存在一种脱离实际的"渺茫论"和"激进论"的错误认识。一方面，"渺茫论"认为共产主义是看不见摸不着虚无缥缈的海市蜃楼，而我们现在还处在社会主义初级阶段，不想向着最高理想进行实实在在的努力，只想贪图眼前的享受和安乐，自愿"躺平"，追寻个人眼中的"小美好"。"渺茫论"否定共产主义代替资本主义的历史必然性，否定共产主义是连续性与阶段性的辩证统一，宣扬资本主义的"历史终结论"，甚至用马克思的"三大经济形态"否定"五大社会形态"，认为俄国十月革命和中国社会主义革命是"早产儿"，否定俄国和中国选择社会主义道路的历史必然性和共产党革命和执政的合法性；认为中国改革开放 40 多年取得的重大成就不是中国特色社会主义的成功，而是引进私有化、西方市场经济和"普世价值"的成功；否定中国共产党的先进性和无产阶级先锋队性质，主张搞所谓"全民党"；把中国特色社会主义建设的指导思想与思想资源混淆起来，人为制造"现代化史观"和"革命史观"的对立，用"现代化话语"取代"革命话语"，把中国传统文化和现代西方文化都视为当代中国社会主义现代化建设的指导思想，主张指导思想多元化。另一方面，"激进论"认为西方经过 2008 年金融危机和 2020 至今的新冠疫情危机，以美国为代表的资本主义世界已经全面崩溃，中国综合实力已经全面赶超美国，忘记了我国仍处于并将长期处于社会主义初级阶段，忘记了我国仍然是世界最大的发展中国家，忘记了我们才刚刚解决农村地区的绝对贫困问题，在很多领域我们还有许多"短板"，到处高喊"厉害了！我的国！"在实践层面上，有些党员干部不能做到实事求是、求真务实，而是好高骛远、脱离实际、脱离群众，搞形式主义、命令主义、官僚主义；不想艰苦朴素、勤俭节约过日子、办事情，而是贪大求洋、贪图享乐、追求奢靡、好大喜功，放弃共产党人清正廉洁的政治本色和谦虚谨慎的工作作风。"渺茫论"和"激进论"都是用主观主义的立场对待中国特色社会主义，都是脱离中国的具体国情谈发展问题，都不是我们要坚持和发展的中国特色社会主义。

　　坚持和发展中国特色社会主义，既要志存高远又要脚踏实地，尤其要立足社会主义初级阶段这个最大国情。既要看到我国经济实力和综合国力显著增强，跃居世界第二大经济体，成为拉动世界经济增长的最大引擎，也要看到我国人均国内生产总值仍处在中等收入阶段，依然远低于发达国家水平，在发展过程中还存在各种的不平衡不充分问题。从区域发展上看，有的地方发展得早，取得一系列发展成果，有的地方发展滞后，产业布局不完善、产业水平低下。从科技发展领域上看，我国个别领域诸如高铁、天眼、载人航天、潜水器等已经达到甚至引领世界先进水平，但是我们也存在制造业水平整体不高，半导体芯片等核心技术还受制于人，实体经济韧性不足等问题；一些领域产能过剩问题突出，另一些领域又存在供给质量不足的问题，特别是在群众教育、就业、医疗、居住、养老等方面还有很多难题需要克服。因此，新时代坚持和发展的中国特色社会主义必定要立足中国国情，特别是中国特色社会主义还处于社会主义初级阶段这个最大的国情和实际。

3. 习近平新时代中国特色社会主义思想回答了"怎样坚持和发展中国特色社会主义"的问题

习近平总书记深刻总结党百年发展的历史经验和基本规律，对"怎样坚持和发展中国特色社会主义"的问题进行了整体布局以及科学回答，集中体现为"十个明确"和"十四个坚持"。

"十个明确"体现了新时代坚持和发展中国特色社会主义的整体布局，从理论层面的高度概括和总结了推进中国特色社会主义事业向前发展的核心观点。通过为新时代中国特色社会主义事业进行整体布局，从总目标及各项目标、总安排及各项安排、总部署及各项部署等方面上回答了"怎样坚持和发展中国特色社会主义"的问题。整体布局的各项目标紧紧围绕中国特色社会主义的总任务，指明新时代中国特色社会主义的奋斗目标，凝聚亿万中华儿女共同奋斗的磅礴力量。整体布局的各项安排主要从明确社会主要矛盾和解决矛盾的布局和思路出发，通过抓中心任务带动全局工作，更好满足人民对美好生活的向往。整体布局的各项部署以"五位一体"和"四个全面"为总抓手，致广大而尽精微，才能从战略高度为有序推进打好基础，用系统观念推进各领域各项工作才能从整体推动社会主义现代化强国的全面建设。整个整体布局，既是整体布局也是协调推进，构成兼具学理性、现实性、可操作性的内容完备体系的理论逻辑。

"十四个坚持"是新时代坚持和发展中国特色社会主义的基本方略，从方法论层面的高度概括和总结了推进中国特色社会主义事业向前发展的原则性操作性要求。从人类社会发展规律来看，"十四个坚持"基本方略根据新时代的社会存在对怎样坚持和发展中国特色社会主义提出了一系列路线方针政策。根据历史唯物主义关于社会存在决定社会意识、生产力是社会发展的最终决定力量的基本原理，提出"发展是解决我国一切问题的基础和关键"；根据历史唯物主义关于人民是历史创造者的基本原理，提出要坚持以人民为中心，坚持人民至上，实现人民当家作主，促进人的全面发展，提升人民的获得感，依靠人民创造历史伟业；根据历史唯物主义关于地理环境是社会存在和发展的基础、人是自然界一部分的基本原理，提出要坚持人与自然和谐共生进行生态文明建设，为全球生态安全作出贡献；根据马克思主义世界历史理论的基本原理，提出要坚持推动构建人类命运共同体，努力建设持久和平、普遍安全、共同繁荣、开放包容、清洁美丽的世界。

（二）建设社会主义现代化强国的科学回答

建设社会主义现代化强国与中华民族伟大复兴是相辅相成、同步推进的，对建设社会主义现代化强国的科学回答，说明我们党对社会主义建设现代化的认识发展到了新的阶段，在战略上不断走向成熟。

1. 习近平新时代中国特色社会主义思想科学谋划了社会主义现代化强国建设的宏伟蓝图

我们提出的建设社会主义现代化强国，走的既不是封闭僵化的老路，也不是改旗易帜的邪路，而是中国共产党领导人民在对社会主义的持续探索中而形成的中国式现代化道路，建设社会主义现代化强国是中国式现代化发展的必由之路。建设一个现代化国家、实现中华民族伟大复兴，是近代以来中华民族和中国人民的梦想。1840 年鸦片战争之前的中国，长期处于自给自足的小农经济和封建帝制的统治之下，虽然历经封建朝代更迭，但是始终处于一种相对稳定的封闭发展模式和文化传统之中。鸦片战争之后，近代以来帝国主义对中国发动的历次侵略战争，都是传统农耕文明与现代工业文明的激烈碰撞，也是资本主义精神对传统小农精神的解构和摧残。面对内忧外患，以龚自珍、林则徐、魏源为代表的地主阶级改革派试图通过变法改革改变中华民族濒临崩溃的现状。龚自珍提出要适当限制君权、破格选拔人才、废除八股文，试图从对清政府政治体制上进行修缮和调整。作为"近代中国睁眼看世界的第一人"，林则徐则组织搜集并翻译西方书籍，试图从思想文化层面了解西方资本主义国家的发展状况，以求变化。魏源则进一步编纂《海国图志》，将西方的工业发展状况、器物制度情况介绍到中国，提出"师夷长技以制夷"向西方学习的理念。始于 19 世纪 60 年代的洋务运动标志着中国现代化的开启，"洋务运动"是封建地主阶级为了维护封建统治而被迫进行的自救运动，其主题是学习西方资本主义国家先进的科学技术。1860 年至 1890 年，引进西方科学技术成果而言，取得不少成就，例如江南制造总局、轮船招商局、福州船政局、开平煤矿、汉阳铁厂，兴办了一系列西式学堂，翻译了一系列西方书籍，等等。洋务运动第一次大量将现代资本主义生产方式和大工业生产引入中国，直接促成了中国民族和官僚资本主义的诞生和发展，在中国，这意味着中国在现代化道路上的第一步。中国早期现代化的进一步发展表现为百日维新运动。戊戌变法是中国资产阶级第一次登上历史舞台，推进以君主立宪革新封建帝制，提倡发展资本主义工商业，推进西式研究发展。19世纪末20世纪初，中华民族与帝国主义、封建主义与民族资产阶级等各种矛盾空前加剧，1911年爆发的辛亥革命标志着中国早期现代化的重大突破，以孙中山为代表的先进革命者确定了反对帝国主义和反对封建主义的革命道路。辛亥革命虽然推翻了封建帝制，成立中华民国，但政权很快落到列强支持的北洋军阀手中，旧中国半殖民地半封建社会性质没有改变。

1921年中国共产党的成立使得以中国式现代化推进中华民族伟大复兴有了先进的领导主体。中国共产党带领广大工人农民进行了北伐战争、土地革命、抗日战争、解放战争，经过28年新民主主义革命，终于推翻了帝国主义、封建主义和官僚资本主义在中国的统治，废除帝国主义列强强加给中国的不平等条约和帝国主义在中国的一切特权，为以中国式现代化实现中华民族伟大复兴创造了根本社会条件。新中国成立后，中国现代化发展道路伴随着社会主义革命和建设展开，党领导人民消灭了在中国延续了两千多年的封建专制制度，提出过渡时期总路线，实现对生产资料的社会主义改造，制定颁布新中国第一部宪法，确立人民代表大会制度、中国共产党领导的多党合作和政治协商制度、民族区域自治制度，人民当家作主的政治架构、经济基础、法律原则、制度框架基本确立并不断发展，实现了中华民族有史以来最为广泛而深刻的社会变革，为实现中华民族伟大复兴奠定了根本政治前提和制度基础。

中国从1953年开始第一个五年计划，在经济文化比较落后的情况下推进社会主义现代化建设，其难度之大是前所未有，尤其还面临着国内外敌对势力的阻扰，推进社会主义现代化建设还有国家政权安全与社会秩序稳定的难题。毛泽东同志指出："现在我们能造什么？能造桌子椅子，能造茶碗茶壶，能种粮食，还能磨成面粉，还能造纸，但是，一辆汽车、一

架飞机、一辆坦克、一辆拖拉机都不能造。"①可见当时我国工业化水平是
比较低的，农业和轻工业相对于重工业发展的水平状况较好一些。对此，
中国共产党带领广大人民群众自力更生、艰苦奋斗，不怕苦、不怕累，逐
步在"一穷二白"的基础上建立了相对完整的工业发展体系和国民经济体
系，并且在科技军事领域实现了"两弹一星"重大突破，为继续推进社会
主义现代化建设奠定了体系基础和军事保障。1979 年 12 月，邓小平同志
会见日本首相大平正芳时指出："我们要实现的四个现代化，是中国式的
四个现代化。我们的四个现代化的概念，不是像你们那样的现代化的概
念，而是'小康之家'"②。1987 年，党的十三大正式制定"三步走"现代
化发展战略，之后 20 年里，伴随着社会主义市场经济体制的确立，中国
的现代化取得举世瞩目的成就。2010 年以来，中国 GDP 总量超过日本，
成为并保持着全球第二大经济体。

党的十八大以来，中国特色社会主义进入新时代，以习近平同志为核
心的党中央提出全面建成小康社会、全面建设社会主义现代化强国的重
要论断和发展目标。全面建成小康社会包含两方面基础含义，一是对社
会主义进行整体把握，也即从经济、政治、文化、社会、生态文明、国
防、外交、治党等全方位把握社会主义现代化建设。二是凸显社会主义
本质，全面小康不是局部小康，不是不平衡不充分的小康，而是带有共
同富裕指向的小康。习近平总书记对"全面建成小康社会"的重要论断，
说明我国社会主义现代化建设已经凸显出系统性、全局性、整体性的特
色，也意味着中国特色社会主义发展进入到吃劲的阶段，全面深化改革的
有序推进，一定程度上就是在为社会主义现代化大国向社会主义现代化强
国夯实基础。

---

① 《毛泽东文集》第 6 卷，人民出版社 1999 年版，第 329 页。
② 《邓小平文选》第 2 卷，人民出版社 1994 年版，第 237 页。

2. 习近平新时代中国特色社会主义思想科学回答了建设什么样的社会主义现代化强国的问题

关于社会主义现代化强国的现实样态和未来图景，可以从不同角度、不同领域、不同程度去理解。社会主义现代化强国首先应当体现在硬实力方面也即经济实力、军事实力方面领先全球，在软实力方面形成改变全球现代化固有模式的先进的文明形态、知识体系和价值体系。其次，社会主义现代化强国应当不再是以国内生产总值为标准的现代化，不是片面强调物质财富积累的现代化，取而代之的是人的全面发展，并且关于发展水平的问题形成比生产力标准更全面科学的评价标准。再次，在社会主义现代化强国的建设过程不仅是摸着石头过河，而应该具有更加清晰明确的总体设计、全面规划、分步实施的高度理论自觉和实践自觉。最后，社会主义现代化强国应当不仅限于中国，而应该有足够的底气和自信回应世界范围内广泛存在的不可持续发展、恐怖主义威胁、新技术革命挑战等层出不穷的全球性问题，在理论和实践双重层面为全球治理贡献智慧。

习近平总书记关于建设什么样的社会主义现代化强国的重要论述，集中体现在以下几个方面。

第一，基于人口规模巨大这一基本国情，建设改写世界现代化版图的社会主义现代化强国。2003 年 12 月，温家宝同志在美国哈佛大学演讲时指出："人多，不发达，这是中国的两大国情。中国有 13 亿人，我常常给大家介绍一个关于 13 亿的简单也很复杂的乘除法。这就是：多么小的问题，乘以 13 亿，都可以变成很大的问题；多么大的经济总量，除以 13 亿，都变成很小的数目，就是成为很低的人均水平。这是中国领导人任何时候都必须牢牢记住的。"[①] 全球实现现代化的欧洲北美国家和地区人口数量总

---

① 《温家宝谈教育》，人民出版社 2014 年版，第 52 页。

和不过 10 亿，而当前中国有 14 亿多人口，超越了西方发达国家人口数量的总和，在具有如此大体量的国家推进社会主义现代化，靠一些什么现代化理论是完全行不通的。基于人口规模超大这一国情进行社会主义现代化建设，必须深刻把握中国存在的前现代矛盾、现代化矛盾和后现代矛盾交织叠加的现状。必须以西方为参照，警惕掉入以资本为核心、人的片面发展的现代化，物质与精神对立、社会撕裂的现代化，人与人对立、两极分化的现代化，人与自然对立的现代化，中心与边缘的现代化，以及西方现代性的陷阱。必须用好以往建设社会主义的基本经验，坚持一切从实际出发，坚持具体问题具体分析，坚持不断在探索中提升党的领导能力，坚持通过理论创新解决复杂现实问题、坚持密切联系群众发挥群众首创精神。在中国建成社会主义现代化强国只能走中国特色社会主义道路，要按照中国特色社会主义整体布局、坚持基本方略，补短板、强弱项，逐项克服制约中国特色社会主义发展的偶发性和系统性风险。

第二，坚决防止两极分化，建设更加平衡更加充分全体人民共同富裕的社会主义现代化强国。习近平总书记曾指出，不管中国工业化城市化发展到什么程度，农村都会一直存在，社会主义现代化必定要通过乡村振兴来实现。防止城乡发展不平衡，有效探索乡村现代化路径，建设以乡村振兴带动民族振兴的社会主义现代化，就不得不解决发展分布不平衡不均衡的难题。邓小平同志在对什么是社会主义问题的探索过程中指出，贫穷不是社会主义，两极分化也不是社会主义。总的来看，资本主义的生产方式和意识形态共同塑造了符号和消费的时代，隐藏着资本最狡黠的算计。无产阶级的工薪阶层，被消费主义裹挟，阶层更加固化，工薪阶层想尝试执行资本的职能的机会少之又少。虽然劳动力的买家不断更换，但这丝毫不影响它对资本的从属。在社会主义公有制为基本经济制度的中国，防止两极分化并非是杜绝资本，而是提高控制和驾驭资本的能力，善于为资本设置红绿灯，善于开负面清单和资本准入清单，防止资本野蛮无序增长，在发展中解决不发展、不平衡、不充分的问题。

第三，基于物质文明和精神文明相协调，建设物的全面丰富和人的全面发展的社会主义现代化强国。物的全面丰富是人的全面发展的基础，毛泽东同志指出："我们的根本任务已经由解放生产力变为在新的生产关系下面保护和发展生产力。"①改革开放后，邓小平同志把发展生产力提高到社会主义本质的高度上，提出"发展就是硬道理"的著名论断。党的十八大以来，习近平总书记反复强调发展仍是解决我国一切问题的关键，要求实现"以提高发展质量和效益为中心"的发展，发展物质文明是建设社会主义现代化强国确定不移的重要部分。当前"两个大局"相互激荡，矛盾问题交织叠加，人们的思想观念受到多元价值观念的冲击。西方的新自由主义表面上打着自由、平等、人权等"普世价值"的旗号，实际上是在消解社会主义、共产主义意识形态，尤其是以个人主义、拜金主义、享乐主义为核心的资本主义核心价值观，通过社交媒体、影视作品、互联网等渠道对我国民众进行渗透。这些都是目前造成我国人民精神贫困的主要外部诱因，要加以重视和防范。

第四，正确认识经济效益和生态效益的关系，建设追求人与自然和谐共生的社会主义现代化强国。过去的很长一段时期内，在推进社会主义现代化建设的过程中，由于生产力水平低下，尤其是能源资源开发的技术手段薄弱，不得不采取粗放型的经济发展方式，这在一定程度上的确造成了生态环境的破坏。工业化发展与生态环境的保护似乎是相悖的一对关系。但是，中国共产党人在探索和建设现代化的进程中，深刻明白保护生态环境的重要性，并提出一系列改善和保护生态环境的措施和方法，总是在试图突破这种思想悖论。当前，随着生产力的提高，这一突破有了彻底的解决方法，通过经济发展方式的转型为建设追求人与自然和谐共生的社会主

---

① 《毛泽东文集》第7卷，人民出版社1999年版，第218页。

义现代化国家提供了破解之道。当然，在实现经济效益的同时又要求生态效益，这是极其艰难的。对此，必须要坚定不移推动高质量发展，坚持绿色发展观念，咬紧牙齿、突破难关。

第五，构建人类命运共同体，建设走和平发展道路的社会主义现代化强国。中国过去没有、今后也绝不会像很多西方国家那样，通过侵略战争、殖民统治等罪恶手段实现现代化。但是，在资本逻辑的宰治下，全球化与逆全球化交织博弈，世界进入动荡变革期。同时，全球化进程中各种生产要素的自由流动也在不断创造和积累新的生产方式，为更高级社会形态发展储备物质条件。为推动全球化走出逆全球化的阴霾，中国立足民族复兴、促进人类进步的主线，提出"推动构建人类命运共同体"的应对方案，以此塑造更加平衡、更加开放、更可持续的新型全球化，在理论维度和实践维度实现对逆全球化思潮的双重超越。中国的现代化是靠自己双手干出来的，在自己发展的同时，也给其他国家带来发展机遇，因此是具有世界历史视野的现代化。

3. 习近平新时代中国特色社会主义思想科学回答了怎样建设社会主义现代化强国的问题

党的二十大报告中提出了全面建设社会主义现代化国家的本质要求、战略安排以及重大原则等，大体构建了中国式现代化的理论体系。中国式现代化理论体系的构建，系统地回答了怎么建设社会主义现代化强国的问题，以习近平同志为核心的党中央从全方位、多角度、宽领域对此进行了整体性把握。其一是强调了建设社会主义现代化强国的领导力量。坚持中国共产党的领导，坚决维护党中央权威和集中统一领导，才能保证社会主义现代化国家建设的正确方向，保证党中央的决策部署能够落实到位，增强共同奋进新时代新征程的思想政治基础。其二是明确了建设社会主义现代化强国的战略部署和总体安排，让实现中华民族伟大复兴能够可感可行。其三是明确建设社会主义现代化强国的具体实施路径。立足中国共产党团结带领中国人民推进社会主义现代化建设的历史进程，中国走的是根据本国具体实际自主探索出来的、符合人民意愿和时代要求的道路。在前进道路上，必须要坚持中国特色社会主义道路，这就是建设社会主义现代化强国的具体实施路径。其四，强调了建设社会主义现代化强国的主体力量。建设社会主义现代化强国必须要依靠亿万人民群众的力量，让人民群众在这个过程中有参与感、获得感和幸福感。人民群众就是物质力量，必须要充分发挥人民群众的积极性和创新力。其五，明确了建设社会主义现代化强国的动力来源。推进社会主义现代化强国建设，一方面必须要坚持深化改革开放，破除阻碍生产力发展的各种体制机制障碍，从内部入手逐步推动社会的变革和革新；另一方面要重视精神力量之于实践的影响力，要充分提高全党全国各族人民的斗争意识，做好斗争的思想心理准备。除外，还明确了建设社会主义现代化国家的能力要求、关键着力点等等。

马克思主义认为，社会意识具有相对独立性和能动的反作用，思想革命是社会政治变革的先导。发挥社会意识和社会主义文明的引领作用，是社会主义现代化建设的精神动力，集中体现为坚持促进人的全面发展的价值立场。价值观念体现了发展依靠谁，为了谁以及发展成果由谁共享的问题，也是衡量发展质量的重要指标。人类文明新形态是"人民本位"的现代化新模式，作为马克思主义政党，中国共产党始终坚持人民立场，这是始终不变的旗帜。从文明演进的进程上看，文明的发展具有继承性和接续性，中华文明源远流长，人类文明新形态是对中华民族五千年文明的续写，人类文明新形态也充分彰显了中华优秀传统文化的内在活力，是中华文明的当代形态。中华文明也构成了人类文明新形态的文化底蕴，是区别于西方现代文明的独特文明形态。文明不是单一的概念，而是囊括社会发展各方面的立体概念，中国式现代化的总体布局，经历了改革开放初的

"三位一体"到"四位一体",再到如今的"五位一体",体现了对现代化建设认识的不断深化,实现了文明要素之间的相互联系和相互促进,有效处理好全面与协调之间的关系。资本主义文明下造成的社会危机与文明困局,在于以"物质"为核心的发展模式逐渐形成了对整个社会的全面统治,换句话说,经济、政治、文化、社会和生态逐渐失衡,"物"拥有对一切事物的绝对主导权。系统思维是马克思主义认识论和方法论的重要范畴,"五位一体"的总体布局也体现了系统思维下对国家工作的谋篇布局,唯物辩证法认为系统内部各子系统和要素不是简单的相加组合,而是各个子系统相互协作,从而形成合力。规避资本文明下的文明困局,中国式现代化是整体式现代化,人类文明新形态致力于协同推进物质文明、政治文明、精神文明、社会文明、生态文明"五位一体"统筹发展的文明形态,每一个维度的文明都得到了充分发展。"五个文明"全要素文明彰显了中国特色社会主义现代化建设的系统布局和动态发展,有效化解了人与自然、人与人、人与社会之间的对立。这一人类文明新形态,是我们党在充分吸纳人类一切优秀文明成果基础上的崭新创造和集中体现。

(三)建设长期执政的马克思主义政党的科学回答

党的十八大以来,习近平总书记围绕建设什么样的长期执政的马克思主义政党、怎样建设长期执政的马克思主义政党,提出一系列原创性的新理念新思想新战略,阐明建设马克思主义执政党的一系列重大理论和实践问题,极大丰富了马克思主义建党学说,深化了对共产党执政规律的认识,开辟了马克思主义执政党建设的新境界,是习近平新时代中国特色社会主义思想的重要组成部分,是推进党的建设新的伟大工程、深化党建创新的科学指引和行动指南。

1. 习近平新时代中国特色社会主义思想深刻总结了"党中央集中统一领导是党的领导的最高原则"这一治国理政的历史经验

马克思主义政党对于无产阶级政权就是生命线，如果没有无产阶级政党，无产阶级便难以存在，更不必谈政权问题了。20 世纪 90 年代，苏联解体、东欧剧变给社会主义事业的发展造成了严重损失，留下深刻的历史教训。党中央集中统一领导的本质就是树立和维护党中央权威。习近平总书记指出："党的历史、新中国发展的历史都告诉我们：要治理好我们这个大党、治理好我们这个大国，保证党的团结和集中统一至关重要，维护党中央权威至关重要。"[1] 党中央是党的组织体系的大脑和中枢，在推进中国特色社会主义事业中把方向、谋大局、定政策、促改革，在党的全国代表大会闭会期间，执行全国代表大会的决议，负责讨论和决定关系党和国家事业发展全局的重大问题。《中国共产党中央委员会工作条例》规定，"涉及全党全国性的重大方针政策问题，只有党中央有权作出决定和解释"[2]。坚决维护党中央权威和集中统一领导，旨在有效贯彻党和国家事业的重大方针政策，充分发挥党总揽全局协调各方的领导核心作用。

确立坚强领导核心和科学指导思想是马克思主义政党的根本要求，是中国共产党能够成为百年大党，团结带领广大人民群众创造历史伟业的根本所在。党的十八大以来，世情国情党情都发生着深刻复杂变化。面临纷繁复杂的国内外环境，习近平同志高度重视政治建设，把保证全党服从中央、维护党中央权威和集中统一领导作为党的政治建设的首要任务，不断完善党的领导制度体系，着力提高党的政治领导力、思想引领力、群众组织力、社会号召力。党的领导弱化、虚化、淡化、边缘化问题直接关系着党和国家事业发展方向，关系着党和国家生死存亡。强大的政党领导才能

---

① 《习近平谈治国理政》第 2 卷，外文出版社 2017 年版，第 188 页。
② 《中国共产党中央委员会工作条例》，人民出版社 2020 年版，第 5 页。

够确保社会主义事业蓬勃发展。强大政党呈现为坚定的政治立场、先进的思想、强有力的组织、严肃的纪律、完善的制度体系、风清气正的政治生态等整体图景，在作出重大理论和实践判断、制定重大方针政策、谋划战略布局、完善制度法规条例、推进理论强党强国等各项工作中保持稳定的进步状态，不断探索和深化认识党的自身执政规律，始终践行政党初心和使命。十九届六中全会指出："党确立习近平同志党中央的核心、全党的核心地位，确立习近平新时代中国特色社会主义思想的指导地位，反映了全党全军全国各族人民共同心愿，对新时代党和国家事业发展、对推进中华民族伟大复兴历史进程具有决定性意义。"①"两个确立"是对长期以来坚持和加强党的全面领导的深化认识，是把党的全面领导落实到党和国家事业各领域各方面各环节的根本政治保障。

2. 习近平新时代中国特色社会主义思想科学回答了新时代建设什么样的长期执政的马克思主义政党

党的百年奋斗历史就是以伟大自我革命引领伟大社会革命的历史，自我革命是马克思主义政党区别于别的政党的根本体现，是党百年风华正茂始终保持先进性纯洁性的关键所在。"先进的马克思主义政党不是天生的，而是在不断自我革命中淬炼而成的。"② 建设长期执政的马克思主义政党，就是建设一个勇于自我革命并善于通过自我革命引领社会革命的马克思主义政党。

第一，要建设一个坚持科学理论创新和理论武装的马克思主义政党。正如马克思、恩格斯在《共产党宣言》中所言："在实践方面，共产党人

---

① 《中共中央关于党的百年奋斗重大成就和历史经验的决议》，人民出版社 2021 年版，第 26 页。
② 《中共中央关于党的百年奋斗重大成就和历史经验的决议》，人民出版社 2021 年版，第 70 页。

是各国工人政党中最坚决的、始终起推动作用的部分；在理论方面，他们胜过其余无产阶级群众的地方在于他们了解无产阶级运动的条件、进程和一般结果。"①坚持思想建党、理论强党，才能使全党始终保持统一的思想沿着正确的方向前行。理论创新和理论武装最终是为了应用。理论从来不是僵死的，必须要在实践的需要中不断发展和完善，因此立足实践、着眼问题，不断创新理论是马克思主义政党始终保持先进性，走在时代发展前列的内在要求。理论指导实践，必须要通过现实的人。党的创新理论要指导实践的发展，就要用党的创新理论去武装全党，首先从思想认识层面意识到解决现实问题的迫切性和必要性，以及解决现实问题的突破口和着力点。这样的不断认识、实践、再认识，才能保证行动的现实性和科学性。

第二，要建设一个旗帜鲜明讲政治的马克思主义政党。旗帜鲜明讲政治，善于从政治上观察分析问题，是马克思主义政党的根本要求，是中国共产党的政治本色和优良传统。中国共产党人始终高度重视讲政治。邓小平同志讲："社会主义现代化建设是我们当前最大的政治，因为它代表着人民的最大的利益、最根本的利益。"②讲政治意味着正确处理政治和经济的关系，政治不能离开经济、经济不能离开政治，发挥政治对经济的服务功能；意味着党和国家的事业始终是为人民谋取幸福、为国家谋取富强，社会主义现代化代表着人民群众的根本利益，科学社会主义原则不能丢；意味着党要始终保持先进性纯洁性，能够经得住各种风险考验，全心全意为人民服务，始终成为人民群众最可靠的主心骨。

第三，要建设一个牢记初心使命，始终怀有共产主义信仰的马克思主义政党。列宁曾讲，要坚决地"同自发性进行殊死的斗争"，反对自发性崇拜，不能局限于工联式的经济斗争所取得的成就，必须进行彻底的政治

---

① 《马克思恩格斯文集》第2卷，人民出版社2009年版，第44页。
② 《邓小平文选》第2卷，人民出版社1994年版，第163页。

斗争，把无产阶级政党与工人协会组织区分开来。中国共产党带领工人阶级和广大人民群众所取得的诸多成就，绝不是自发的、自然而然的结果，而是在掌握马克思主义的立场、观点、方法基础上，根据现实的斗争条件，分析和解决每个发展阶段的问题，每步攻坚克难地走出来的实践结果。马克思主义信仰是基于正确认识和把握人类社会发展的客观规律，相信无产阶级能够实现解放的内生性信仰，是一种科学的信仰。马克思主义不是时髦的哲学，而是科学的真理，只有懂得和掌握辩证唯物主义和历史唯物主义，才能坚定马克思主义信仰。恩格斯强调："唯物主义历史观及其在现代的无产阶级和资产阶级之间的阶级斗争上的特别应用，只有借助于辩证法才有可能。"[①]伯恩斯坦把辩证法等同于主观地运用灵活性，既陷入折衷主义和诡辩论，又陷入形而上学，把共产主义社会看作一成不变的，为落后和腐朽的思想观念做辩护，最终走向修正主义。只有在世界观层面认识和把握马克思主义，才能真正理解马克思主义的科学性、真正理解马克思主义政党的人民性，才能补足精神之钙。

第四，要建设一个坚持人民至上的马克思主义政党。人民群众是历史的创造者，这是马克思主义的一个基本观点。只有尊重人民群众的创造性精神、用强有力的领导力量带领人民群众、用科学的纲领武装人民群众，人民群众创造历史的决定性作用才能最大限度地展现出来。在马克思主义的指导下，中国共产党带领工人阶级和最广大的人民群众，完成了新民主主义革命、社会主义革命的历史使命。在国民革命运动初期，毛泽东运用阶级分析法，科学地回答了"谁是我们的敌人？谁是我们的朋友？"这一革命首要问题，清楚地认识到农民群众置于整个国民革命的重要性。毛泽东强调，"农民问题乃国民革命的中心问题"[②]。在中国共产党的带领

---

① 《马克思恩格斯文集》第 3 卷，人民出版社 2009 年版，第 495—496 页。
② 《毛泽东文集》第 1 卷，人民出版社 1993 年版，第 37 页。

下，农民群众不只是打土豪分田地的革命热情，能自觉地将短期利益和长远利益结合起来，联合工人阶级共同推翻封建主义、帝国主义和官僚资本主义三座大山，取得革命的最终胜利。实践证明，中国共产党依靠人民、为了人民，才能不断壮大强大；中国人民自从有了马克思主义、有了中国共产党，革命面貌焕然一新。当下中国正处于"两个一百年"奋斗目标的历史交汇期，"两个一百年"奋斗目标紧紧围绕着人民群众的最根本物质利益，关注人民群众的生产生活条件，朝着人民对美好生活的向往继续前行，朝着共同富裕方向稳步迈进，在这个过程中必须要坚持人民至上，保持好人民群众的信赖和支持，共同奋进新时代新征程。

第五，要建设一个自我革命的马克思主义政党。威胁无产阶级政党长期执政的最大毒瘤是腐败，坚决惩治腐败是自我革命的直接抓手和鲜明体现。党的十八大以来，以习近平同志为核心的党中央以"我将无我，不负人民"的使命担当正风肃纪反腐，以壮士断腕、刮骨疗毒、猛药去疴的决心意志"打虎""拍蝇""猎狐"，及时发现、着力解决"七个有之"问题，一体推进不敢腐、不能腐、不想腐的体制机制，在严厉惩治、形成震慑的同时，健全完善制度，加强党性锤炼，有力遏制腐败滋生蔓延势头，反腐败斗争取得压倒性胜利并全面巩固，解决了许多长期想解决但难以解决的顽瘴痼疾，消除了党、国家、军队内部存在的严重隐患，形成了常态化的惩治腐败体制机制。

3. 习近平新时代中国特色社会主义思想科学回答了怎样建设长期执政的马克思主义政党

党的十八大以来，以习近平同志为核心的党中央狠抓党的建设，形成宝贵的管党治党经验，包括始终坚持加强党的全面、系统、整体领导，坚持党中央集中统一领导；始终坚持完善维护党中央权威和集中统一领导的各项制度，坚持完善党的全面领导各项制度；始终坚持把党的政治建设放在首位，坚持毫不放松加强党的思想建设，坚持贯彻新时代党的组织路线，坚持持之以恒改进工作作风，坚持坚定不移进行反腐败和加强党的纪律建设等。

自我净化、自我完善、自我革新、自我提高是保持长期执政的重要途径。当下党内存在着形式主义和官僚主义等思想作风问题，搞形式主义，唯上不唯实，把工作做在面子上给领导看，专门讲奉承话、面子话和套话，把"公式、套语、口号"的作用摆在第一位，机械式传达、走过场。在不同的历史时期，党内存在的错误思想倾向有不同的表现，有些错误思想看似已经得到解决，但是又会以其他变形在场，归根究底是在掌握马克思主义的世界观和方法论、马克思主义的价值观、科学社会主义原则上出现了问题。因此，推进马克思主义理论武装，既是防止错误思想的发生，又是不畏惧错误思想的出现，能够自觉地与各种错误思想作斗争。除了思想理论上的武装教育，还要提高战斗的本领，避免和防止本领恐慌，从全党的能力建设上入手，保证各级组织和党员干部落实决策部署的能力过硬；还要通过制度法规等刚性规范的手段，提高制度化治党管党的水平。总体上，包括以下几个方面：第一，不断推进马克思主义中国化时代化，用习近平新时代中国特色社会主义思想武装全党、教育人民。第二，坚持在全面从严治党和党的自我革命中加强党的长期执政能力建设。第三，不断规范党的执政行为，持续提升制度治党水平。第四，构建管党治党责任新格局，切实担负起全面从严治党政治责任。第五，高度重视新技术革命对长期执政的马克思主义政党建设带来的风险挑战，着力提升党防范化解重大风险的能力。

四、中华民族伟大复兴的行动指南

新时代中国马克思主义成功解决了新时代中国特色社会主义建设任

务，是全面建设社会主义现代化国家、全面推进中华民族伟大复兴的行动指南。

实现中华民族伟大复兴，是近代以来中国人民一直追寻和努力的共同梦想，也是中国共产党人的初心和使命。党自成立起，就肩负着实现中华民族伟大复兴的庄严使命。在新民主主义革命时期，党团结带领广大人民群众完成了民族独立和人民解放的历史任务；新中国成立后，党团结带领广大人民群众实现中国历史上最伟大最深刻的社会变革，为实现中华民族伟大复兴奠定了基础。党的十一届三中全会以来，中国共产党人成功地开创和发展了中国特色社会主义，大踏步赶上时代。党的十八大以来，中国特色社会主义进入新时代，迎来了从站起来、富起来到强起来的伟大历史飞跃。随着全面建设社会主义现代化强国新征程的开启，中华民族伟大复兴更加可观、可感、可行，中国特色社会主义共同理想和共产主义远大理想的现实感、成就感在为民族复兴的伟大奋斗中焕发出强大精神力量。向往美好是人的本能，美好价值和美好愿望始终是为人提供价值方向的精神力量，对于一个国家社会的发展而言，确立方向始终是第一位的，同样，为实现目标进行谋划也同等重要。中华民族伟大复兴这一夙愿变得可观、可感、可行，主要在于社会主义现代化建设取得举世瞩目的成就，并始终将美好愿望转化为一个个真切务实的问题，并在不断发现问题、解决问题中将理想变为现实，根本在于科学理论的指导。

党的十八大以来，以习近平同志为核心的党中央，以对党、对人民、对民族高度负责的精神，总揽全局、运筹帷幄、励精图治、奋发有为，作出一系列重大举措、取得一系列重大成就，尤其是打好一系列攻坚战，包括打响和打赢脱贫攻坚战，强调全面建成小康社会最艰巨最繁重的任务就是在农村，特别是在贫困地区，把脱贫攻坚作为全面建成小康社会的底线任务，实施了人类历史上规模最大、力度最强、范围最广的有组织有计划的扶贫开发活动，在 14 亿总人口的中国完成了消除绝对贫困的艰苦任务；

包括打好防范化解重大风险的攻坚战，强调面临前所未有的风险与挑战，要坚持底线思维，防范化解政治、意识形态、经济、科技、社会、外部环境、党的建设等领域重大风险，完善整体的安全保障体系，尤其是重点防范化解金融风险，坚决打击违法违规金融活动，加强薄弱环节监管制度建设，有效处理好稳增长和防风险的关系；包括打好污染防治的攻坚战，强调中国式现代化建设是人与自然和谐共生的现代化，推进生态文明建设决心之大、力度之大、成效之大前所未有，大气、水、土壤污染防治行动成效明显；打响和打好这三大攻坚战，让人民群众深刻感受到了实现全面建成小康社会的决心和力量。2022 年，随着全面建成小康社会的实现，距离实现中华民族伟大复兴又更近了一大步，这一步不仅是在量的积累，更是在质上的变化，为实现中华民族伟大复兴提供了更为主动的力量。

党的十八大到党的二十大，这十年是实现中华民族伟大复兴关键时期。在这一历史时期，在习近平新时代中国特色社会主义思想的指引下，党和国家顺利完成全面建成小康社会、实现了第一个百年奋斗目标，吹响全面建设社会主义现代化国家、实现第二个百年奋斗目标的时代号角，汇聚起实现中华民族伟大复兴的强大力量。在以习近平同志为核心的党中央，突出强调中华民族伟大复兴这一共同目标和共同主题，为实现中华民族伟大复兴作出清晰的战略安排和部署，推进中华民族伟大复兴的历史进程体现在党和国家事业的方方面面，包括政治、经济、文化、社会、生态文明、国防军事、国家安全、外交等各领域。可以说，习近平新时代中国特色社会主义思想是推动中华民族伟大复兴历史进程的行动指南。

第一，明确了中华民族伟大复兴所处的历史方位。中国特色社会主义进入新时代，意味着中华民族伟大复兴处在一个新的历史方位，即迎来了从站起来、富起来到强起来的伟大飞跃。这一历史方位的判定是基于对中华民族伟大复兴的历史的整体把握，是在大的历史长河中捕捉到了中华民族伟大复兴的发展趋势和轨迹。近代以来，由于最早一批资本主义国家以殖民掠夺的方式积累资本，迫使其他落后生产方式的国家以被动的方式卷入世界市场，中华民族在西方的侵略扩张下陷入了前所未有的苦难境遇。实现中华民族伟大复兴的愿望刻在中国人民的头脑中和骨子里，无数先进知识分子为此努力，无数革命战士为此流血牺牲，经历了以西为师到以俄为师的转变，在中国共产党的领导下找到一条实现民族解放、国家独立，通过社会主义独立自主建设现代化的全新道路，中华民族站起来了；经历了社会主义建设的艰难探索，在中国共产党的领导下开创了中国特色社会主义，通过坚持和发展中国特色社会主义，中华民族富起来了；经历了改革开放以来的社会主义建设，随着社会主要矛盾的转化，中华民族的发展处于新的历史起点之上，比任何时候更有信心实现中华民族伟大复兴。在明确中华民族伟大复兴所处的历史方位下，推进中华民族伟大复兴就更有信心、更能有所感受。

第二，明确了中华民族伟大复兴面临的发展环境。"当前，世界百年未有之大变局加速演进，新一轮科技革命和产业变革深入发展，国际力量对比深刻调整，我国发展面临新的战略机遇。"① 机遇期也是变革期，在世界力量对比深刻调整的背景下，逆全球化思潮抬头，单边主义、保护主义明显上升，以美国为首的西方国家加紧对中国发展的打压遏制。机遇期也是挑战期，中国稍有松懈就会落后于时代的发展，跟不上变革的步伐。面对新一轮的科技变革和产业变革，中国必须要抓住这个关键期，保持高度的战略自觉、战略清醒和战略定力，牢牢掌握中国发展进步的命运。除此之外，在中国长期保持居于世界第二大经济体的背景下，在距离实现中华民族伟大复兴越来越近的关键时期，国内外敌对势力更是加紧对中国的分化西化行动，开展污名化方式的意识形态攻击，抹黑党的领导、中国特色

---

① 习近平：《高举中国特色社会主义伟大旗帜　为全面建设社会主义现代化国家而团结奋斗——在中国共产党第二十次全国代表大会上的报告》，人民出版社 2022 年版，第26 页。

社会主义，甚至试图挑起民族矛盾，制造一些分裂祖国、破坏民族团结的活动，严重影响国家安全和社会稳定。国家统一和民族团结，可以说是中华民族伟大复兴必须坚守的底线。当前，意识形态斗争形势严峻，在意识形态领域，存在一些错误思想观点特别是西方宪政民主、新自由主义、历史虚无主义等思潮，试图挑战动摇马克思主义指导地位，歪曲否定党的领导和社会主义制度，竭力争夺意识形态话语权，意图破坏颠覆中国的政权稳定。以习近平同志为核心的党中央，站在国际大局的高度，把推进中华民族伟大复兴的历史进程同世界百年未有之大变局联系一起，抓好发展和安全两件大事，作出的一系列判断更具有前瞻性和科学性。

第三，明确了新时代中华民族伟大复兴的总体目标和战略安排。实现中华民族伟大复兴同推进现代化建设是同步交织的过程，后者是前者的必然选择和必由之路，符合人类社会发展进步的一般规律。推进中华民族伟大复兴的战略安排和部署是同现代化建设的推进相一致的，随着现代化建设的完成程度进行科学调整和战略重点转移。"两步走"发展战略的制定体现着部署的科学性和灵活性，体现着党对于社会主义建设规律的不断深化，更体现着这十年来在习近平新时代中国特色社会主义思想的指引下，党和国家事业取得的历史性成就和历史性变革。党的十八大到党的二十大是实现中华民族伟大复兴的关键期，面临着完成第一个百年奋斗目标的艰苦任务，从三大攻坚战的展开和完成、全面建成小康社会的实现就能明显感受到这一关键性。党的二十大报告中指出："全面建成社会主义现代化强国，总的战略安排是分两步走：从二〇二〇年到二〇三五年基本实现社会主义现代化；从二〇三五年到本世纪中叶把我国建成富强民主文明和谐美丽的社会主义现代化强国。"[1]基本实现社会主义现代化的战略安

---

① 习近平：《高举中国特色社会主义伟大旗帜　为全面建设社会主义现代化国家而团结奋斗——在中国共产党第二十次全国代表大会上的报告》，人民出版社 2022 年版，第 24 页。

排是在全面建成小康社会的基础之上进行的。在时间节点方面，十五年的提前代表着中国特色社会主义建设的战略安排调整，意味着十年来取得的历史性成就、发生的历史性变革为二〇三五年实现基本现代化奠定了深厚基础，也说明了推进中华民族伟大复兴的实力更强、信心更足。

第四，明确了中国特色社会主义是实现中华民族伟大复兴的必由之路。这是对推进中华民族伟大复兴历史进程的规律性认识，对新时代坚持和发展中国特色社会主义取得巨大成果的理论总结。改革开放以来，中国共产党坚持和发展中国特色社会主义，团结带领人民群众取得重大理论创新和实践创新，推动中国经济社会发生了深刻变革和快速稳定发展，创造了人类历史上少有的发展奇迹。随着中国经济发展奇迹受到世人瞩目，质疑这一发展奇迹的声音也甚嚣尘上，突出表现为质疑改革开放、质疑中国特色社会主义。质疑改革开放的一些人，把当下社会存在的一些问题归咎到改革开放头上，比如社会贫富差距问题、生态环境问题、人情冷漠问题、道德滑坡问题、腐败问题等，大肆主张"改革开放过头了"、"改革开放偏离社会主义了"等言论；质疑中国特色社会主义的一些人，受到西方分化的影响，把当前中国取得的经济成就归结于资本主义，把中国特色社会主义说成是"中国特色资本主义"。党的十八大以来，以习近平同志为核心的党中央，高度重视经济建设的问题以及意识形态领域的问题，一方面在不断回应"新时代坚持和发展中国特色社会主义"的总目标、总任务、总体布局、战略布局和发展方向、发展方式、发展动力、战略步骤、外部条件、政治保证等基本问题，另一方面，全景式地描绘新时代中国特色社会主义的基本样态，从全面发展的中国特色社会主义、文明升华的中国特色社会主义、引领时代的中国特色社会主义，向世人展示和说明其内涵和意义，强调中国特色社会主义是实现中华民族伟大复兴的必由之路。

第五，明确了党的领导是实现中华民族伟大复兴的坚强保证。中国共产党是实现中华民族伟大复兴的主心骨，是推进中华民族伟大复兴从理想走向现实的关键力量。可以说，没有中国共产党的领导，中华民族伟大复兴可能就无从谈起。中国共产党的领导，对于中华民族本身来说，不仅是带领整个民族走出被动的组织力量，更是给予了整个民族复兴发展的理论武器。从历史上来看，太平天国运动、洋务运动、戊戌变法、维新变法、辛亥革命以及受资本主义裹挟的国民党政权，都无法给迷途中的中华民族以希望的曙光。历史和人民选择了中国共产党。在中国共产党的带领下，中国人民一路踔厉奋发、奋勇向前，度过了一道道难以想象的艰难险阻，抗住了一重重世所罕见的挫折考验；中华民族用鲜血和教训一步步从站起来，再到富起来，走向强起来。中国共产党作为最高政治领导力量，起着总揽全局、协调各方的领导作用，担当着把握方向、思想引领、政策制定、制度设计等治理职能；作为马克思主义执政党，坚持为人民执政、靠人民执政，在推进社会主义现代化建设进程中坚决防止资本垄断、无序扩张和野蛮生长，不断打破利益固化藩篱，将改革进行到底，坚决维护人民群众的根本利益。党的十八大以来，以习近平同志为核心的党中央紧密团结全党全国各族人民，站在全新的历史起点，立足于全新的历史阶段，迎接全新的历史任务，面临全新的历史挑战，奋发图强，求是拓新，以强大的生命力、顽强的战斗力和坚定的执行力成功推进和拓展了中国式现代化，推动中国特色社会主义伟大事业取得前所未有的创新与突破。

第六，明确了以中国式现代化推进中华民族伟大复兴。党的二十大指出新时代新征程中国共产党的使命任务是："团结带领全国各族人民全面建成社会主义现代化强国、实现第二个百年奋斗目标，以中国式现代化全面推进中华民族伟大复兴。"①以中国式现代化推进中华民族伟大复兴，明

---

① 习近平：《高举中国特色社会主义伟大旗帜　为全面建设社会主义现代化国家而团结奋斗——在中国共产党第二十次全国代表大会上的报告》，人民出版社 2022 年版，第21 页。

确了中华文明繁荣发展的基本路径，即通过"五位一体"的整体性发展模式，推动物质文明、政治文明、精神文明、社会文明、生态文明五个方面的协调发展；通过人类命运共同体的理念，超越了民族中心论、文明冲突论等各种观念，为维护人类文明多样性、促进文明间对话提供了中国方案，彰显中华文明的开放性和包容性。冷战以来，西方中心主义所建立的经济和政治的霸权，在全球范围内打造了一个等级分明的"中心—边缘"体系。在这一体系中，西方先发国家长期利用其所享有的优势和地位，在经济领域以技术垄断和金融霸权的方式攫取世界财富，在政治领域以西方文明的"普世价值"左右世界秩序。在资本主义主导的世界体系下，推进中华民族向强起来不断前进，必然要突破这种西方霸权式的发展理念，拓开新的发展空间。总体上来看，中国式现代化在解决文明冲突的矛盾中开辟文明融合的方向与可能，对资本逻辑宰制下资本文明伸张、人的文明失落状况进行深刻反思与整体超越，理顺了生产文明和生活文明、价值文明和制度文明、传统文明和现代文明等一系列关系，建构起超越资本文明的社会主义文明，创造了与人的现代化相适应的物质文明、政治文明、精神文明的整体文明样态，从人类文明演进高度反映了生产方式变革、政治民主发展和人类理性跃迁的现代化进程。

党的十九届六中全会指出："党确立习近平同志党中央的核心、全党的核心地位，确立习近平新时代中国特色社会主义思想的指导地位，反映了全党全军全国各族人民共同心愿，对新时代党和国家事业发展、对推进中华民族伟大复兴历史进程具有决定性意义。"[①]习近平新时代中国特色社会主义思想，立足时代特点、站在时代前列，深刻把握世界历史的脉络和走向，以全新的高度深化了对共产党执政规律、社会主义建设规律、人类

---

① 《中共中央关于党的百年奋斗重大成就和历史经验的决议》，人民出版社 2021 年版，第 26 页。

社会发展规律的认识。当下，全面建设社会主义现代化国家新征程拥有前所未有的发展自信心，比历史上的任何时期都更接近更有信心实现中华民族伟大复兴。

结 束 语

在实践中坚持和发展习近平新时代
中国特色社会主义思想

将科学理论和僵化教条区分开来的依据，集中到一点讲就是看其是不是具有蓬勃的生命力、能不能随着条件变化而不断发展。恩格斯强调："我们的理论是发展着的理论，而不是必须背得烂熟并机械地加以重复的教条。"① 纵观中国共产党历经困苦磨难而不断发展壮大的百年壮阔征程，可以深刻感受到其取得其他政治组织和政治势力不可能取得的重大历史成就，并且使马克思主义在中国焕发出蓬勃生机和旺盛活力，根本原因就是我们党始终坚持把马克思主义作为立党立国、兴党兴国的根本指导思想，在科学理论的指导下于实践中开辟正确道路，在总结党和人民实践经验和集体智慧中发展理论，用发展着的马克思主义创新理论指导新的实践。正如习近平总书记指出的："马克思主义在中国之所以显示出强大生命力，最根本的就是我们党把坚持马克思主义和发展马克思主义有机统一起来，做到既不忘老祖宗、又讲出新话。"②

中国共产党这么大一个党，领导这么大一个国家，肩负着带领全国人民实现国家富强、民族振兴这么艰巨的任务，没有统一的思想、坚定的意志、科学的方向是万万不行的。就习近平新时代中国特色社会主义思想的

① 《马克思恩格斯选集》第 4 卷，人民出版社 2012 年版，第 588 页。
② 《习近平新时代中国特色社会主义思想三十讲》，学习出版社 2018 年版，第 13 页。

丰富内容而言，其围绕新时代中国面临的改革发展稳定问题、内政国防外交问题、治党治国治军问题等方方面面面展开科学论述，分析了新时代中国发展的国际国内形势，阐发了以中国式现代化推进中华民族伟大复兴新要求，是马克思主义科学理论体系与中国社会主义实践运动双向互动的重大思想成果。正如 2018 年 1 月 3 日，王沪宁同志在全国宣传部长会议上的讲话指出的："习近平新时代中国特色社会主义思想是二十一世纪马克思主义、当代中国马克思主义，是鲜活的、有时代力量的马克思主义。实践证明并将继续证明，只有这一思想，而没有别的什么思想，能够解决中国特色社会主义、中华民族的前途命运问题。"① 党的二十大报告从整体上，就中国式现代化这一标识性范畴概念系统阐发，形成中国式现代化的科学理论体系和话语体系，具有理论深度、视野广度、政治高度、历史厚度、实践向度，是新时代新征程党和国家事业发展的政治宣言和行动纲领，具有强大的思想凝聚力、实践感召力、历史说服力，无愧是马克思主义的纲领性文件。就当下而言，在实践中推进马克思主义创新发展，就是要全面学习、领会、运用习近平新时代中国特色社会主义思想中的世界观和方法论，领悟其中的科学思维方式，学习其中阐发的科学原创理论。

一、坚持和发展习近平新时代中国特色社会主义思想，应该同学习马克思主义发展史、社会主义思想史、马克思主义中国化史有机贯通起来

历史是思维和逻辑的泉源，马克思、恩格斯就是在树立正确历史观的基础上完成了哲学世界观的革命，创立了关于无产阶级革命的条件的共产

---

① 《十九大以来重要文献选编》（上），中央文献出版社 2019 年版，第 183 页。

主义学说，也正是在正确把握社会历史发展规律的基础上，才科学揭示了资本主义运行机制及其内在矛盾，为人类社会的形态变革指明了方向。习近平新时代中国特色社会主义思想是实践的产物、时代的产物，但从最根本上讲是马克思主义的产物，这是对思想理论的性质的判断。马克思主义是根、是源，马克思主义性质必须讲清楚，否则思想理论的科学性根源就会松动，必须将坚持和发展习近平新时代中国特色社会主义思想与学习马克思主义发展史、社会主义思想史、马克思主义中国化史贯通起来。这一重要举措的意义在于：只有掌握马克思主义关于人类社会发展规律的科学判断，才能更加深化对党的宗旨和性质的认识，感受到思想的定力所在，在波涛涌动中坚定历史自信把握社会主义建设和人类解放事业的历史主动；只有牢记马克思主义科学理论在社会主义实践中的艰难探索历程，才能明晰社会主义从空想到科学、从理论到实践、从胜利到胜利的伟大飞跃，感受到思想的伟力所在，从内心深处生发出学习马克思主义政党创新理论的政治自觉；只有胸怀马克思主义与中国社会主义现代化建设双向互动、相互成就的结合历程，才能在一次次化解风险挑战中着眼问题、总结经验、提升本领，感受到思想的活力所在，实现创新理论、精进思想的科学精神和敢啃硬骨头、越是艰难越向前的革命精神的高度统一。

坚持和发展习近平新时代中国特色社会主义思想，一项基础性的要求就是必须继续发扬理论联系实际的马克思主义学风，把学习、思考、运用三个环节贯通起来，把领会、信仰、践行统一起来。理论联系实际既不是用逻辑裁剪现实，也不是倒向机械唯物主义，而是用理论思维观察时代。具体来讲要在三个方面下功夫：第一，强化问题导向，将现实中的复杂问题上升到理论的高度求解。总的来看，党的十八大以来，我国不仅为自身发展夯实了深厚的物质根基，完成了全面建成全面小康社会的光荣使命，还站在世界历史高度发出全球发展倡议、全球安全倡议、全球文明倡议，为世界发展注入稳定因素。但是，也必须清醒认识到，我们当下面临的发展问题一点不比从前少、风险挑战一点不比从前弱，例如前进道路上，我们还面临着迫切的平衡协调和充分发展的问题，在社会建设中，我们还面临着就业民生等领域存在的短板问题，在国内国际格局变化上，我们还面临严峻的意识形态风险挑战和美国霸权霸道霸凌行径。以问题的形式突出重点、难点、阻力，是发扬理论联系实际的马克思主义学风的前提基础。第二，强化实践导向，既克服本本主义，也拒斥实用主义。紧密联系工作实际、思想实际，坚持一切工作都要根据实践条件的变化作出相应调整，将思想学习和实践运用与工作和思维在方法上、能力上、习惯上的提升统一起来。第三，强化需求导向，实践中的矛盾说到底是主客观之间的矛盾，集中体现为供给和需求之间矛盾，在对理论和实践的供需关系、思想和理论的供需关系的把握中，切实把对人民需求、实践需求、国际形势需求的识别和回应，转化为淬炼思想、坚定信念、锤炼党性的高度自觉，转化为做好本职工作、投身事业发展的生动实践。

二、坚持和发展习近平新时代中国特色社会主义思想，要加强宣传阐释工作，切实推进这一思想落地生根、深入人心

马克思、恩格斯、列宁无一不是格外重视理论的宣传和教育问题，对通过加强宣传提升思想境界的举措予以极大的肯定，中国共产党人在各个时期，都始终将宣传问题作为一项极端重要的工作。加强宣传阐释和主题教育，是坚持用习近平新时代中国特色社会主义思想扬风正气、凝心铸魂的重大政治任务。原因在于，敌对势力往往是通过宣传打开意识形态渗透的突破口，例如有人在舆论场上讲中国共产党只有人民性没有党性和阶级性，试图用所谓"全民党"否认中国共产党先进性的根本依据、否认中国

共产党的马克思主义属性。同样，对我们党的指导思想和重大论断的宣传和贯彻如果不到位，作为我们立党立国的阶级基础的无产阶级在中国特色社会主义现代化建设中的核心地位和领导作用就难免被淡化，势必会在事关国家性质、党的性质等重大问题上失语失声。

在领导全国各族人民从富起来走向强起来、投身建设社会主义现代化强国的伟大实践中，习近平总书记以马克思主义政治家、思想家、战略家的思想智慧、理论勇气、非凡谋略，对社会主义中国繁荣发展的一系列理论和实践问题作出深邃思考。加强宣传阐释和主题教育，必须要将对习近平总书记重要著作、判断和论述学习摆在重要位置，把党的二十大精神全面、系统、科学地融入理论宣传和理论学习之中，将关键少数的党员干部和作为重点人群的青年学生作为宣传教育的重点对象，引领党员干部和青年学生认认真真学习习近平总书记重要著作和论述，更要在沟通交流和工作学习实践中领悟其中的战略谋划与思维方法，提升政治判断力、领悟力和执行力，增强政治认同、思想认同和价值认同，使广大党员干部和青年学生在知其言的基础上更要知其义，在知其然的基础上更要知其所以然、知其必然。加强宣传阐释工作，还要面向全社会，建设好话语阵地、打造好话语标识。党的十八大以来，习近平总书记高度重视将党校、干部学院、社会科学院作为马克思主义学习、研究、宣传的重要阵地，将党和政府主办的媒体作为党和政府的宣传阵地，将高校作为坚持党的领导的坚强阵地。尤其对互联网领域存在的风险挑战作出深邃思考，指出网络领域中的网络霸凌、网络犯罪、网络监听、网络攻击、网络恐怖主义行为并不少见，指出数字资本主义、数字经济盛行背景下数据安全直接影响政权安全和意识形态安全，指出党对网络意识形态的领导能力还不充分，相关法律法规亟待完善，强调宣传工作要同互联网融合联动，将新时代党的创新理论以不同形式、在不同平台阐释好，充分将这一变量转化为提升宣传工作效果的最大增量。加强宣传阐释工作，要始终以增强习近平新时代中国特色社会主义思想的吸引力、感召力、引领力为中心任务和目标追求，善于抓住重大时间历史节点等契机，集中围绕党的创新理论内容开展不同主题学习教育活动，生动反映中国特色社会主义进入新时代十年来，我们党团结带领人民所取得的辉煌成就，推动"新发展格局""全过程人民民主""中国梦""中国式现代化""人类文明新形态"等话语标识可观可感、深入人心，在对我们党不断推进马克思主义中国化而形成的系列理论创新成果的学习中，进一步凝聚我们党带领全国人民克服困难和继续前进的磅礴力量。①

三、坚持和发展习近平新时代中国特色社会主义思想，必须加强党的思想和组织建设

认识和实践的关系是马克思主义认识论中的基本关系。习近平总书记提出要"学习和实践马克思主义"的重要论述，一方面要求全党特别是党的领导干部要学习马克思主义，旨在弄懂马克思主义，另一方面强调要实践马克思主义，旨在把马克思主义的科学真理、精神力量转化为改造世界的物质力量。全党特别是党的领导干部只有在深刻学习马克思主义的基础上观察和把握实践问题，又在社会主义建设改革实践中不断深化对马克思主义的认识，循环往复，才能全面地历史地将改造主观世界与改造客观世界统一起来。集中到一点讲，就是在学习和实践的统一中，加强党的思想建设和组织建设。

"一切从实际出发，理论联系实际，实事求是，在实践中检验真理和

---

① 参见袁银传、饶壮：《习近平新时代中国特色社会主义思想是当代中国马克思主义、21世纪马克思主义》，《思想理论教育》2022 年第 8 期。

发展真理"①，是中国共产党的思想路线，也是我们党认识世界和改造世界的强大思想武器。加强党的思想和组织建设，就是要坚持这一优良传统作风，从理论和实践上不断提高对中国特色社会主义的规律性认识，提升我们党在面对如何坚持和加强政治领导、如何精准识别风险挑战、如何在新的历史条件下深化改革创新、如何在对马克思主义基本原理的运用层面取得更深刻认识、如何加强党执政领导的法治化规范化科学化水、如何不断打开群众工作蓬勃发展的新局面、如何提升在贯彻执行和狠抓落实方面取得更大进展等问题的思想和工作能力。当前国际环境波诡云谲、世界形势波涛汹涌，只有始终用马克思主义武装头脑、提升思维能力，才能在面对复杂繁重的工作中增强对风险的预见能力，提升科学决策水平，不断在突破问题的过程中提出富有创见性的新认识，为社会主义现代化强国建设发展赢得优势、赢得主动、赢得未来。加强党的思想和组织建设，还必须要反对官僚主义、形式主义。在调查研究中观察、分析和解决问题是我们党的传家宝，做好调查研究是做好各项工作的基本功。加强党的思维和工作能力建设，要求在全党大兴调查研究之风，组织广大党员干部深入到农村、社区、医院、学校等基层单位进行实地观察，围绕数据和资料同一线工作人员交流讨论，在调研中梳理问题、排查难题，围绕蕴含其中的矛盾特点形成调查报告、转化调研成果。中国共产党是勇于自我革命的学习型政党，依靠学习才能实现更高层次的革命，才能锻造信念过硬、政治过硬、责任过硬、能力过硬、作风过硬的党。将理论学习、调查研究、推动发展、检视整改贯通起来，推动学习型大党、大国建设，我们就会无往而不胜。②

　　中国特色社会主义的实践发展不是一蹴而就的，中国共产党人的理论

---

① 《中国共产党章程》，人民出版社 2022 年版，第 20 页。

② 参见袁银传、饶壮：《习近平新时代中国特色社会主义思想是当代中国马克思主义、21 世纪马克思主义》，《思想理论教育》2022 年第 8 期。

创新同样没有止境。在建设社会主义现代化强国新征程中继续把中国特色社会主义推向前进，就必须不断开辟马克思主义创新发展新境界、谱写马克思主义中国化时代化新篇章，使新时代中国马克思主义彰显出更强大的生命力、放射出更加灿烂的真理光芒。

主要参考文献

1.《马克思恩格斯选集》第 1—4 卷，人民出版社 2012 年版。

2.《马克思恩格斯文集》第 1—10 卷，人民出版社 2009 年版。

3.《列宁选集》第 1—4 卷，人民出版社 2012 年版。

4.《列宁专题文集》，人民出版社 2009 年版。

5.《斯大林选集》上、下卷，人民出版社 1979 年版。

6.《毛泽东选集》第 1—4 卷，人民出版社 1991 年版。

7.《毛泽东文集》第 6—8 卷，人民出版社 1999 年版。

8. 中共中央文献研究室编：《毛泽东年谱（1893—1949)》（上、下），人民出版社、中央文献出版社 1993 年版。

9.《毛泽东著作选读》上、下册，人民出版社 1986 年版。

10.《毛泽东的读书生活》，生活·读书·新知三联书店 1986 年版。

11.《邓小平文选》第 1—2 卷，人民出版社 1994 年版；《邓小平文选》第 3 卷，人民出版社 1993 年版。

12. 中共中央文献研究室编：《邓小平思想年谱（1975—1997)》，中央文献出版社 1998 年版。

13. 中共中央文献研究室编：《邓小平年谱（1975—1997)》（上、下），中央文献出版社 2004 年版。

14.《江泽民文选》第 1—3 卷，人民出版社 2006 年版。

15.《胡锦涛文选》第 1—3 卷，人民出版社 2016 年版。

16.《习近平谈治国理政》第1—4卷，外文出版社2018、2017、2020、2022年版。

17.《习近平著作选读》第1—2卷，人民出版社2023年版。

18.习近平：《在哲学社会科学工作座谈会上的讲话》，人民出版社2016年版。

19.习近平：《在庆祝中国共产党成立100周年大会上的讲话》，人民出版社2021年版。

20.习近平：《高举中国特色社会主义伟大旗帜　为全面建设社会主义现代化国家而团结奋斗——在中国共产党第二十次全国代表大会上的报告》，人民出版社2022年版。

21.习近平：《携手同行现代化之路——在中国共产党与世界政党高层对话会上的主旨讲话》，人民出版社2023年版。

22.中共中央文献研究室编：《十三大以来重要文献选编》（上、中），人民出版社1991年版；《十三大以来重要文献选编》（下），人民出版社1993年版。

23.中共中央文献研究室编：《十四大以来重要文献选编》（上、中、下），人民出版社1996、1997、1999年版。

24.中共中央文献研究室编：《十五大以来重要文献选编》（上、中、下），人民出版社2000、2001、2003年版。

25.中共中央文献研究室编：《十六大以来重要文献选编》（上、中、下），中央文献出版社2005、2006、2008年版。

26.中共中央文献研究室编：《十七大以来重要文献选编》（上、中、下），中央文献出版社2009、2011—2013年版。

27.中共中央文献研究室编：《十八大以来重要文献选编》（上、中），中央文献出版社2014、2016年版；中共中央党史和文献研究院编：《十八大以来重要文献选编》（下），中央文献出版社2018年版。

28. 中共中央党史和文献研究院编：《十九大以来重要文献选编》（上、中），中央文献出版社 2019、2021 年版。

29. 中共中央宣传部：《中国特色社会主义理论体系学习读本》，学习出版社 2009 年版。

30. 中共中央宣传部：《中国特色社会主义学习读本》，学习出版社 2013 年版。

31. 中共中央宣传部：《习近平总书记系列重要讲话读本》（2016 年版），学习出版社、人民出版社 2016 年版。

32.《中共中央关于制定国民经济和社会发展第十四个五年规划和二〇三五年远景目标的建议》，人民出版社 2020 年版。

33.《中共中央关于党的百年奋斗重大成就和历史经验的决议》，人民出版社 2021 年版。

34.《十八大报告辅导读本》，人民出版社 2012 年版。

35.《党的十九大报告辅导读本》，人民出版社 2017 年版。

36.《党的二十大报告辅导读本》，人民出版社 2022 年版。

37. 中共中央党校（国家行政学院）：《习近平新时代中国特色社会主义思想基本问题》，人民出版社、中共中央党校出版社 2020 年版。

38. 本书编写组：《中国马克思主义与当代》（2021 年版），高等教育出版社 2021 年版。

39. 中共中央宣传部：《习近平新时代中国特色社会主义思想学习纲要》（2023 年版），学习出版社、人民出版社 2023 年版。

40. 陈先达：《马克思和马克思主义》，中国人民大学出版社 2006 年版。

41. 陶德麟、何萍：《马克思主义哲学中国化：历史与反思》，北京师范大学出版社 2007 年版。

42. 靳辉明主编：《中国特色社会主义理论体系研究》，海南出版社 1998 年版。

43. 侯惠勤等：《马克思主义中国化理论创新 30 年（1978—2008）》，中国社会科学出版社 2008 年版。

44. 顾海良主编：《中国特色社会主义理论体系研究》，中国人民大学出版社 2009 年版。

45. 顾海良主编：《马克思主义发展史》，中国人民大学出版社 2009 年版。

46. 顾海良总主编：《马克思主义中国化史》第 1—4 卷，中国人民大学出版社 2015 年版。

47. 梅荣政：《中国特色社会主义基本问题研究》，武汉大学出版社 2007 年版。

48. 罗文东：《中国特色社会主义理论体系新论》，人民出版社 2008 年版。

49. 袁银传：《中国特色社会主义理论体系的基本特征研究》，武汉大学出版社 2014 年版。

50. 赵智奎：《理论自信：中国特色社会主义理论研究》，高等教育出版社 2019 年版。

51. 王炳林、郝清杰：《21 世纪中国马克思主义创新性研究》，安徽人民出版社 2016 年版。

52. 王立胜：《新时代中国特色社会主义思想研究》，济南出版社 2019 年版。

53. 任平：《当代中国马克思主义研究》，北京师范大学出版社 2017 年版。

54. 刘卓红：《当代中国马克思主义的历史唯物主义创新》，人民出版社 2019 年版。

55. 马希：《当代中国马克思主义创新发展的文化动力研究》，中国社会科学出版社 2020 年版。

策划编辑：崔继新
责任编辑：邓浩迪
封面设计：汪　莹

图书在版编目（CIP）数据

新时代中国马克思主义创新发展研究／袁银传 著 . — 北京：人民出版社，2023.12
ISBN 978 - 7 - 01 - 026215 - 4

I.①新…　II.①袁…　III.①马克思主义 - 发展 - 研究 - 中国　IV.① D61

中国国家版本馆 CIP 数据核字（2024）第 016984 号

新时代中国马克思主义创新发展研究

XINSHIDAI ZHONGGUO MAKESI ZHUYI CHUANGXIN FAZHAN YANJIU

袁银传　著

人民出版社 出版发行

（100706　北京市东城区隆福寺街 99 号）

北京中科印刷有限公司印刷　新华书店经销

2023 年 12 月第 1 版　2023 年 12 月北京第 1 次印刷
开本：710 毫米 ×1000 毫米 1/16　印张：17.5
字数：260 千字

ISBN 978 - 7 - 01 - 026215 - 4　定价：89.00 元

邮购地址 100706　北京市东城区隆福寺街 99 号
人民东方图书销售中心　电话（010）65250042　65289539